共生

飘红

中国广告第一股成长密码

程东升 著

中国经济出版社
CHINA ECONOMIC PUBLISHING HOUSE

图书在版编目（CIP）数据

共生飘红：中国广告第一股成长密码/程东升著. —— 北京：中国经济出版社，2022.11
 ISBN 978-7-5136-7141-5

Ⅰ. ①共… Ⅱ. ①程… Ⅲ. ①广告公司-企业发展-研究-广东 Ⅳ. ①F713.8

中国版本图书馆CIP数据核字（2022）第195741号

出版策划	千渡传媒
策划编辑	崔姜薇
责任编辑	张　博
责任印制	马小宾
图书题签	陈泰才
封面设计	省广熊有力工作室　刘梦婕　滕菲
版式设计	省广第一事业群　邓乃瑜　许福标

出版发行	中国经济出版社
印 刷 者	广州一龙印刷有限公司
经 销 者	各地新华书店
开　　本	787mm×1092mm 1/16
印　　张	25
字　　数	340千字
版　　次	2022年11月第1版
印　　次	2022年11月第1次
定　　价	128.00元

广告经营许可证　京西工商广字第8179号

中国经济出版社　网址 www.economyph.com　社址 北京市东城区安定门外大街58号　邮编 100011
本版图书如存在印装质量问题，请与本社销售中心联系调换（联系电话：010-57512564）

版权所有　盗版必究（举报电话：010-57512600）
国家版权局反盗版举报中心（举报电话：12390）　服务热线：010-57512564

继往开来　一路向前

张国华

国际广告协会全球副主席、中国广告协会会长

前国家工商总局广告司司长

广告是现代服务业和文化产业的重要组成部分，被誉为经济的晴雨表，市场的风向标，国家转型的助推器。根据国家市场监督管理总局数据，2021年中国广告业规模突破1万亿元大关，达到11799亿元，占全国GDP总量的比例首次超过1%，是仅次于美国的世界第二大广告市场。这是极具里程碑意义的一件大事，代表广告业在国民经济中占有着越来越重要的地位。

广告正通过融合先进的数字技术，以丰富的形态方式，持续引导和影响着人们的观念和行为。在服务生产、引导消费、塑造品牌、推动创新、传播文明、构建和谐、拉动经济发展等方面都发挥着十分重要的作用。不仅能够直观反映出各经济体对市场的心理预期，更能折射出一个国家或地区文化创意的整体水平和精神面貌。

在促进经济发展方面，广告业作为企业营销传播产业链的关键一环，与品牌有着密切的联系，能通过创意策划和传播技术的应用，为企业打造优质品牌，实现销售目标，最终推动经济高质量发展。品牌已经成为企业及至国家竞争力的综合体现，是参与经济全球化的重要资源。为此，国务院将每年5月10日设立为"中国品牌日"，代表着国家对品牌建设的高度重视，也意味着广告业迎来了更加有利的发展机遇。

在承担社会责任方面，广告业同样发挥了重大作用。近年来，中国广告协会认真落实习近平总书记"广告宣传也要讲导向"的重要指示精神，将公益广告工作纳入整体工作部署，精心安排、扎实推进，公益广告数量、质量显著提升，表现形式更加多样，

传播渠道不断拓展，在建党百年、乡村振兴、疫情防控等重大事件宣传中发挥了重要作用，产生了广泛的社会影响，取得了良好的社会效果。

中国的广告业是改革开放市场经济的产物，1979年，随着党的十一届三中全会后确立工作重心向经济建设的转移，中国广告开始了复兴之路。改革开放以来，中国经济社会飞速发展，带动广告经营额年均递增30％左右，使之成为发展较快的行业之一。"十二五"时期，中国广告市场实现对德日等国的超越。国家"十三五"规划提出要将文化产业打造成国民经济支柱性产业，广告业作为文化产业的重要组成部分，被纳入国家发展战略布局中，市场规模迎来了快速扩大。此外，随着互联网尤其是移动互联网的快速普及，具有更广传播覆盖范围及更高传播效率的新兴互联网媒体纷纷涌现，为营销信息的传播提供了更加便利的传播渠道，进一步推动了广告行业的快速发展。

国际广告协会（IAA）全球总裁兼主席乔尔·E.奈蒂对中国广告业发展给予了高度评价，他表示，中国广告在新媒体和数字领域积极开拓创新，取得了卓越的成绩，吸引了全球广告业界同行的关注。

展望未来发展，随着"十四五"规划和二〇三五年远景目标的制定，为中国广告业的发展提供了更大的空间，在十二项重点任务中，有多项与广告业密切相关，如更高文明社会的建设，诚信社会的建设，双循环特别是加大内循环的力度，提升消费水平等。"十四五"时期，我国广告业面临创新发展的重大战略机遇，国民经济保持平稳增长，居民收入水平提升，为广告业发展打下坚实的经济和社会基础。国家深化改革开放，再加上互联网、大数据等新媒体、新技术的快速发展，新形态、新业态的发展，极大地开拓了新的广告服务领域，为广告产业创造了新的增长点。

与此同时，随着中国国家综合实力的不断增强，在建设国内国际"双循环"和"一带一路"倡议实施的多重背景下，中国文化和中国品牌有着强烈的"走出去"需求。广告作为重要的传播载体，对中国文化的传播和品牌出海具有强大的推动作用，有利于弘扬中国传统文化、增强民族文化自信、服务国家开放、树立大国形象。因此，未来中国广告也必将承担更加重要的时代使命。

历史是一面镜子，也是一本内容深刻的教科书。中国广告用了四十多年的时间，追赶上了发达国家百余年的脚步，站在了世界舞台的正中央，为中国社会经济发展做出了重要贡献。其中无数辉煌成就的取得，离不开无数广告人和广告公司的推动。

广东省广告集团股份有限公司（以下简称"省广"）是中国改革开放之后最早成立的一批广告公司之一，也是最早登陆国内资本市场的"中国广告第一股"。省广用数次引领行业之先的变革，推进了中国广告业现代化、资本化、数字化进程，不仅引领了中国广告业的创新发展，更为中国品牌的崛起做出了重要贡献。作为中国广告协会副会长单位，省广集团的发展历程，是中国广告发展史的一个缩影，也是中国经济发展的一个真实写照。

当我 2016 年第一次以总局广告司司长的身份来到省广调研的时候，陈钿隆董事长在会上提出的通过实施平台战略，推动数字化转型的想法令我印象深刻。一家早已成为行业头部的企业，却主动居安思危，实施改革转变，需要的不仅仅是胆识，更需要对行业发展的准确把握。如今六年过去了，当我看到省广无论是营收还是数字化业务占比，都有了大幅度的提升，产业布局更加丰富多元，转型升级获得巨大成功的时候，我为省广作为中国广告业扛旗者而由衷赞叹。

我相信，通过阅读这段省广发展故事，你一定能够真切地感受到广告业不同发展时期的精彩，了解了历代省广人如何用创意与智慧，奉献青春与汗水，打造出无数家喻户晓的优秀品牌，让中国品牌星河星光熠熠、无比闪耀。

最后，希望通过这本《共生 飘红：中国广告第一股成长密码》，能够让更多普通大众认识广告业、了解广告业，能够为中国广告不断发展壮大而感到自豪。同时，也能够让广大中国广告业从业者们不畏挑战、不改初心，继往开来、一路向前，打造出更多优秀中国品牌，共同讲好中国故事，推动中国企业走向世界。

我的省广印象

黄升民

中国传媒大学资深教授

中国广告博物馆馆长

《媒介》杂志总编辑

省广写史且出书,名为《共生 飘红:中国广告第一股成长密码》,陈董来电问我有无兴趣给书作序,我说有的。改革开放以来的中国广告业可谓精彩纷呈,既有媒体产业的鼓噪,也有企业品牌的兴衰,介乎其中的广告公司省广既是市场经济的"排头兵",也是营销大潮的"幕后军师",创造出无数激动人心的商业传奇。诞生于改革开放之初的省广是如何接受一波又一波的专业化、规模化、集团化、国际化的冲刷和洗礼,如何经历一场又一场的全方位的无时无刻不在的市场竞争逐步成长的,本书已经详细披露。我补充是与省广交往三十余年的个人印象,权当读书佐料。

初识省广是20世纪的80年代。那时我在日本留学,有一年与我的导师山本武利教授到京沪穗三地进行广告业实地调研,这时接到了省广李总的邀请,希望山本教授能为省广员工举办一场介绍国际广告业的专题讲座。山本教授欣然答应,我随同前往。一路上山本教授告诉我,研究一个国家的开放程度,广告就是核心指标,而广告公司作为广告业的"担手"(日语,核心关键之意)尤为重要,所以,他非常珍惜这次讲座的机会。也就是在那次讲座我认识了省广的创业者们,第一次知道"文革"结束开创中国广告业的"三驾马车":北京的"北京广告公司",上海的"上海广告公司"和广州的"广东省广告公司"。三家公司都有如下特点:一是均属国营企业;二是源于外贸系统,与外界保持长期接触,故有"开放"的基因;三是启航于改革开放之初,与时代同频共振。省广成立于1979年10月22日，公司成立的批文当中，带有一枚文革末期的"革委会"印章。这是广告历史绝无仅有的实物记录，标志着一个时代的结束和另一个时代的开启，所以我说省广从出生之初就带有"时代转换"的胎记。

与开放相关联的第二个印象可以归纳为不停息的"改革"。我与省广的第二次接触是在20世纪90年代之后。当时的省广面临着巨大的压力，首先，国家对广告业的管理政策松动，外资广告公司在邓小平南方谈话后大规模进入中国市场，本土广告公司迎来强大的竞争对手。不少本土广告公司在与理念先进、经验丰富的外资对手的竞争中落败、丢盔弃甲，消失于市场。其次，省广作为国有企业，在体制机制等方面存在很多问题，企业运行效率低下，难以适应日益激化的市场竞争。这也是20世纪90年代国有企业整体面临困境的缩影。可以说，省广处于一种内外交困的状态之中。每次与省广接触，我都会被问及一个严肃的问题，省广被誉为本土广告企业的"扛旗者"，而这面红旗到底能扛多久？讲实在话，作为专家学者的我对此并没有足够的信心，只能由提问者自问自答，结论只有一点，改革，不断勇敢地改革。一方面，省广在竞争中学习磨砺。"如果没有狼，羊就会生病。有了狼的追逐，羊才会更强壮，奔跑得更快"，正是在与强大的外资广告公司不断切磋、博弈的过程中，锻造了省广的核心能力。另一方面，对内改革，对外合作，成为广告行业国企混改的标杆性企业，与外资广告公司联姻组建省广博报堂、广代博广告等公司，获得企业发展的"混合动力"。2010年，省广在深交所中小板挂牌上市，成为"中国广告第一股"。敲钟结束不久，戴总对我说，"不停地改革，反复地折腾，省广省广，九死一生"！

省广自喻为"扛旗者"。这有两个含义，一是本土的，二是国有的。省广与中国市场上众多其他广告公司相比具有很大的不同，它是一个本土的、国有控股的上市广告公司，被业内视为本土广告公司的代表。如果说20世纪90年代省广扛起了本土广告公司的大旗是出于无奈，那么进入新世纪以来，尤其是敲钟上市之后，省广就鲜明地扛起"本土的"和"国有的"旗帜。扛旗者就有了扛旗者的使命与担当。在我的印象当中，省广的这个使命与担当不是流于一般的宣传口号，而是真正落到了实处。完全彻底地为本土企业服务，与本土企业共同成长。省广在广东，省广的主流客户也在广东，与家电行业、汽车行业、房地产行业、食品饮料、通信行业等本土企业共同成长，共生飘红。就专业角度而言，广告公司既是代理者也是创意者，既是策略的制定者也是执行者。但省广的朋友很少这样对我说，他们喜欢称呼自己是幼小企业的"保姆"，快速成长企业的"培训师""辅导员"，更多时候称呼自己是"随叫随到服务员"。"做业务绝对不靠回扣之类，靠的是真功夫真情意，我们是兄弟一家，从小到大十指相连"，这是一个汽车部门负责人反复向我强调的。说到扛旗者的义务责任，我有一例，当年日本电通公司无偿支持中国大学的广告教育，省广听闻之后也向我表态，作为本土最大的广告公司，理应为本土的广告教育做出贡献，注重培养中国广告界的青年人才，将中国广告最前沿的本土化理论和方法传授给高校学子。省广与多所高校合作，以开设专题讲座、系列课程等方式把"广告兵法"带给学生。我在许多场合说过，广告业就是一个"食脑"行业，许多广告公司都有过向高校挖教员的杀鸡取卵行为，省广的这个反向输出，值得点赞。

省广日渐强大，旧楼换作新楼，旧人换作新人，但省广还是那个省广，最好的观察就是一年一度的省广春晚。南北各地的员工相聚一堂、载歌载舞、笑语欢声。我通常会透过员工们的表演看到省广的现状与期许。早年的春晚主题，常常就是工作苦乐的场景转换，这几年，有两个主题鲜明地表现出来，一是"数字化"，二是"国际化"。2010年至今，中国广告业进入价值重塑与生态再造的新阶段，数字化对广告业运行的底层逻辑和业务流程不断进行颠覆与重构。互联网革命浪潮在全球范围内重塑整个广告产业，各种同业与异业的竞争出现，对技术入侵和价值重塑的焦虑、对生态变迁和商业变革的迷茫等弥漫在行业之中，学界在"传统广告已死"的论断之后又抛出了"流浪广告"之说，所言要旨不外乎是国际4A举步维艰，本土公司前途渺茫。已经失去根基的广告业是否会就此倒下？省广的回答是：不会。省广很早就已经注意到数字化给广告业带来的新挑战和新机遇。当时我在做有线电视数字化转型研究，省广派人上门研究广告业务与海量数据和新媒体的结合问题。近年来，大数据、人工智能等对广告业的影响广泛而深刻，省广也在不断摸索中逐步完善数字营销平台的建设与数字化再造。"国际化"也是省广屡屡提及的话题。毫无疑问，省广是一家依靠本土市场成长起来的本土广告公司，但是内心始终蕴含着一股难以平息的国际化冲动。2020年，中国企业对外投资流量首次超过美国成为世界第一，总体上看，中国企业的生意覆盖了世界上绝大多数国家和市场。新冠肺炎疫情和动荡的国际形势并未影响中国品牌走出去的雄心与激情。省广在娘胎里就有对外贸易的基因，诞生之后，服务了众多跨国品牌。随着新世纪以来中国品牌出海的力度不断加大，省广也将自身定位为"千亿国际化营销集团"。未来，省广面对的是国际化的星辰大海与漫漫征途。"数字化"与"国际化"其实也是整个广告业的两道难题，这两道难题也是两座山峰，越过山峰，风光无限！

这十年来，省广全员奋力攀爬，他们依然用实践书写着属于自己的一段历史。我在为《媒介》杂志的"中国广告精彩纷呈四十年"专刊所作的序中写道：

无论世界如何变化，企业在，广告在；媒介在，广告在；消费在，广告在。只要这些根基在，具有强大市场基因的广告公司不会亡，广告业虽有跌宕起伏但依然蓬勃发展。四十多年中国经济的发展壮大不正好验证了这一点吗？这期间，无数的幕后英雄，顶着污水骂名，经受多年的产业歧视，奔波在企业、媒介、受众之间，策划于密室，点火于基层，触碰媒介产业的"风云激荡"，牵动企业品牌的"狂飙突进"，继而引发消费市场的"汹涌澎湃"。

戴着无形镣铐，当空舞动彩练，这些人这些事永远精彩纷呈。

这段结语，同样适合省广。

探索新商业文明，省广在路上

秦 朔

秦朔朋友圈发起人

中国商业文明研究中心联席主任

多年前我还在《南风窗》工作时，就与陈钿隆先生认识了。广州是本土4A公司的摇篮，那种务实、鲜活、市场化、靠结果说话的气息，给我留下了很深的印象。而陈钿隆先生作为广东广告人的代表，身上带着潮汕人特有的勤奋，敢闯敢干的作风，广交朋友的豪爽，一呼百应的领导力，让我难以忘怀。

2004年我从广州到上海，参与创办《第一财经日报》后，省广一路高歌猛进，成为新时期中国广告业的一面旗帜。虽然与陈钿隆先生见面不多，但无论在上海还是在广州，每次听他讲省广的愿景和探索，总是给我很多启发。

我的博士导师卢泰宏教授是广东最早关注广告业和点评省广作品的管理学者之一，我在珠三角采访的很多企业家朋友都曾受益于省广的策划和传播。在某种意义上，我也算省广发展的一个见证者。但省广到底是怎样发展到今天的，在很多商战传奇和品牌奇迹的背后到底发挥了怎样的作用，我其实并无系统的了解。

今天看了东升写的这本书，不仅让我全面完整地了解了省广的发展历程，对陈钿隆先生在省广的成长过程也有了更清晰的了解。

他从一名基层广告业务员成长为今天省广的掌舵人，培养了一大批有理想、对广告创意产业异常热爱、创意非凡的年轻团队。省广不但后继有人，而且后继人才众多，足以显示出他的领导能力、管理能力，对省广未来发展的谋划能力。

陈钿隆一直说，省广是他人生的终极意义所系，是他的终身事业所在。不了解他的人，或许很难理解他对省广的这种感情。

纵观全球，当今企业之间的竞争，核心一是品牌与品牌的竞争，二是供应链与供应链的竞争。中国在后者占优，奠定了中国制造的牢固根基。但在品牌、广告等方面，距离世界一流水平还有差距。

作为全球供应链主要节点之一，中国制造业的增加值占全球30%左右。但受成本因素、地缘政治因素等影响，供应链可能会移走，但品牌更长久，更无法移走。

有品牌，可以登高而招，整合供应链；只有供应链，无品牌，就会被锁定在"汗水经济"而非"聪明经济"，"躯干国家"而非"头脑国家"的低附加值状态。

从中国制造到中国品牌，从中国名牌到世界名牌，是中国必须完成的新跨越。这也正是省广等本土优秀广告公司的使命。

说实话，广告创意产业不好搞，尤其是广告公司，可谓十足的乙方，在强势的甲方面前，往往比较弱势。但省广在这个难做的行当中，大有可为，大有作为，做得很好，而且做成了行业龙头，在世界广告业也建立了影响力。

从本书看，省广之所以能够在乙方的位置上，做成行业标杆，靠的是强烈的家国情怀，靠的是高度的专业能力，靠的是超强的学习能力。

多年来，我一直致力于研究中国新商业文明。尽管从整个企业界来看，省广的营收规模不算很大，这是省广所处的行业特点决定的。但省广的经营管理、文化很有特点。这种细分市场的龙头同样值得广大企业家、创业者学习。

同时，作为广告服务机构，省广的发展历程也折射出中国不同历史阶段的产业变迁。从最初的家电、地产、通信，到今天的汽车、新经济、新消费，从中可以体会到中国经济的流变和未来走向。

在这一过程中，省广总是能够踩准产业变迁的时间点，体现了省广人尤其是省广领军人的前瞻性。这几年，宏观环境急剧变化，不断出现企业暴雷现象，很多垫资的广告公司被拖入泥潭。省广能在如此复杂的环境中稳健发展，其领导团队尤其是陈钿隆先生可谓功不可没。

今天国家正在大力倡导国有企业的"混改"，省广早在 2002 年就实现了改制。那次改革，省广保留了 30% 的国有股份，其余 70% 的股份由领导层、骨干员工等持有，反映了创意经济中人才的价值。这种大胆尝试，对今天一些相似服务行业的国企改制也具有一定参照意义。

当然，作为国有股份背景的上市公司，省广的发展也面临一些挑战，比如日益扩大的员工团队与相对封闭的股权结构产生的矛盾等，这需要有关部门在新时期继续探索，深化改革。

从产权改革角度看，省广对推进中国现代服务业的新商业文明做出了一定贡献；陈钿隆先生等省广管理层的探索，为众多中国品牌的崛起与发展贡献了智慧和力量，也在某种程度上丰富了中国新商业文明的内涵。这应该是省广在百亿营收之外的另一重要意义。

东升是我认识快 20 年的青年学者，也是资深媒体人，这么多年来一直研究中国企业。先后出版过华为系列，百度系列图书，对中国企业有比较独到的认知。

此次，东升聚焦研究省广，我觉得非常有意义。期待东升出版更多优秀作品，也预祝省广取得更大成就。

感恩　感动　感谢

陈钿隆

省广集团党委书记、董事长

经过所有参与人员的共同努力，这本《共生 飘红：中国广告第一股成长密码》终于定稿。相信过去的半年，对于每一位参与者而言都意义非凡。

广告是我热爱，并且愿意为之付出一生的行业。每当有嘉宾来访省广，我总会自豪地向他们介绍："广告业是一个智力密集型的文创产业，无数的优秀品牌都是由广告公司精心打造，广告在社会公益、文化传播等方面有着不可替代的作用。"很多朋友到省广考察参观后，才第一次真正了解中国广告业，以及这个行业对经济和社会的重要意义，也知道了省广与中国广告共生共荣的发展历程。这也是我与本书作者程东升老师最初沟通创作这本书的初衷——让更多人了解中国广告，认识省广。

经过深入调研和分析广告业历史和省广发展情况后，程东升老师提出，"共生"一词是对省广发展的最好诠释，代表着经历数次体制机制创新变革的省广，在"平台战略"的指引下与员工共生、与客户共生、与伙伴共生的合作关系，展现了省广的经营和文化理念的精髓；而"飘红"则代表着省广与生俱来的红色基因和创新变革精神，代表着省广正在世界各地高高飘扬的品牌旗帜，代表着省广创立以来不断增长的业绩和实力。

于是，我们共同决定将书名定为《共生 飘红》，这个书名代表着省广过去的历史、现在的成就，也代表着对省广未来发展的美好祝愿。

省广是一家时代大潮所造就的企业。乘着改革开放的春风，省广应运而生，起步就与时代同步，随着市场经济的高速发展而壮大。省广的成就与国家的发展密不可分，省广是中国改革开放的受益者和践行者，无论是提出"总体策划，全面代理"的广告理论，建立现代广告体系；还是通过混改上市成为"中国广告第一股"，推动中国广告业迈入资本时代；又或是在数字时代，以大数据技术为核心驱动力打造"数字新省广"，引领行业创新发展，其中每一个关键脚步的迈出，都离不开国家政策的推动；每一个坚实脚印的背后，都离不开国资委和广新集团的信任与支持。我们感恩这个伟大的时代，让省广持续创新变革、勇立潮头。

省广也是一家无数合作伙伴所成就的企业。作为中国最早成立的一批广告公司，成立43年来，我们坚守"为客户创造价值"的理念，始终坚持与客户共同成长。与省广合作5年以上的客户占比超过80%，客户的要求让省广不断蜕变求新，客户的信赖是省广踏浪前行的最大动力；通过与营销产业链伙伴建立紧密的合作关系，省广构建了中国最为完整的平台生态系统，能够共同把握客户需求，不断为品牌和自身创造更多价值，提供最全面、精准、高效的全营销解决方案。我们感激合作伙伴的长期信赖，帮助省广一路前行、步履不停。

省广更是一家一代又一代省广人所铸就的企业。他们怀抱着对广告业的热爱，用不竭的创意与智慧，打造无数经典案例；在这里奉献青春与汗水，时刻响应和解决客户所求。他们为无数优秀企业成功创建卓越品牌，成就了无数"中国第一"的品牌梦想，是中国广告和中国品牌发展的见证者和推动者。我们感谢这些优秀广告人的相伴，他们的努力让省广正青春、再辉煌！

一直以来，我都有一个梦想：拍一部属于广告人的电影，讲一讲广告人的精彩故事，让更多人了解广告业，让广告人能够为自己从事广告行业而自豪，再一次为广告正名。我常跟朋友讲：有朝一日这部电影真的能够拍摄了，我希望能够在电影里客串一个看门老头，每天都能看着大家上班下班。能够见证广告业的精彩，对我而言，就是最大的幸事。广告和省广是我一辈子的热爱，这本书的出版，让我的这个梦想迈出了第一步。

在过去的半年里，我与每一位受访者一样，回顾了自己与省广的故事。在本书的草创阶段，我逐篇看完了每一位受访者提供的内容，这些伴随省广一路成长的故事、服务客户的各种酸甜苦辣、案例背后的无数付出与汗水，都令我十分感动。受到篇幅和创作周期限制，本次书籍采访的范围无法覆盖到每个人，访谈的内容也无法一一完整呈现。在此，我代表公司对每一位参与者的支持和每一位省广人的付出表示衷心的感谢，你们是本书的共创者。

一本书终有写完的一天，但省广的光荣与梦想还远远没有结束。四十三载，我们走过了千山万水，但前路依然漫漫。面对内外部环境和行业发展之巨变，展望未来，省广仍需继往开来，秉承与生俱来的红色基因与创新变革精神，践行"中国广告业扛旗者"使命，与客户、伙伴、员工一起在省广的平台上合作共生，继续坚守、继续成长、继续奋斗，让中国品牌和中国文化的旗帜飘红世界，为省广成为百年企业、实现千亿梦想而努力！

目录

上篇 起步 与时代同步

第一章 广告业的春天故事   4

第一节：改革开放 向阳而生   7

第二节：传真一响 黄金万两   13

第三节：品牌全面代理 第一次华丽转身   17

  一、从艰难入局到全线飘红   23

  （一）家电行业：打响全案代理第一枪   23

  （二）通信行业：打赢品牌管理第一战   26

  （三）地产行业：打遍华南楼盘无敌手   31

  二、中标广本闯入汽车产业   34

  （一）起步，就与世界同步   37

  （二）进步，就是永不停步   41

第四节：立足华南 布局全国   45

  一、经典视线：从省广名片到城市名片   45

  二、进军京圈：从三进三出到持续发展   52

  三、落子武汉：以专业赋能华中经济圈   55

第二章　争取了十年的混改	**58**
第一节：天时地利　政通人和	61
第二节：箭在弦上　时不我待	64
第三节：改制之梦　一梦十年	67
第四节：念念不忘　必有回响	69
第五节：变革誓言　掷地有声	72
第六节：资金到账　改制到位	75
第七节：行业混改标杆　第二次华丽转身	78

中篇　发展 与资本共舞

第三章　难以复制的中国广告第一股	**82**
第一节：朝阳产业　迎风起舞	85
第二节：不忘初心　婉拒并购	88
第三节：一群新手　初战告捷	91
第四节：上市暂停　因祸得福	94
第五节：监管机构　理解到位	98
第六节：省广上市　底气十足	101
第七节：中国广告第一股　第三次华丽转身	103

第四章　中外联姻获得的"混合动力"　　　　　　　　　　**107**

第一节："洋妞"与"村姑"的经验之谈　　　　　　　　108

第二节：广旭广告，省广中外合资第一家　　　　　　　　111

第三节：省广博报堂，服务广本的新动力　　　　　　　　113

第四节：三方成立GDH，车到山前必有路　　　　　　　123

第五节：情定汉威士，省广国际化的加速器　　　　　　　137

下篇　壮大 与多方共赢

第五章　实施多方共生共赢的平台战略　　　　　　　　　**150**

第一节：共生共赢，传火于薪　　　　　　　　　　　　　152

第二节：内外并举，转型升级　　　　　　　　　　　　　156

第六章　用平台战略思维完善产业布局　　　　　　　　　**165**

第一节：旗智公关，打造公关新业务平台　　　　　　　　166

第二节：汽车营销，加强后链路营销管理　　　　　　　　170

第三节：省广众烁，提升数字化营销能力　　　　　　　　174

第四节：省广影业，进军影视娱乐新营销　　　　　　　　176

第五节：省广星美达，加强央媒战略合作　　　　　　　　178

第七章　建设行业领先的数字营销平台　　**180**

第一节：陈钿隆董事长的一封公开信　　181

第二节：拥抱大数据时代的营销变革　　184

第三节：建在云端的数字营销武器库　　188

　　一、行业领先的 GIMC 云正式上线　　188

　　二、整合并购夯实数字营销能力　　189

　　三、数字化赋能客户提升营销实效　　190

第八章　升级平台组织架构与管控模式　　**208**

第一节：每个事业群都是平台型组织　　209

第二节：提升企业平台战略管控能力　　211

　　一、丰富行业类型，优化客户结构　　211

　　二、强化风险管控，提升资产质量　　212

　　三、提升财务管控，助力经营发展　　214

第九章　重塑数字时代的业务竞争优势　　**216**

第一节：全面迈向大数据 全营销时代　　217

第二节：永不停步的数字化新征程　　266

第十章　打造匹配平台战略的企业文化　268

第一节：与人才共生共赢　269

　　一、打造新时代广告产业的"黄埔军校"　270

　　二、省广培养人才的三大行动　271

　　三、"软硬兼施"留住核心人才　276

　　（一）996大楼，给员工一个五星级的家　276

　　（二）心有多大，省广春晚舞台就有多大　280

　　（三）不在G+咖啡，就在去G+咖啡的路上　284

　　四、既要金山银山又要金杯银杯　287

　　五、骨干发展成党员，党员培养成骨干　290

　　六、以结果为导向，以数字论英雄　292

第二节：与客户共生共赢　295

　　一、"客户使命必达"的服务精神　295

　　二、"结硬寨，打呆仗"的开拓精神　305

　　三、"专业敬业乐业"的匠心精神　315

　　四、"咬定青山不放松"的韧性文化　328

　　五、"一线历练新人"的外派文化　337

新篇 绑定 激励 再出发

第十一章 代代传承的企业家精神   **344**

第十二章 构建激励新模式新机制   **363**

第一节：挑战与机遇并存的未来之路   364

第二节：加速构建新时代的商业模式   366

第三节：势在必行地再绑定再激励   368

第四节："奋进共生"的合伙人计划   370

后记 省广的样本意义   **373**

本书策划执行团队   **376**

上篇·起步

与时代同步

黄金时代是在我们的前面,不是在我们的背后。

——[英]弗朗西斯·培根(Francis Bacon)

第一章
广告业的春天故事

一九七九年，那是一个春天

有一位老人在中国的南海边画了一个圈

神话般地崛起座座城

奇迹般地聚起座座金山

春雷啊唤醒了长城内外

春晖啊，暖透了大江两岸

啊，中国

啊，中国

你迈开了气壮山河的新步伐

你迈开了气壮山河的新步伐

走进万象更新的春天

第一章 | 广告业的春天故事

上面的这段歌词来自《春天的故事》，讲述的是1979年改革开放的故事。

这一年，时代的鼓声在神州大地骤然敲响。

很多中国人都感到，时代变了。

如果说1978年的关键词是"混沌初开"，那1979年则是"跃跃欲试"。

1979年1月1日，中美正式宣布建交，28天后的中国农历大年初一，邓小平应卡特总统之邀亲自率团访问美国，据说这个日子是邓小平特意挑选的，大年初一寓意着开门红。

冰封已久的中美关系迅速升温，即将开始相当长的蜜月期。

有一个细节很容易被人忽略——邓小平此次美国之行后，还去了日本。

整个20世纪70年代，日本都是全世界经济增速最快的国家。战后的日本经济崛起速度堪称奇迹，日本的汽车、家电、照相机畅销全球，日本公司的管理经验更是引得全球企业家争相学习。

尽管距离早春还有一段时间，但国际形势春暖花开，中国国内也早已春意盎然。

1979年，有个意大利人受邀来中国做了一场有史以来的第一个国外品牌时装展示会，遗憾的是，这场时装秀只供"内部观摩"。这位年轻人是首位来到中国的欧洲设计师。此时的中国，大街小巷人们衣着的主色调还都是军绿色。后来，这位设计师的同名品牌成为中国人接触到的第一个世界级时装品牌——"皮尔·卡丹"。

这一年，中国第一家广告公司在上海诞生。当时的《文汇报》上刊登了第一则外国品牌广告——瑞士雷达牌手表。同一天，雷达牌手表还在上海电视台播出了中国第一条电视广告，虽然广告内容是全英文的，而彼时懂英文的老百姓寥寥无几，但三天时间，到雷达牌手表专柜咨询的消费者就超过了700人。

这一年，身处北京的中国中央电视台成立了广告部，开始接受各类品牌的广告投放。

这是20世纪70年代的最后一年，在经济全球化大背景下，各种新事物轮番上阵。

不管是居庙堂之高的北京，或是曾经繁盛一时的上海，还是距离政治中心 2000 公里之外的广州，无论在官方还是民间，人们都已实实在在地感受到了风气的变化。

这一年一月，56 岁的中国香港富商霍英东携带 1350 万美元来到广州，他即将与广州市政府合作建设一家名为白天鹅宾馆的五星级酒店，这是中华人民共和国成立后内地的第一家五星级酒店。

1979 年 4 月 5 日，《南方日报》刊登了第一条外商广告——瑞士雷达表。

◎ 《南方日报》刊登的第一条外商广告

作为千年商都、对外贸易重镇，广州对经济形势变化的感受质朴而感性。

一家日后驰骋中国乃至国际广告营销业的公司即将诞生。

第一节： 改革开放 向阳而生

1979 年的诸多变化，其实源自 1978 年。此后很多描述中国改革开放的文献，都将这一年召开的十一届三中全会作为中国实施改革开放的历史转折点。

客观来看，1979 年才是改革开放在中国真正实施的起点，毕竟 1978 年只是政策转向，很多改革的具体措施是从 1979 年才开始逐步落地的。如果说 1978 年只是往土里埋下了一颗颗梦想的种子，那么随后的 1979 年，神州大地则更像是下了一场绵绵春雨，一颗颗种子破土而出，向阳生长。

在中国广州，这个有着近 3000 年历史的著名商埠，在南国这片温暖湿润的土地上，一颗小小的种子即将发芽。

得益于改革开放的风气之先和毗邻港澳的地理优势，广东外贸产业发展迅猛，尤其是进口贸易非常活跃。

随着广东对外贸易的发展，港澳和国外商人利用国内电视、广播、报纸、杂志、路牌等各种媒体刊登商品广告的需求越来越强。

1979 年 8 月，两家日本著名广告公司——日本电通株式会社和日本大广株式会社的有关人士先后拜访了广东省外经贸局，主动提出在广东省内开展广告业务。此后不久，日本亚洲交流协会理事长北村博昭先生也到广东省外经贸局拜访，并专门谈了开展广告宣传业务的问题，双方约定当年 9 月日本方面率广告业务访华小组来广州交流，并就双方合作问题进行谈判。

此时，上海市外贸局早已成立了广告公司，北京市、天津市外贸局成立广告公司的请求亦获批准。

广东省广告业发展的大气候较内地省份优越得多，但步伐稍微慢了一点。

1979 年 10 月 22 日，广东省革命委员会下发《关于成立广东省广告公司的通知》（粤革发〔1979〕169 号），广东省广告集团股份有限公司（简称"省广"）的前身——

广东省广告公司就此诞生。如今，在省广档案室里，盖着"革委会"大红印章的那份文件还完好地保存着，以一个独特的存在记录着那段特殊的历史时期。

◎ 省广成立时"革委会"的批文

1979年11月28日，广东省广告公司正式开业，起步资金只有8000元，8个员工（省广的元老，号称"八大金刚"）与有关领导在广州长堤园林开了个茶话会，这也是省广成立的起点。

◎ 时任省广创意总监胡川妮设计的省广首个logo

广东省广告公司为全民所有制企业，业务范围为统一经营和代理全省各类对外广告业务。

此时，广告还是一个很新鲜的事物，很多人连广告是做什么的都不清楚，广告人更是莫问出处，干什么的都有。广东省广告公司成立之初，人员也是从有关单位调派的。

对于广告，那时省广员工的普遍认知就是：做广告就是有人给你钱，你把他要说的东西、要卖的东西登出来就行。

1979年,广告在人们的眼里是个新玩意儿,人们对它的认知就是如此简单。

第一家进入内地市场的香港奥美广告(中国)有限公司经理马健伟(行内人士尊称为"马爷"),在谈到当年拓展内地广告市场的情形时说:"有些人往返内地三四次,就当自己是专家;当我回去30次后,才知道对这个幅员辽阔的国家,自己所知甚少。"当年年轻的中国广告业缺乏专业人才,行业配套(如电视制作、商业摄影、印刷等)不发达,媒介尺度不一,广告表现简单,管理条规各异,患上了严重的市场"幼稚病"。

据不完全统计,这一时期全国由"革委会"批准成立的国有省级广告公司约有19家。

计划经济时代,基本上没有广告产业。诸多广告公司的成立意味着新中国的广告产业开始起步了。这是时代赋予中国广告人千载难逢的机遇和神圣的历史使命。

广东省广告公司当年分为进口、出口广告两个组,业务则覆盖了从电视、电台、报纸、杂志、印刷、展览、户外等各种媒体。在此需要一提的是,当时国内的媒体环境简单,远不能与今日的繁荣发达相提并论。

◎ 20世纪80年代省广承办的各类进口产品博览会

20世纪80年代初,广东省广告公司与广东电视台签订了第一个广告代理合同——代理新加坡"斧标驱风油"电视广告。事实上,当时的电视、报纸也可以直接刊播外商广告。以电视台为例,其一般做法是,外商广告要经中国香港总代理方能接单。广东省广告公司与广东电视台广告代理合同的签署,标志着广告公司与媒介开始联手,各司其职,迈上行业规范化运作的"征途"。

◎ 1986年举办动感劲歌演唱会

不久,广东省广告公司在海珠广场竖起了广州市第一块户外外商广告牌,这块以铁钉、铁板、油漆为主要材料的广告牌,面积为14平方米,客户是日本酒家"聘珍楼",该酒家欢迎中国客人到日本,出行时一定要来聘珍楼"咪西咪西"(吃饭)。绘制这块广告牌的美工师名叫梁耀文,后来担任过广东省外经贸委副主任、广东省外经贸厅厅长。

第一章 | 广告业的春天故事

◎ 早期路牌广告

此时的宏观环境对于广告业来说，还不太友好。20世纪70年代末、80年代初，社会上还有相当一部分人对广告有着不同的看法。因此，第一代广告人只能战战兢兢地"摸着石头过河"。这一时期，出现了一个"自行车尾板广告"事件。

广东旅游出版社出版的《今年二十——中国本土最大的广告公司》（作者沙宗义、蔡洪波）一书，记述了这一事件：

自行车在20世纪80年代初还是国人生活的"三大件"之一，对这件"奢侈"的交通工具人们爱护备至，许多人习惯上用一块铁皮包护住自行车后轮挡板，防止刮花、碰凹。日本电通充分利用这一"街景"，对这一流动"媒体"进行开发，委托广东省广告公司特制大批印有"东芝，注意交通安全"字样的自行车尾板护皮，免费派送给"有车人士"。

可是，这件事却引起了某些敏感人士的反对，有关人士在上报给有关领导的"内参"中质疑："中国的交通安全，难道还要让日本人来教育吗？"主管部门对此颇为重视，认为此活动虽然没有违反广告规条,但"不合国情",应予取缔。广东省广告公司有关领导当然不服,进行了申诉,但结果显而易见。发布准备工作已经就绪,却被突然叫停。广东省广告公司怎么向客户交代?消息传来,一名主管领导心力交瘁,突发脑血栓,不久便告别人世。

改革开放初期,即使在温暖的广州,明媚的春光里依然会有几天"倒春寒"。不过,春天毕竟已经来了,料峭的春寒只是一个非常短暂的存在。

此时的广东省广告公司只是中国广告产业大潮中的一朵浪花。

但是,浪花虽小,掀起的波浪却很大。

从1979年到1980年,不到两年的时间,我国主要口岸城市均成立了专营进出口广告业务的广告公司。1981年,中国第一个全国性的广告行业组织——中国对外贸易广告协会(现中国商务广告协会)宣告成立,历史数据显示,这一年,全国广告营业额达1.18亿元,广告从业人员16160人,广告经营单位1160家。

1983年,厦门大学新闻传播系开办广告专业,正式向全国招生。这是我国高等院校开办的第一个广告专业。这一年,国家市场监督管理总局开始制定"广告经营情况统计表",对广告公司和广告经营单位进行全面统计。同年12月27日,总局成立中国广告协会,并邀请香港华资广告业商会赴上海、北京、杭州等地访问交流。

◎ 省广早期的办公地点

第二节： 传真一响 黄金万两

20世纪80年代后期，改革开放在神州大地已经进行了将近10年。一批日后在中国企业发展历史上举足轻重的企业陆续登上历史的舞台。1987年，任正非在深圳南山区的一间民房中创立了华为。

这一时期，省广也进入了一个新的发展阶段。

在与国际广告公司合作的过程中，广东省广告公司有关领导有很多机会走访学习。他们到了国外才发现，广告公司不是媒介代理那么简单，应该有市场调研部、创作部、客户服务部。因此，早在1982年，当其他地方的"省广告"公司还在优哉游哉数美金的时候，广东省广告公司已经意识到危机，开始设立市场调研部、创作部、媒介部，分工日益细致，专业性更强了。

1986年，广东省广告公司还成立了一支时装模特队。1987年秋季，"广交会"上出了件新鲜事，世界各地的客商惊喜地发现，一支外贸系统的专业时装模特队出现在交易会的T形台上，为繁忙紧张的"广交会"带来几分闲趣，几多温情。整个交易会因之而多了一道亮丽的风景。

◎ 20世纪80年代的省广时装模特队

在T形台上表演的正是广东省广告公司下属的时装模特队。

"广交会"被国际经贸界人士誉为"友谊的纽带、贸易的桥梁",其创办于1957年,每年春、秋两季在广州举行,超过16万平方米的展馆集中展示了10万余种中国出口商品,按食品土畜、轻工工艺、纺织服装、五矿化工、医药保健、机电产品等大类设置专业展馆。"广交会"是中国规模最大、层次最高、成交量最高的国际贸易盛会。在很长一段时间里,每年春、秋两季的"广交会"出口成交额占我国一般贸易出口的四分之一,对确保外贸出口任务的完成,实现国民经济增长目标举足轻重。省广时装模特队是为了配合广东外贸打出纺织产品这张"王牌"而组建的,事实证明,模特队为促进纺织产品成交、扩大出口服务起到了很好的辅助作用。

我国从20世纪80年代开始才逐渐认识服装表演与时装模特儿在推广流行服装方面的商业价值,在这以前服装表演和时装模特儿都带有资产阶级的痕迹。1980年上海成立了中国第一支服装表演队,尽管社会上议论纷纷,但那是一个不断冲破"禁区"的时代,人们有足够的勇气直面社会上陈旧的观念。时装模特儿以最生动、最直观、最形象的肢体语言展示各种时装及面料,引导时装消费潮流。中国时装模特职业化的步伐铿锵有力,势不可当,不到十年,中国时装模特表演队已达上百个,模特人数近千人。

中国第一代时装模特儿要经受来自家庭和社会的双重压力,姑娘们要接受这个"前卫"的职业,需要超凡的勇气。"穿上内衣给别人看总不是一件正经事",我们这个民族太内向了,因此许多有潜质的女孩子顶不住压力,中途退出舞台。

广东省广告公司的时装模特队同样引起广泛关注。最敏感的中国香港传媒对内地模特儿这一新生事物的报道更是乐此不疲,日本《读卖新闻》驻中国香港的一名女记者盯住省广时装模特队的名角儿李秀进行追踪采访,在《读卖新闻》上撰文介绍李秀,赞誉她是"最有魅力的时装模特儿"。这是介绍国内时装模特儿的文章第一次发表在国外报刊上。

短短三年，省广时装模特队风生水起，并从国内舞台走向国际舞台。

由于多种原因，1990年，广东省广告公司领导层解散了这支曾经给人们带来光荣与梦想的模特队伍。模特队虽然解散了，但省广人这种勇于开拓的创新精神，却代代相传，一直沿袭了下来。

新中国的广告公司，在1979年前后出现，发展到20世纪80年代末，这一时期是新中国广告业的起步阶段。这一时期，几乎所有的广告公司从事的都是外贸广告业务，当时与省广相似的国营外贸广告公司主营各省市的进出口广告的代理和发布。所以，从某种程度上来说，这一批的国营外贸广告公司都是具有垄断性质的。这一时期，广告代理费用高达广告发布金额的17.5%。这是基于外贸行业垄断的高利润，从赚钱的角度看，这一时期是广告业利润最高、赚钱最容易的时期。

这一时期成立的广告公司，基本上都是当地外经贸局的下属单位，属于100%国营，而且是以服务外商在内地开拓市场为主要业务。当时有个不成文的规定——外国企业来广东做广告，必须由广东省广告公司代理；广东省的公司去国外发布广告，也必须由广东省广告公司的出口广告部来完成。

◎ 省广成立十周年

早期的广告业务形态跟后来的业务形态区别很大，业务模式也不是提供营销传播这种专业性的服务，也没有太大的市场竞争。无论是省广，还是其他广告公司，都是垄断性质的中介代理角色，在改革开放的大潮中，享受着计划经济时代遗留的行政管制带来的红利。这种情况下，在进出口贸易活跃的时期，省广的广告业务非常火爆。

在省广工作了三十四年的现任省广董事长陈钿隆开玩笑说，那时候的省广就像一个传真机，接收订单、传送订单、开发票、收代理费，收的还是美金，正可谓"传真一响，黄金万两"。

但这种生意火爆的日子很快就出现了危机。

随着中国广告业日益开放、市场化程度日益提升，其他本土广告公司、中外合资广告公司相继成立，市场竞争日趋激烈。省广的"好日子"就没那么多了，进出口广告业务开始走下坡路。

随着政策逐步放开，1986年，外资广告公司以合资方式进入中国市场。尽管一直到1993年，中国政府才全面开放广告经营权，国际广告巨头才得以大规模进入中国市场，但是从1986年开始，随着越来越多合资广告公司的成立，国营外贸广告公司已经感受到了前所未有的压力。尤其是身处改革开放最前沿的广州的广东省广告公司，当时的管理层对市场变化的感知更加敏感。

在与国际广告公司的合作交流中，广东省广告公司的管理层敏锐地意识到，过去那种专营外贸广告的经营模式不可能持续太久了，他们开始深入思考公司的未来，思考省广的未来路在何方？

第三节： 品牌全面代理 第一次华丽转身

20世纪80年代，省广承接了很多香烟广告、家电广告、相机广告、洋酒广告等，基本上是以广告牌和霓虹灯广告为主，霓虹闪烁、色彩鲜艳，这也是很多人对当时繁华热闹、灯红酒绿的广州的记忆。

张贤亮说："勇气，这是20世纪80年代最可贵的东西。"刘再复说："中国在20世纪80年代全面打开门户和类似'五四'的新启蒙运动，令中华民族再次拥有闪光的、充满活力的灵魂，觉醒的人的骄傲和思想者活泼的灵魂。"

《新周刊》在一个回忆20世纪80年代的专题中说，这是一个"梦想的时代，人人都憧憬未来，充满希望，怀有激情"，当然，还有为真理而抗辩的精神、锐意改革的先锋、求知与奉献的榜样、我手写我心的诗歌、作为思想代言人的小说……那个年代，国家和个人都齐刷刷地在探索中冲突、在冲突中成长。

历任省广董事长、总经理都表达过这样的一种情感：省广人是幸运的，赶上了中国改革开放的大时代，市场开放才有了中国广告行业的高速发展，才有了省广的起步，才有了与改革开放同步的时代机遇，才有了共生飘红的历史起点。

作为中国第一代广告人，身处改革开放初期、新旧体制交替、新旧观念更迭的过渡阶段，身处中国改革开放的前沿阵地，省广早期管理层的感受无疑更加直接！

改革开放初期，中国广告业的恢复并非一帆风顺。中国台湾资深广告人刘国基博士说："还记得当时上海广告部主任在做了其电视台的第一条广告之后，天天都是带着牙刷和内裤去上班的，主要是害怕被抓去坐牢。"

1979年3月15日，上海电视台瑞士雷达表广告播出后，社会批评意见众多，其中最严厉的是"出卖主权"的指责。这最终导致了上海电视台负责人邹凡扬和广告负责人汪志诚被调离电视台。

提心吊胆是中国第一代广告人的普遍心理。

1988年，中国的政治气候已经发生了变化，有中国特色的市场经济已经成为主旋律。尤其是在改革开放的先头阵地广州，市场经济已经深入人心。

◎ 独家代理第六届全运会来华广告宣传，并获广州市政府表彰

在这样的社会经济大背景中，在骚动与不安中，20世纪80年代即将结束，20世纪90年代扑面而来，省广的第一次华丽转身也即将开始。

◎ 独家代理第三届亚洲游泳锦标赛广告发布和开展公益宣传工作，并获国家体育运动委员会表彰

同时，省广内部也在急速变化。

李泮贻总经理、李崇宇副总经理在任期间，中国广告业正处于以进出口广告为主

的时代。在巩固进出口广告业务的同时，两位老李总都已经开始有了危机意识，开始带领省广开展国内广告业务。1990年，广东省广告公司在广州举办了现代广告研讨会，李泮贻总经理首次提出"全面代理，总体策划"的理念，将现代广告理论引入广告业务实践中，推动进出口广告向整合营销转型，为省广后来的全面发展奠定了基础。

◎ 省广举办的广东现代广告讲座传播现代化的行业理论

军人出身的温卫平，1993年调任到省广，任党委书记和总经理，掀起了省广改革的巨浪。外贸行业广告专营权的行政垄断被打破之后，公司的未来在哪里？在惠州罗浮山召开的工作会议上，温卫平提出了著名的省广人灵魂"三问"："没有来华广告怎么办？""没有出口广告怎么办？""业务全面滑坡怎么办？"这三个问句如警钟一般，拷问并警醒着每一个省广人。

随后，温卫平对省广的中层干部进行了大调整，奖勤罚懒，调动了积极性。在他任上，提拔的戴书华、陈钿隆、郭伯钱、康安卓等业务能手成为公司领导，引进了丁邦清、曹雪等广告策划创意高手。

在今天看来,"全面代理,总体策划"的提法,以及关于省广未来发展的灵魂"三问",似乎没有什么新意。但在20世纪90年代,大部分广告公司还在做单一媒介代理的时候,省广领导能提出这样的观点,的确具有开创性意义。

◎ 省广代理的健力宝广告火爆20世纪90年代

这是中国广告营销产业的第一次理论创新和业务创新,奠定了中国广告营销产业此后几十年高速发展的理论基础。

这次理论创新和业务创新推动了省广第一次华丽转身,迎来了一轮高速发展。

通过不断的学习和借鉴,广东省广告公司最终从外贸广告的业务模式进入整合营销的阶段;从单一代理外贸广告,到内外贸客户并举的全面代理。

这是省广第一次业务转型,后来被省广管理层定义为省广的第一次华丽转身。

从那时起,国内广告公司开始向现代广告公司发展,广告人必须懂市场、会创意、能策划,媒介也开始去做科学分析。广东省广告公司提出的现代化广告理念对当时国内整个广告业的发展具有深远的影响。

这次转型奠定了广东省广告公司在国内广告业的三甲地位。1992年,广东省广告公司获评首届中国广告公司综合实力第二名。

此后，国内广告业务日益成为广东省广告公司的重中之重。在这个市场充分竞争的领域，非凡的创意、杰出的服务能力是获取客户的核心。由于广东省广告公司转型早、理念先进，在大量实践中积累了丰富的专业知识、沉淀了专业人才，因此综合实力得以迅速提升。

此时，中国的改革开放大环境，也为省广提供了绝佳的发展良机。

◎ 1990年时任省广创意总监的靳柏权获香港区徽设计最高奖

英国的《经济学人》报在1979年就提出了一个相当具有前瞻性的问题——中国的崛起会给世界市场造成致命冲击吗？该报认为，中国有廉价的土地、劳动力、资源和人口优势，一旦中国学习到国外的经验，能大量生产并有渠道出口商品时，"洪水猛兽般的中国出口品将势不可当"。

《经济学人》由此预言，世界将充斥着带有"Made in China"字样的产品。这是西方世界对中国最具远见的报道，但在当时没有人关注这个似乎有点天方夜谭的结论。这个预言要在20多年后才会被验证并开始引发关注。

◎ 1991年省广举办首届中国国际广告研讨会

身处广告产业的广东省广告公司，对这种变化和趋势的反应显然更加灵敏——某种程度上，广告业是经济的晴雨表。

◎ 1998年承办诺基亚"百变之旅"演唱会

改革开放后，中国制造业正在迅速崛起，尤其是蓬勃发展的家电产业、地产业、汽车产业等；而随着经济活力的持续释放、民众收入的稳步提升，被压抑了太久的市场需求也逐步爆发。凡此种种，为广告市场孕育出了庞大的需求，与时代共生的广东省广告公司有了大展拳脚的机会；而省广的"国有"背景，也为其开拓市场提供了诸多加持，这让省广在把握时代的脉搏、产业兴衰等宏观问题上更加敏锐，进而可以充分利用国有企业的"飘红"背景，在正确的时间做正确的事情，从而在公司发展的正确道路上，高歌猛进，一路"飘红"！

一、从艰难入局到全线飘红

广告业是经济的晴雨表，广告行业的景气程度与经济发展密切相关。广告也是一面镜子，投映出不同行业在不同生命周期的经济活跃程度，广告的增长或减退在某种意义上就代表着行业的发展速度和市场的繁荣程度。从省广发展之路看，敏锐地抓住主流行业、广告大户在新生期、成长期的机遇，踏准每一个步点，是其成功的一个关键。

（一）家电行业：打响全案代理第一枪

广东省广告公司的发展历程，与中国家电等产业发展的历史轨迹高度重合。

《家电魂》所做的《改革开放》系列报道中有如下描述：

在20世纪70年代末80年代初，国家还从苏联、南斯拉夫、罗马尼亚进口过冰箱、洗衣机和彩电。那个时候东欧国家的冰箱，现在来看就是"粗、大、笨"，根本入不了人们的法眼，但在那个物质短缺年代却是抢手货。20世纪80年代中期，中日邦交正常化后，家电品牌就多来自日本，像松下、东芝、索尼、日立、三洋、三菱等品牌的家用电器，都是那时候被国人所熟知。

中国的家电产业起步于20世纪80年代。

改革开放最初的十年，正处于计划经济向市场经济转型的初期，上马家电项目需要中央政府相关部门的审批，此时家电企业多数具有国资背景，如海尔初创于1984年，格力创建于1985年，长虹1986年军转民，春兰1986年技改后进入空调领域。

改革开放的第二个十年间，不论是军工企业的军转民，还是国有企业转型，都把家电领域作为改革改制的目标。国内家电业也因此而进入发展的快车道。黑色家电领域的长虹,白色家电领域的春兰异军突起。军工企业背景的长虹"红太阳一族"几乎遍布神州大地;春兰则是当时中国最大的空调生产基地、世界空调七强之一。

20世纪90年代是国内家电迅速扩张的时期。以彩电为例,全国各个省份,除了偏远和经济欠发达地区,几乎每个省都和四川一样有自己的电视机厂,像北京的牡丹牌,天津的北京牌,上海的金星牌、凯歌牌、飞跃牌,福建的福日牌,福建厦门的厦华牌,广东的TCL牌、创维牌、乐华牌,甚至连甘肃都有自己的长风牌。空调、冰箱、洗衣机也不例外,红火时曾经出现过数百家企业同台竞争的场面。

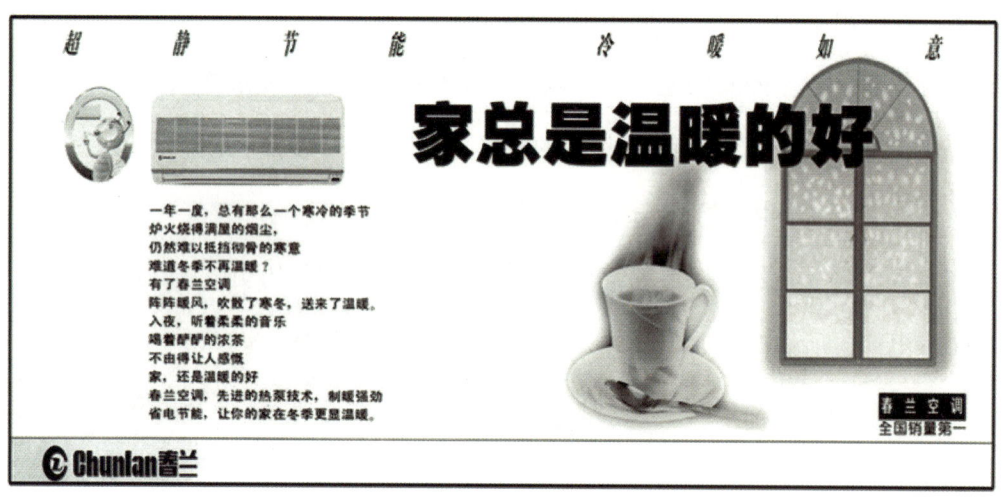

◎ 省广春兰空调广告

这一时期,外资品牌既固守行业的高端领域,谋取高额的利润回报,又转卖生产线和技术给中国企业。

改革开放二十多年后,国民消费水平有了大幅度提升,家电逐步由奢侈品转变为日用消费品,国内家电进入消费的黄金期,普及型消费市场已经形成;国内家电企业通过引进、学习、沉淀,再到消化、吸收、创新,自主进行制造生产已经不成问题,规模化发展已经凸显出来。

行业龙头企业就此出现,如彩电的五大品牌——海信、创维、TCL、长虹、康佳;

冰箱行业四大品牌——海尔、容声、美的、美菱；空调行业龙头——格力、美的、海尔；洗衣机行业龙头——海尔、小天鹅等基本上都是在这一时期奠定了行业地位。

◎ 20世纪90年代省广的长虹彩电广告设计

家电产业的兴起，让省广员工异常兴奋——这个行业孕育了众多优质客户。有意无意之间，省广进入了正在蓬勃发展的家电产业。

踏准产业勃兴的节奏，服务正在高速发展的产业，成为省广日后取得长足发展的重要因素。

说回家电产业，省广的第一个家电大客户就是春兰空调，在当年，春兰一年光广告费就支出数亿元，在国内企业中是数一数二的广告"豪客"。对于此时的省广来说，这无疑是一个潜在的大客户。被时任总经理温卫平"三顾茅庐"，从广东商学院（今广东财经大学）教师岗位上挖过来的丁邦清，担任省广策划总监，负责此次春兰项目的投标创意。

这次春兰投标，省广仅前期投入就高达40多万元。在应标的几家广告公司中，省广的先天条件也许是最差的。北京的一家广告公司联合了中国香港的BBDO结成统一战线，另一家则长期服务中央电视台，有得天独厚的媒介优势；而南京的两家广告公司则是春兰集团的江苏"老乡"，有地利、人和之便。省广人既无"外势"也无"背景"，只能靠自信和勤奋这两件傍身法宝奋力一搏。

最终春兰把"红绣球"抛给了用情最深、投入最大的省广，1997年的总体策划案由省广统合。慷慨的春兰人不仅把巨额的广告代理费交给省广，还用100万元买断了省广的广告策划案，这大约是当时国内最贵的一笔策划费了。

春兰给了一个绝佳的机会让广东省广告公司锻炼队伍、培养人才、与国际接轨，倒逼省广在境外广告公司大兵压境的非常时期实现非常成长。

同时，省广通过为春兰的全面代理服务，也向业界证明了自己的实力，树立了良好的社会形象，积累了巨大的无形资产。国内其他众多大型家电企业，如江苏无锡的小天鹅、浙江宁波的奥克斯、四川绵阳的长虹电子、广东顺德的科龙电器等也先后成了省广的客户。

省广伴随着中国家电产业的高速发展一路前行。此外，省广还先后服务了达能酸奶、金羚牌洗衣机、万宝冰箱、华凌冰箱、丽珠得乐等品牌产品。当年，丽珠得乐的广告语"其实男人更需要关怀"、威力洗衣机的广告语"威力威力，够威够力"、小天鹅洗衣机的"全心全意小天鹅"、长虹空调的"长虹空调中国风"等，享誉大江南北。这一时期，省广的广告创意，很多时候都是打情感牌，广告都很感人，以至于很多人在看到这些走心广告的时候，都情不自禁地流下了感动的眼泪。

（二）通信行业：打赢品牌管理第一战

有一年的法国戛纳广告节上，当时还是部门经理的陈钿隆认识了广东电信市场部的广告负责人。业务员出身的他，自然

◎ 20世纪90年代省广的容声冰箱广告设计

不会轻易放过这样一个优质的潜在客户，于是带领团队多次登门拜访表达合作诚意，并且通过各种方式展现公司的实力，经过几个月的不懈努力，广东电信开始主动邀请省广参与一些项目投标，不过一开始，他们只愿意给省广一些体量很小的单子，如"5·17电信日"的活动策划执行等。

1997年，移动通信市场开始进入高速发展期，广东电信的直接对手广东移动异军突起，品牌传播动作不断：1997年，邀请章子怡担任形象代言人；1998年，推出广东移动全球通、大众通、本地通、神州行和岭南行，正式进入了三通两行时代，为移动集团后续的系统化品牌建设奠定了基础。而所有的这些，无疑给以固网业务为主体的广东电信以极大的压力。所以，从电信集团到各省公司，都感到寒气十足，他们急切地需要做出改变和应对措施。

1999年，省广应邀参与广东电信品牌管理服务商的"大招标、大比稿"。

何滨作为此次投标比稿的总负责人，他觉得机会难得，却又压力巨大。经过20年的发展，1999年的省广，已经是中国规模较大的广告公司之一了，也积累了丰富的品牌传播经验，然而此时的省广，只是有一些服务"5·17电信日"的活动策划、执行经验，并没有服务大型企业的整体品牌管理经验，而省广面对的对手，都是奥美这种擅长品牌管理的国际大牌广告公司。

当时整个市场几乎都被广东移动引领，广东电信的压力也来自广东移动，因此制定策略的核心是从分析广东电信与竞争对手的产品线差异开始的。

当时的广东移动是一家新成立的公司，没有广东电信那样沉重的历史包袱，因此广东移动可以一步到位，将产品分成三通两行，分别进行产品品牌和客户品牌的塑造和品牌资产管理。

但此路对广东电信而言是走不通的，因为他们当时有上百款产品，既要维护好历史产品的美誉度和客户忠诚度，又要依据市场的最新变化趋势，不断开发新的电信产品，因此很难对所有产品进行一步到位的品牌化建设。

最终，经过反复的市场调研，以及虚心向清华大学高中羽教授等行业专家请教，何滨带领策划创意团队为广东电信量身定做了全新的品牌管理方案。该方案最大的亮点，在于没有完全遵循新加坡电信（SingTel）、香港电讯（HKT）等成熟电信企业的经验，更没有盲目对标广东移动一步到位建立客户品牌，而是提出品牌重塑要从广东电信自身实际的发展情况，分为两步走：第一步，将广东电信上百种产品梳理出六大产品线，先打造长途电话、本地电话等六大产品线品牌；第二步，在六大产品线品牌累积足够的品牌资产之后，再伺机规划以客户价值为导向的客户品牌。

这次投标比稿的会议，广东电信市场部领导悉数到场。由于省广团队深度研究了广东电信的真实需求，因此汇报的方案更加符合广东电信的实际需求，获得了广东电信高层领导的高度认可，最终在策略和创意两轮投标比稿中，都拿下了第一名。

实话实说，此时的省广与奥美这种国际巨头相比，无论是品牌策划及管理能力，还是创意设计综合实力，都还存在着较大的差距。但省广的优势，在于谦虚好学、不墨守成规，在于熟悉本土消费者，在于沉下心去研究客户的需求——最终在激烈的竞争中，把握住机会，以弱胜强，虎口夺食，创造了一个让同行惊艳的奇迹！

打赢广东电信品牌管理投标一役，让省广真正进入了通信行业，从家电之后又开辟了一个全新的业务模块。从某种意义上说，这次投标是省广面对奥美等国际广告巨头的品牌管理第一战，这为省广后续代理中国电信的宽带和小灵通业务以及天翼客户品牌和3G/4G/5G移动业务品牌奠定了坚实的基础。

成功服务中国电信之后，省广从2005年开始服务广东移动、河南移动、北京移动等全国多家中国移动的分公司。而真正让省广在中国移动打响知名度和美誉度的，则是从拿下广东移动品牌代理业务开始的。

广东移动是中国移动体系内市场占比最大、发展最快、创新能力最强、理念最先进的省级分公司。2008年，中国移动省级公司广东移动进行新一轮的比稿招标。

此时，广东移动的收入在全国移动体系内的占比高达六分之一，在三大运营商共同经营的移动市场份额占比高达七成。广东移动的发展速度快,市场部的工作节奏也很快,压力也很大。身为省广本次投标总负责人的何滨,与客户总监温晓燕,以及移动项目组的同事们一起通宵达旦地加班加点,在3天内就拿出了让招标评委们非常满意的提案,最终省广如愿以偿地在通信领域再拿下一城,与广东移动成功牵手。

现任省广第五事业群总经理的于华,在本次投标后加入省广移动服务组,最终成为推动省广移动业务版图做大做强的主力军。他表示,省广团队当时第一次参加广东移动的大型投标比稿,对客户不够了解,而且时间非常紧迫,但最终却打败一众强敌,成功中标,这让他觉得不可思议,也深感佩服。

"我们要虚心地向权威学习,但不能迷信权威,要勇敢地向权威挑战。"在与国际4A多次正面交手之后,何滨有了这样的感悟。

省广接手广东移动的品牌工作之后,就迎来了一项非常具有挑战性的工作——提升客户满意度,策划2009年的企业责任营销。

两年前,为了在快速增长的移动市场中提升客户满意度,广东移动创造性地提出了独具特色的"榕树理论",并且在2006年、2007年、2008年分别推出了感谢广东、感恩广东、感动广东"三感"系列活动。省广不仅要把"三感"三部曲中的"感动广东"落地执行好,更重要的是要规划新一年的社会责任营销,这项工作非常有难度,因为广东移动市场部曾集合媒体、咨询公司、内部专家等多方力量讨论,都没有找到很好的概念,大家普遍认为,"三感"和"榕树理论"很难超越,甚至要找个接近点儿的都很难。然而时间不等人,所以广东移动最终决定采用现有供应商比稿的方式进行。

因为项目难度大、重要等级高,所以当时已经担任省广副总经理的何滨决定亲自出马,带领策划团队开展头脑风暴。

第五事业群副总经理彭旭知回忆:当时策划团队首先认真分析"三感"和"榕树理论"的内涵——榕树主干旺盛,根须繁茂;一树成林,营造生态;聚集清凉,回馈大地;四季深绿,基业长青。可以说,榕树从方方面面都能够和企业经营完美契合。

榕树理论的核心之意其实就是感谢，因为"广东移动之成就，非广东移动人之成就，乃所有广东人之成就"，广东孕育了广东移动，广东移动回馈以清凉，与广东人民共同分享改革开放的成果、拉近用户距离，是"三感"活动的初衷。广东移动以广东随处可见的榕树为喻，表达感谢之意、感恩之心和感动之情。而这些，其实表达的都是广东移动在"社会顺境"中的分享。

一切都是时代的产物，营销也必须适应环境变化，所以，研究环境至关重要！

"研究社会环境的切入点，让我们很快找到核心的冲突——经历了2008年的全球性金融危机和汶川大地震，我们已经不再是顺境！广东尤其是珠三角地区的经济由于对外依存度高，遇到了进入新世纪以来最严重的困难，东莞等很多城市都出现了返乡潮。2006年顺境之中，我们感谢广东，2009年逆境之中，我们要如何表达？"彭旭知说起当年策划思路的时候说道。

危机之后是转机，分享之后是分担。随着问题一步步地聚焦，省广移动项目组很快就找到了"滴水精神"这一理论概念，以及"我爱广东"这一核心主题！榕树是广东元素，水其实也是广东特点，关于滴水精神，省广这样诠释：一滴水之所以不会干涸，是因为它们融入了大海；一滴水之所以充满力量，是因为它们汇聚成波涛；滴水之所以能穿顽石，是因为它们能坚持不懈、持之以恒；滴水藏海，集体的力量可以战胜困难、共渡难关，众人成粤，我爱广东。

核心定义从"顺境"到"逆境"，核心理念从"榕树理论"到"滴水精神"，核心主题从"感谢广东"到"我爱广东"，核心表现元素从"榕树"到"水滴"，可以说核心策划逻辑已经完整成型，有了这个方案，基本可以做到先胜后战了！比稿的过程非常顺利，结果也没有悬念。但比稿中却有一点让何滨和他的团队记忆深刻，因为广东移动市场部向来雷厉风行、对执行效率要求很高，因为这是入选供应商之间日常服务PK，不涉及招投标，也没有那么多条条框框，所以，提案在接近下班的时候才开始，原则就是没有结果不散场，几家公司依次提案，比稿一直持续到晚上八点多，最后选用的那家公司（省广）留下来吃盒饭，继续探讨下一步的执行，其他没有选用的公司就各自离去。虽然有点残酷，但这也许就是广东移动在品牌建设上能够引领行业的原因吧！

◎ 滴水精神之"汇聚"

（三）地产行业：打遍华南楼盘无敌手

丽江花园是省广全案代理的第一个大型房地产客户。丽江花园的成功形成了示范效应，许多知名房地产商亦"闻香识味"，纷纷找到省广合作。

丽江花园是2000年全国13个优秀示范小区之一，其发展商是实力雄厚的番禺粤海房地产公司，隶属中国香港粤海集团。丽江花园早期的广告是由跨国广告公司策划创意的，但一直叫好不叫座，市场反应平平。其实，世界著名的广告人大卫·奥格威便认为，最好的广告就是能促使客户的产品畅销的广告。

对于从世界一流广告公司手中"流失"的客户，省广当然不敢掉以轻心，由丁邦清带领团队，经过精心策划和创意，为丽江花园推出的最新一期楼盘"康城居"创作了系列广告。省广的广告在概念上进行创新，突出"园林化设计"的卖点，把这个楼盘与市场上令人眼花缭乱的其他楼盘区别开，使之成为"差异化产品"。为了充分演绎这一概念，省广主创人员分别从品牌、产品、住户、康园和环境五个方面展开，充分挖掘产品的文化内涵，通过一系列对家居环境诗意化的描述，使一个清新、高雅、脱俗的文化社区呼之欲出。这组广告中展示的人文环境高洁雅致，正好符合广大白领阶层内心对自己居所的设计需求。

康城居系列广告推出后，产生了极好的市场效果。开盘3小时，就卖掉100多套房子，创下广州房地产市场的销售奇迹。一些消费者甚至拿着报纸上刊登的广告到售楼处指定要买某幢某层。康城居的"楼花"一下子卖了6幢。在竞争异常激烈的广州房地产市场上，如此出色的销售业绩当然让房地产商大喜过望。

康城居系列广告一扫广州房地产广告"千楼一面"的平庸格局，在整个地产广告界吹起一股清新的风，引领了房地产广告新潮流，几乎掀起一场房地产广告的"设计革命"。

据省广前策划总监陈国宏回忆：在地产业最为红火的1997—2017年这二十年间，光是广州做地产广告的大小广告公司就有2000多家，省广不过是其中一家。但是，省广以新颖的创意、大量成功的案例，尤其是广州奥林匹克花园的"运动就在家门口"、南国奥林匹克花园的"生活就像高尔夫"、星河湾的"一个心情盛开的地方"、锦绣香江的"居住与世界同步"让广州华南板块成为中国最受瞩目的地产热点，引领了当时地产广告的风潮。

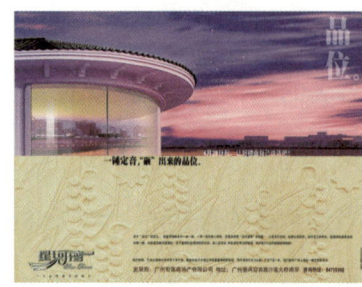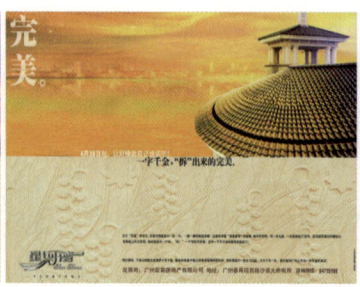

◎ 省广星河湾案例

由于省广在华南地产业的巨大影响力、大量成功案例的良好口碑，地产事业部成为省广唯一一个没有业务人员的部门——众多地产企业主动前来邀请省广合作。这一时期，省广地产事业部只参加比稿，根本不用考虑去拉客户，到了后期，省广甚至连比稿都不用了，地产企业直接邀请省广服务。省广地产事业部的成绩不但获得了市场的认可、客户的认可，也获得了业内的认可。省广打造的汇景新城的"发现亚洲之美"创意案例，更一举获得了莫比广告节的金奖。

◎ 省广汇景新城案例获莫比国际广告奖

省广地产业务真正走向巅峰是从1998年与合生创展、珠江地产合作开始的。当时合生创展和珠江地产被王石誉为中国房地产界真正的航空母舰，省广当时全面代理了这两家公司旗下的所有楼盘。

省广地产项目原负责人李海彪霸气地说过：省广服务了合生和珠江旗下几乎所有的项目，在地产广告领域，可谓"打遍华南无敌手"！

那时合生创展每年推出一个重磅项目。第一个重磅项目是位于广州天河北的帝景苑。帝景苑之前，广州天河北几乎没有什么豪宅，基于帝景苑的地理位置优势、项目自身先进的理念、硬件设施等，省广将帝景苑定位为星级豪宅，通过整体传播，最终让帝景苑傲立于天河北住宅圈，成就了一个新地产广告神话。

随后，省广在豪宅板块持续发力，又相继打造了广州珠江帝景、北京珠江帝景、星河湾、深圳半山海景别墅、汇景新城、金海湾等，以及位于广州CBD珠江新城的合景誉峰国际等高端地产项目。

与此同时，省广还代理了奥园地产、招商地产、新世界地产等知名地产项目。最高峰时期《广州日报》一天有37个全版广告，都是省广代理的地产业务，服务地产的人员几乎天天通宵达旦加班赶稿，媒介部送稿人员天天在菲林店深夜等稿，以至于《广州日报》《南方都市报》每天凌晨的赴印时间都受影响。

1998年，另外一个庞大的产业——汽车产业的时代到来了。

省广也紧紧地抓住了这个机遇。

二、中标广本闯入汽车产业

1996年10月31日，在产品大量滞销、巨额亏损之后，法国标致汽车撤离广州，留给广州一个惨淡的背影。

"广州能搞汽车工业吗？"很多人都发出了这样的质疑。

但是，广州并没有放弃汽车梦。两年间，广州前后和12家企业洽谈过合作，最终选择了与本田技研工业株式会社（以下简称本田）合作。

本田是当时世界上最大的摩托车生产厂家，汽车的产量和规模也使其位列世界十大汽车厂家。1948年创立的本田，其创始人是传奇式人物本田宗一郎，公司总部在日本东京。

1998年7月1日，广州本田汽车有限公司（以下简称广州本田）成立，该公司是由广州汽车集团公司、本田技研工业株式会社和本田技研工业（中国）投资有限公司按50：40：10的股比共同投资建设和经营的企业，合资年限为30年。

标致撤离后，工厂荒芜，野草疯长。

广州本田第一任总经理门胁轰二描述过，当他 1998 年 6 月第一次到广标工厂的时候，看到的是破旧不堪、设备老化、屋顶漏水的工厂环境，他怀疑这样的工厂是否能生产出本田所要求的高品质汽车。

在广州本田成立后的两个星期，所有员工按照本田导入的 5S 要求（整理、整顿、清扫、清洁、素养）卫生目标，先把工厂和车间打扫干净。

在广州标致荒废工厂的基础上，广本人日夜苦干，短短 9 个月的时间里，就完成了 345 项技改工程，使原生产标致车的工厂达到了年产 5 万辆的生产规模的技改目标。广本不仅做到了严格执行本田标准，且实际上执行得比本田标准还要高一级；特别是焊接精度，广本在本田所有海外公司中是最高的。

广本花费的时间和投资只有国内同等规模兄弟厂家的 1/3。这背后是广本人的精打细算，如工厂的排水系统年久失修，常造成积水，影响生产交通，若全面改造，需耗资 600 万元，经详细研究广州降水历史资料，广本以清淤泥的办法，仅用 1/4 的投资就解决了积水问题。

为吸取原标致车型落后、产品滞销的教训，广本直接导入本田全球同步战略车型——最新 98 款雅阁也就是第六代雅阁，开创"全球同步"先河，第一辆广州本田雅阁轿车于 1999 年 3 月下线。

雅阁一度是全球销量较好的轿车之一。1992 年，第四代雅阁在中国销售，同时，雅阁在美国市场连续三年拿下了销量冠军。第六代雅阁开始标配前排安全气囊，后悬挂五连杆双叉臂，舒适性有了明显提升。此外还有电控动力转向、可变转向比等配置。

当时在追收一笔广州标致的广告费欠款时，时任客户总监林汉雄得知了广州本田项目，省广就开始密切关注广州本田项目的进展。

广州本田成立后，就开始在全球招标广告服务商。

这绝对是一个重量级的客户，因此，全世界排名前列的几家大型广告公司都来了。

广州花园酒店盛况空前，住满了来自世界各地的广告人，广本工厂的比稿现场，来往的都是国际4A请来的搬家公司在搬送作品案例，颇有一场世纪广告大战的氛围。

尽管省广此时的实力与全球排名前列的大型广告公司有很大的差距，但省广管理层还是决定应标。作为广州土生土长的广告公司，省广并没有服务大型外资汽车品牌的经验。因此，连省广的很多管理层都认为，作为本土广告公司，省广很难服务汽车客户，因为不够专业。

但既然要投标，就必须全力去争取，将不可能变为可能。

省广成立了应标小组，时任副总经理的郝建平任应标总指挥，陈钿隆负责客户、丁邦清负责策划、曹雪负责创意。省广再次发挥半军事化管理、大兵团作战的优势，从各个部门抽调最精锐的骨干，组建成一支超过30人的专业团队，集中精锐资源打硬仗。

在制作投标资料的过程中，应标小组需要找一台雅阁车拍摄真车照片，模拟某些场景，但当时大街上雅阁车少之又少。也难怪，20世纪90年代一台雅阁车的销售价格是39万元，当时北京二环100平方米的房子才卖20万元，一台雅阁车就可以在北京二环买两套100平方米的房子。因此，雅阁当时绝对是豪车，在大街上难以寻觅也容易理解。

没有办法，省广拍摄团队带着司机在广州到处转圈，终于发现了一台当时最新款的雅阁车，并一直跟踪到了停车场。等别人停好车离开后，省广拍摄人员赶紧围了上去，架设灯光、布置场地，终于抢拍到一批可以用于投标方案的照片。

集中全公司的力量和资源后，省广终于拿出了自己比较满意的应标方案。

第一章 | 广告业的春天故事

◎ 广本投标现场

广州本田此次全球招标历经5轮，包括电通、博报堂、电扬、奥美等在内的世界著名广告公司都参与了竞标。最后只剩下省广与电扬两家公司竞争。

省广没有充分的汽车项目服务经验，但在过程中的表现受到了广本的认可。

事情的转折来自此后的武汉车展。广本的展台由电扬承办，当时中方领导对广州本田logo中"广州"和"Honda"字体大小差异不满意，多次要求电扬修改，但电扬都没有积极响应；而省广则迅速完成了字体调整。广本中方领导与日方领导充分沟通，力促与省广合作。武汉车展后不久，时任广本副总经理的袁仲荣通知了省广中标。

由此，经过五轮招投标，1998年7月，省广从20多个4A公司中胜出，最终赢得了广州本田的服务项目，并伴随着广州本田一路成长。

这是省广第一次中标国际汽车客户，也是省广第一个真正全面代理的汽车客户案子，省广的汽车品牌业务就此汹涌开闸。

（一）起步，就与世界同步

省广与广本雅阁的首次合同服务周期是三年。广州本田总经理门胁轰二是一位思想开明的中国通，在合作过程中对省广的全力投入非常认同，但要求也非常严格。省广中标之后，门胁轰二亲自带领团队来省广考察，并进行了严格的评分。门胁轰二率团队检查的范围不仅覆盖了省广服务团队的人员构成、设备等直接支撑项目，甚至连会议室、洗手间都不放过，当时省广已经在金广大厦11楼专门成立了广本部。

◎ 广州本田总经理门胁轰二考察省广

据时任广本部经理的容志光回忆，其实在中标广州本田项目之前，省广本田项目服务组就成立了，帮助广州本田做了不少琐碎的事情。省广就是这样的风格——客户的事情就是自己的事情，先努力服务、不讲回报。

1999年3月26日，第一辆广州本田雅阁轿车下线。围绕这台第一辆国产雅阁，究竟该如何进行品牌传播，省广服务广州本田的团队着实费了一番脑筋。

第一章 | 广告业的春天故事

◎ 谱写汽车工业新篇章

省广当时策划了"谱写汽车工业新篇章"作为第一辆广州本田雅阁轿车下线仪式的主题。"谱写汽车工业新篇章",9个字准确喊出了广州汽车业打翻身仗的决心斗志。

这场下线仪式创意性地设计了一本巨型书本,伴随着"道路篇"电视广告雄壮的《自新大陆》旋律的响起,崭新的第六代雅阁由中方领导从"书中"开出来,开到前面圆形电动展台上,然后进行360度展示。让现场参加仪式的嘉宾在精心选择的白色车身上签字留念。当时由于担心电动装置失灵,还特别准备了人工开合转动的应急预案。最终下线仪式顺利进行。雅阁上市后大获成功。

省广副总裁陈小振当年也参与并见证了广州本田雅阁项目。在他的记忆中,第六代雅阁作为国产的第一代,有着先进的技术、优越的性能和超前的定价,是当时很多国人心目中的梦想之车。

从车型上来看,第六代雅阁是中国汽车产业历史上,引进的第一个与全球同步的车型,中国消费者开始享受到与国际同等的待遇。而此前,进入中国市场的车型,大多是过时的车型,国外厂商不愿意让最新车型进入中国。

上述信息给了省广策划创意团队很多灵感。省广最终给第六代雅阁确定的品牌营销主题是"起步，就与世界同步"。

这句话可谓一语双关，一是说第六代雅阁可谓与全球同步技术、同步车型、同步品质；二是说广州本田这家公司，在技术、车型、品质上起步比较高，与世界同步。

"起步，就与世界同步"，简单的几个字，恢宏大气、内涵丰富、指向明显，与第六代雅阁的风格极其匹配。因此受到了广州本田管理层的高度认可，系列传播就此展开。

◎ 起步，就与世界同步

直到今天，"起步，就与世界同步"仍是省广历史上的经典创意之一。

随后，在第八届上海国际汽车工业展览会上，广州本田也是以"起步，就与世界同步"作为参展的口号，并郑重对外宣布，"国产'雅阁'的质量不低于日本本土和美国的质量标准，广本推崇'世界品质，一脉相承'的宗旨"。

广本总经理门胁轰二以毫不含糊的口吻说道："我们要打破'国产化就是质量下降'这一传统说法。我们要以事实来说话。"

值得补充的是，由于中方和日方在广州本田公司的占比是各50%，要求在所有细节上都要体现出来这种的股权比例。因此，国产雅阁车尾标贴上的"广州Honda"字样，就是省广严格按照广州和本田"一家一半"的面积来设计的。

雅阁在1999年投产，连续19个月稳坐中高级轿车销量冠军宝座。

广州本田发展速度之快，连本田总部都不敢相信，"广本神话"横空出世。

1999年12月6日，曾庆洪接任广州本田执行副总经理。此时，广州本田的年产销刚刚突破10000辆。广州本田最初的生产计划是"3万辆起步，2005年实现5万辆"，谁都没想到，投产第三年，也就是2001年，广州本田就突破了5万辆，比原计划提前了整整4年。而且，广州本田年产3万辆就实现了盈利10.6亿元，按照国际惯例，实现此盈利能力的产能要达到15万辆。广州本田成功打破了15万辆的"铁律"。

2006年，曾庆洪升任广汽集团总经理。同年，广州本田年产销达到了26万辆。2007年2月10日，广州本田累计生产的第100万辆轿车顺利下线。

（二）进步，就是永不停步

虽然拿下了广州本田这个项目，但省广服务团队不敢有丝毫松懈，甚至感觉到了前所未有的压力。因为大家非常清楚省广与国际巨头的差距，这次胜出，省广并非完全以创意实力取胜，而是胜在本土化的服务能力上。

◎ 进步，就是永不停步

在广州本田的应标过程中，国际 4A 公司严谨的工作作风、创意水平等给省广所有参与这个项目的同事们极大的震撼。

据陈钿隆回忆，当时国际 4A 公司是请搬家公司搬运作品的，原来他们将很多广告的应用场景 1∶1 还原到了应标现场。可见其准备之充分、投入之巨大；而且国际 4A 公司前来应标的团队都是西装革履，非常职业化，工作流程也非常严谨、系统；国际 4A 公司的广告创意片子都剪辑好了，可以直接在现场展示。反观省广，在电视广告片的创意上，只是展示了分镜头。

显然，在专业水平上，省广与国际 4A 公司还有很大差距。这当然不是省广一家的问题。20 世纪 80 年代、90 年代初，在创意策划、理念、工具使用上，本土广告公司与国际 4A 公司普遍存在相当大的差距。毕竟，新中国的广告产业才只有短短二十年的历史，而国际 4A 甚至都有百年老店了。

省广人还发现，外资公司的创意普遍比较洋气，用今天的话说，就是高大上、有国际范儿，外资公司还有国际网络渠道。

陈钿隆经常用"洋妞"与"村姑"来类比国际 4A 公司与省广等本土广告公司。

在那个年代，省广在专业方面还有所欠缺，但吃苦耐劳、不怕脏累、服务到位，所有业务人员的手机都是 24 小时开机，全天候服务，客户任何时候有任何需求，省广都可以随时响应、及时处理。

因此，省广人一方面努力学习，不断提升专业能力；另一方面既要有"洋妞"的专业，有国际化的视野、理念，又要有"村姑"的服务精神，把国际 4A 公司与本土公司的优势相结合。

正是这种以客户为中心、将客户当家人的服务态度，让省广赢得了广州本田，又赢得了一个又一个汽车客户。

但是，只有好的服务态度，依旧无法解决服务能力不足的问题。

意识到省广的差距，尤其是在服务汽车客户方面的不足之后，省广团队开始着重提升在这方面的能力。

1999 年，在被誉为"亚洲汽车风向标"的东京车展上，省广组织专业团队参加，主要目的就是学习。

当陈钿隆带领容志光、肖瑜、郗捷一行人置身东京车展现场的时候，简直像刘姥姥进了大观园，眼花缭乱、大开眼界。当时，中国还没有大型国际车展，在国内能够收集到的有关汽车的宣传册、宣传单、车展设计等设计资料少之又少，能亲眼看到真实的布展场景更是第一次。此次车展上新闻发布会也给省广团队极大的震撼——发布会流程的严密、资料的齐备、素材的丰富、接待流程的专业，给记者们极大的便利。

"单单一款雅阁车，就给记者们准备了一大沓资料，例如光碟、图片等"，这种专业、精细的操作让参会的省广人极为惊讶。

车展上的很多设计作品更令省广人耳目一新，大家看到什么资料都觉得非常新奇，短短几天时间，几个人收集了大量画册、光盘、宣传单页等资料，将 5 个大号行李箱塞得满满当当。回国过海关的时候，机场工作人员看到这几个人拖着 5 个沉甸甸的巨大行李箱，还以为装的是什么值钱的走私货，打开检查之后才发现原来都是各种车展的资料。由于资料实在太重，行李箱的轮子都拉坏了。

东京车展之行可谓收获满满。回来后，省广创意部门的人员看到那些珍贵的资料时简直如获至宝，开始模仿学习。

后来一段时期省广操办的车展新闻发布会等活动，也借鉴了很多那次在东京车展上学习到的做法。

对于这种从模仿开始的学习提升过程，一同参与的陈钿隆等人也从不讳言地表示："如果没有这些最新的创意资料，估计省广乃至中国汽车广告创意产业的水平提升都不会这么快。"

技不如人并不重要，重要的是要有危机感，更不要盲目自大，要认识到差距，虚心学习，不断提升。

省广人就是这样不断进步的。

想当年，创业初期的省广，凭借独家代理进出口广告业务的垄断优势，客户拿着广告胶片（菲林）过来，省广拿去报社登出来就可以了，连平面设计都不用，业务都可以做得非常好，而且双向收取高达17.5%的代理费，还是美金。就是在这样的舒适日子里，省广的管理层居安思危，意识到自身与国外专业广告公司仍有巨大差距，于是，省广在20世纪90年代初就开始进行专业化转型。如果不是那次转型，估计省广早就被时代的浪潮淹没了。

站在2022年的时间节点回望，省广刚好赶上了中国汽车产业蓬勃发展的时代。

为了实现公司企业品牌与渠道品牌、服务品牌的统一，2009年6月，广州本田正式更名为广汽本田。

随着省广服务广汽本田等经验的积累，省广服务国内外汽车客户的能力迅速提升，若干年后，省广成了国内较大的汽车品牌服务商之一，几乎服务了市面上所有主流汽车品牌，汽车板块的营业收入占比最高曾达到了总营收的75%。

1992年，省广获评首届中国广告公司综合实力第二名，1999年，跃居本土广告公司排名第一。

与此同时，随着省广服务的客户不断增多，尤其是有了诸多外地客户，省广开始在全国多地开设分支机构、就近服务。

第四节： 立足华南 布局全国

广东省广告公司是在广州成立并发展起来的，但广告行业的特点是客户可能遍布全国各地，尤其是华北、中西部、华东等地的中心城市。要争取外地客户、贴身服务好这些客户，广东省广告公司就势必要走出华南，到外地开办分支机构。

一、经典视线：从省广名片到城市名片

2000年11月9日，广东省广告公司成都分公司成立，该公司主要是为了开拓、服务西南广告业务市场而设立的。

在这一过程中，一个偶然的机会，让广东省广告公司开辟了一个新的业务板块。成都分公司主要服务长虹电子、托普集团等四川当地企业。2000年初，当时还是广东省广告公司驻成都办事处的一位同事得到的一个消息——成都即将召开首届西部论坛。为配合此次盛会，成都核心商圈公交车候车亭即将改造。

西部论坛由国务院西部开发办公室、国务院新闻办公室、国家外经贸部、四川省委、四川省政府等主办，西部十二省（区、市）共同参与的活动，定于2000年10月召开。作为国际性会议，参会者来自世界各国，报道者来自世界各地，所以这次会议将按照国际惯例开展活动。虽然当时成都举办大型国际会议的条件还比不上北京、上海这样的大城市，但是，成都已经具备举办高规格的、大型的国际会议的条件。实际上，成都经过多年的建设，已经成为中国西部地区最重要的中心城市，是中国西部商贸、科技、金融的中心，也是西部交通通信的枢纽，在西部大开发建设中，正在成为西部的战略高地。

改革开放后，成都已成功举办过国际熊猫节、国际电视节、中国文化节等全国性、国际性的大会议。尤其是成都已经成功举办了多届著名的全国糖酒交易会，每届都有上万名客商前来参加。成都已具备了较为丰富的办会经验和一套行之有效的办会管理

体系。

尽管是西南最大的城市,但在2000年左右的成都市,与沿海相比,在城市建设方面还是有较大的差距。

在当时一个现实问题横亘在成都公交集团的面前——成都核心商圈的公交车候车亭破旧、功能单一,为了迎接首届西部论坛的召开,成都公交集团计划引入外部公司,对蜀都大道和人民路公交站亭进行改造。

不只成都,此时,很多内地城市的候车亭就是一个"苍蝇拍",根本没有广告价值。这一时期,公共交通在很多城市都是被归入"公共事业"的,主要依靠政府补贴运作。很多地方公交公司也成立有自己的广告公司,但由于缺乏先进的理念、客户资源等,盈利能力很差,甚至亏损。成都公交集团旗下的候车亭和车身广告就是这样的局面。

消息传递到广州。此时还是省广副总经理的陈钿隆分管这项业务,他敏锐地觉得,这是省广介入成都户外广告市场的好机会,于是,就直接找上门去了。

此时,省广内部有很多人对参与这项业务有不同程度的担心——省广之前从来没有涉足过公交车车身广告和候车亭广告,经验不足。此外,省广当时的方案是省广负责设计、建设那些候车亭,成都公交集团不用出资;成都公交集团将候车亭、车身广告一定年限的经营权给省广,省广每年还上交租金给成都公交集团。这种模式下,成都公交集团不用出资就可以做成事情,而且后期还有收入,当然比较乐意接受。但省广的前期投资就有点大,因为一个候车亭的生产成本就要好几万,省广要垫款出去,建设好之后还要找客户,但客户在哪里还完全不知道。此外,省广还要成立一个团队维护这些候车亭。显然,这个项目还是存在一定的风险的。

但是,省广成立最初主要的业务就是户外广告,只不过之前做的都是路牌广告。候车亭和车身广告虽然与路牌广告有所差别,但本质上是相似的。更重要的是,经过成本与收益的核算,省广发现这个业务具备长期持续收益价值。

陈钿隆和时任公司副总经理的张德华共同前往成都,拜访公交集团,但双方第一次沟通并不愉快。有着铁娘子之称的成都公交集团副总经理丁瑞蓉看到陈钿隆名片上印着"广东省广告公司"的字样，以为遇到了骗子，转脸就把他的名片扔到垃圾桶里去了。这也难怪，省广当时的公司名字是广东省广告公司，没有具体的商号，很多人误以为是骗子公司。

不过，这种场面陈钿隆见得多了。他面不改色，依旧耐心地给丁总介绍省广的背景、服务过的客户等。

省广的耐心、专业显然改变了丁总的态度，但没有当场表态。不久，丁瑞蓉到广州考察候车亭工作。陈钿隆得知这个消息后，立即约见。但丁瑞蓉一开始并不愿意接省广的电话，陈钿隆则不停地打电话，最终丁瑞蓉终于接受邀请，来到省广总部考察。此时，省广总部还位于广州市东风东路的金广大厦。

省广总部现场一个个充满活力与激情的广告人穿梭来往，这样繁忙的景象给丁瑞蓉留下了深刻的印象。当然，省广的历史也让丁总非常认同，而省广积累的众多成功案例更深深地打动了她，真正直观地感受到了省广人的专业、专注和专一。

在逐层参观完省广15层的大楼后，丁总了解到省广运营正规，人员、设备齐全，是一家有实力的国有企业，并不是之前认为的骗子公司。临走，她提出如果省广有兴趣，必须在一周之内凭借实力拿出可信的方案。

此时已经是周一了，留给省广的时间只有几天。时间紧急，省广团队立即联系了当时省广香港公司经理龚宪章，安排同事去拍摄中国香港设计得比较好的候车亭款式，并搜集各种素材，设计、制作成都候车亭改造方案。

省广地处广州、毗邻港澳特区，在户外广告理念和实践上都要先进得多。以中国香港为例，当时中国香港特区的灯箱广告、灯牌广告、双层巴士广告，不论在设计上、创意上、形式上，都堪称亚洲领先。

尽管时间非常紧张，但省广强大的学习能力、后台支持能力在此时发挥了巨大作用。周四，省广团队带着制作好的整套方案，准时出现在丁瑞蓉的办公室。省广提交的方案以现代化的创新设计，带来了非常时尚的感觉，不锈钢整体结构的候车亭，加上巨幅精美的灯箱广告画面，国际范儿十足，将能大大提升成都街头候车亭的档次。

时任成都公交集团董事长的杨波和丁瑞蓉看到省广在短时间内提交的方案后眼前一亮，为省广的诚意和实力所打动，最终选择了省广方案。2000年，省广与成都市公共交通集团公司达成合作协议，成都主交通干道候车亭独家经营权由省广专门负责经营。

此时制作工期已经非常紧张。施工只能在夜间进行，丁瑞蓉经常深夜两三点来到施工现场监督工作，协调各方关系，确保施工顺利进行。

为进一步控制成本，省广团队坚持要求与之前成都公交广告站牌的专业供应商华盛公司再次沟通价格问题。考虑到站牌将带来的示范效应，有经营思维的总经理梁明忠最终同意，按照省广的设计要求，重新签订合同，并进一步降低供货价格，因此降低了一大笔候车亭制造费用。

经过紧张施工，省广负责的成都繁华商圈候车亭改造更新如期完成，为之后召开的西部论坛增了光、添了彩，成都街头也多了一道亮丽的风景线。如今，这批公交站牌使用超过二十年，仍然坚固可靠。

表面上看，省广在成都的这个候车亭项目做得非常完美。但作为项目负责人，陈钿隆内心却有点焦灼——他很看好成都候车亭、车身广告市场，但毕竟省广是第一次做这种业务，虽然候车亭建好了，但由于省广缺乏候车亭、车身广告的客户基础，建成之后短时间内没有客户，省广就以自己承担成本的方式，一方面将资源赠送给省广手头的客户；另一方面用于政府宣传工商、公安、税务等部门的公益项目，公交集团领导了解到情况后非常感动。

但在2000年，省广刚刚将成都这批豪华靓丽的公交车候车亭广告牌建好，而如何开发有价值的商业客户，依旧是省广面临的关键问题。

经过省广团队的努力，成都候车亭和车身广告终于有了第一个客户——摩托罗拉手机。当一排排巨幅摩托罗拉手机广告在这些繁华商圈的候车亭亮相的时候，完全可以用惊艳来形容，这旋即成为当时成都街头的一大景观。

◎ 候车亭广告夜景

摩托罗拉等大牌广告在成都新型候车亭亮相，显然具有很强的示范效应。随后，这些候车亭户外广告资源就成了抢手货。

省广在成都的这次投资无疑非常成功。随着成都城市建设的发展、各大品牌进入西部省市，成都户外媒体的价值，尤其是繁华商圈候车亭广告的价值日益显现。成都候车亭广告的成交价仅次于北京、上海，比广州的还高。由于省广最初与成都公交集团签署协议的时候，以垫资建设的方式锁定了长期经营权和采购价格，这批候车亭和车身广告的回报率非常高，给省广带来了巨大收益。

省广之所以能争取到成都候车亭更新改造、运营项目，其实一个原因是省广具有敢于冒险的精神。因为当时中国最大的户外广告公司白马广告在成都也有分公司，成都公交集团最初曾经找过白马广告公司，但由于多种原因，比如当时白马广告户外广告资源很多，可能觉得成都这个候车亭改造项目太小，未引起白马广告的重视，或者提出的合作条件不够优惠等，总之，白马广告的一次大意，让省广有了这样一个机会。

对于成都公交集团来说，没有花钱就实现了候车亭升级改造，也无须承担公交广告的运营和人力成本，而且每年还有一笔收入，可谓不花钱办了一件大事。当然意义还不止于此，这些候车亭主要分布在成都当时最繁华的蜀都大道、人民南路等核心商圈，造型新颖、画面精美、功能多样的候车亭一亮相，就吸引了大量市民的关注，更引发了当地媒体的持续报道，迅速成为成都的一张名片。可以说，这些靓丽的候车亭给成都在西部论坛召开期间挣足了面子。随后，全国很多城市市政、公交系统都来成都学习，引发了全国诸多城市候车亭改造热潮。制作方华盛公司虽然压低了价格，但凭借候车亭制作精良、服务质量好，获得了全国公交的关注，此后产品迅速在全国范围内普及，订单络绎不绝。

对于省广来说，成都的候车亭、车身广告业务也意义非凡。省广通过成都公交项目，补充了自有媒体板块，以当时的天价签订了二十年的长期合同，但随着时间的推移，省广给客户的广告价格不断上涨，之后成了省广盈利的重要来源。省广从成都的候车亭、车身广告业务获得了持续的高回报。

蜀都大道、人民南路等核心商圈候车亭升级改造大获成功以后，省广立即又在成都二环等次商圈复制这个模式，扩大覆盖范围。

进入成都市场的省广，被同行白马广告称为"四川引进的一头狼"，白马广告与省广在四川市场不断竞争，斗志更加昂扬，双方形成了良性的竞争关系，陆续拿下了不同路段。这种竞争关系，提高了四川公交广告的质量和人们的关注度，四川户外广告的价格也不断提升。最终，成都候车亭广告的刊例价格仅次于北京、上海。

站在2022年回望省广西部开拓之路，我们发现，省广与成都公交集团、成都地方经济、白马广告等，乃至客户的关系就是典型的"共生飘红"，省广以优质服务满足了客户的需求；省广获得了满意的经济回报，客户则获得了经济与社会效益双丰收。这是一个令双方都满意的结局。

成都的户外广告业务给省广带来了几十乃至百倍的直接经济回报，但更重要的是，户外广告业务最终形成了省广第二大核心业务。

2005年8月12日,成都经典视线广告传媒有限公司成立,这是省广的全资子公司,主攻户外自有媒体广告业务。省广的业务板块中又多了一个新的自有媒体模块。

随着西部论坛、西部大开发的进行,成都作为中国西部较重要的城市之一,发展进入了高速快车道。原来只有"一环"的成都,城市面积不断扩大。伴随着的自然是公交车路线的不断增加、延长,公交候车亭的不断增多。手机、消费品、房地产、汽车……轮番蓬勃发展的产业使户外广告的收益不断增长。这是户外广告的黄金年代。在成都这个经济龙头的虹吸效应下,省广拿到了四川南充市候车亭项目,而后又扩展到了宜宾、乐山、绵阳、自贡等其他地市。除了德阳,省广都是独家或者相对独家经营。这意味着除了省会城市成都,在四川全省,省广的户外广告经营都站稳了脚跟。

也正是在这一年,省广实现户外广告业务营收过亿。之后有一年,省广户外业务单单西南区域营收就达到了6亿元。省广亦晋升为户外媒体的"专家级企业"。

后来,省广又收购了多家户外广告公司、社区媒体公司等。到2010年上市的时候,候车亭、车身广告、社区广告、路牌广告、楼宇广告等户外广告业务已经成为省广三大核心业务之一。

现任省广副总裁的许益昊回忆,2010年到2015年,省广自有的户外媒体一直位居成都户外媒体第一名。许益昊2018年被派到成都,负责省广自有媒体业务,在当年,省广户外业务的净利润达到了6000万元,这个体量与A股的很多上市公司接近。如今,省广的户外业务从最初的20名员工发展到了300余名员工,并购置了自己的办公大楼。

◎ 成都中心办公楼启用

从华南到西南,省广的布局简洁有力,为省广进一步扩展奠定了基础。省广高层又将眼光投向了中国政治、经济的中心——北京。

二、进军京圈:从三进三出到持续发展

北京作为中国的首都和政治、经济的中心,国内国外企业总部扎堆、市场发展潜力向好,一向是各行各业眼中的"香饽饽"。

2003年以前,省广曾多次前往北京"开疆拓土",希望能够在这片蓝海之中挖掘出更多客户资源,助力省广北上。然而,想象是美好的,现实是骨感的。开拓初期,对北方市场不熟悉,业务方向不清晰,省广在北京市场出现水土不服,甚至留下"三进三出"的故事。省广在全国各地无往不利的行业优势,并没有征服这片丰沃的土地,相反陷入了进退两难的僵局。

如何走出困境,对自身的价值链体系进行重构,促进省广业务板块在北京市场重新打开局面,成为省广人不断思考的问题。

"以业务为矛渗透市场,以适应为盾沉淀根基。"

2003年,省广再次向北京市场吹响了"冲锋号",正式成立省广北京分公司。据当年大学毕业就入职省广北京分公司的肖洁(现省广北京分公司副总经理)回忆,和过往浅尝辄止的三进三出不同,省广北京分公司汲取借鉴了多年深耕广告营销行业

的优秀经验,结合省广在品牌管理、媒介代理方面的强大优势,经过几年的运作,于2007年,借助中国邮政集团"邮银分开"的契机,成功拿下中国邮政储蓄银行广告代理业务这个"重头戏"。

从2003年到2018年,整整十五年,在适者生存的原则下,省广北京分公司尝试在各行业寻求突破,文旅产业、政府形象宣传、快消、房地产……不断挖掘北方市场的特征,捕捉总部经济的市场脉络,针对北京市场环境、各行业广告营销业务方面的发展变化,进行适应化改革。在实现了业务方向"量化"探寻积累的同时,对省广北京分公司业务发展方向进行解构与调整。

2018年,对于省广北京分公司而言,是一个重要的时间节点。

随着国际经济格局的深刻调整,中国经济从高速增长逐渐变为中高速增长,提质增效、转型升级成为每一个行业发展的"新常态"。央企、国企同样如此,要想获得更好的发展,就必须紧抓核心业务、积极创新,以更加年轻化、国际化、多元化的姿态,重新树立央企、国企的"金字招牌"。这对省广北京分公司而言,是一次"向上求索"的重大机遇。

2012年调任省广北京分公司出任副总,现任省广北京分公司总经理的谢汉夫,作为一名在省广工作近二十年的资深广告人,在对省广北京分公司整体业务板块进行了全面、深入的重新梳理后,清醒地认识到,作为首都的北京,与全国其他省份、地区相比,有着巨大的不同,省广北京分公司的发展定位应该锁定在这种巨大的差异中。

北京作为中国的政治中心,市场发展在相当程度上以政策为导向。这里既是国内大型央企国企的总部聚集地,也是金融保险行业的总部聚集地,有着非常多的优势资源。在过去的十五年里,省广北京分公司已经完成了对业务方向的摸索与解构,随着中国邮政储蓄银行、中国人寿、中国农业银行、中国建设银行、中国交通银行等众多"中"字头的客户不断进入省广北京分公司的客户名单,省广北京分公司将业务发展方向锁定在服务央企、国企、金融保险行业上。尤其是中国邮政集团,更是成为省广北京分公司助力央企、国企品牌市场化，形象年轻化的一张名片。

◎ 北京中心办公楼

在 2018 年至 2022 年，省广北京分公司在服务中国邮政储蓄银行的基础上，将业务向上延伸到其母公司中国邮政集团，成为中国邮政集团的广告全案服务代理商，不仅在传统的快递、银行、报刊、邮票等板块取得了重大突破，更是基于各自领域的核心竞争力，在电商、乡村振兴、新媒体等多个领域开展了更多的业务合作，积极参与到中国邮政"国字级"品牌新形象的打造中，为中国邮政集团品牌的转型升级贡献一份不可或缺的有生力量。

紧跟着省广转型升级的战略方向，省广北京分公司将原本的业务驱动、要素驱动转向创新驱动、共创驱动，打开了与央企、国企共生、共赢的发展窗口，摸索出一条为央企、国企、金融保险业服务的道路，也为集团在北京市场的继续发展带来勃勃生机。

正是这些变化将整个省广北京分公司推到一个从进取到突破的关键节点,这是市场所需,也是行业之势。

为进一步挖掘北京这一企业总部和媒体总部中心的战略价值,2011年省广在北京再落一子,收购成立了省广合众,通过"地缘优势+媒体集采",成功提升了央媒的利润率,并拓展了全新领域客户,为省广打开北方市场做出了有力的贡献。

省广第六事业群成立后,整合了省广北京分公司、省广合众等下属企业,成为省广在北京发展业务的桥头堡。现任群总经理王超是合众创始期员工,经历了从成立到被收购,再到成为省广大平台的一分子。她的成长过程,既是北京业务板块经历"三进三出"后,迈入高速发展轨道、进一步做大做强的过程,也是省广共生精神的一种体现。

王超接受访谈时表示:"随着北京板块业务的稳定发展,省广不断加大支持力度和增加资金投入,最新购置的写字楼,将为省广拓展北京及华北市场,建立起新的发展支点。我将不负信赖和重托,继续带领团队扎根北京、跨越前行!"

九省通衢武汉是中国经济的重要增长极,省广当然不会忽视。

三、落子武汉:以专业赋能华中经济圈

"黄鹤楼中吹玉笛,江城五月落梅花",李白这首诗中写的"江城"就是武汉。

武汉境内江河纵横、湖港交织,上百座大小山峦,166个湖泊坐落其间,水域面积占全市面积的四分之一,构成了极具特色的滨江滨湖水域生态环境。作为中部经济带的龙头,武汉在中国经济格局中的战略地位不言而喻,正因为如此,这里聚集着大量非常有实力的大型企业。

2011年,省广武汉分公司开业。与省广在北京、上海、成都等地的分、子公司相比,省广武汉分公司面临着起步晚、底子薄、客户基数少、业务体量小、业务分散等现实难题。

武汉是中国重要的科研教育基地。普通高校和本科院校数仅次于北京，居中国第二，在校大学生和研究生总数居世界第一。2016年，中共中央发布的《长江经济带发展规划纲要》将武汉列为超大城市；同年12月，国家发改委明确要求武汉加快建成以全国经济中心、高水平科技创新中心、商贸物流中心和国际交往中心四大功能为支撑的国家中心城市。

国家对武汉的重视，显现了省广将分公司落地武汉的前瞻眼光。

省广武汉分公司总经理赖传虎，入行二十余年，2012年初，在36岁的事业黄金年龄受省广感召，满怀抱负地加入省广。

省广武汉分公司全体同人发扬省广人艰苦创业的精神，依托省广"大数据·全营销"的平台优势，在"大平台、强中台、小前端"模式下，服务华中地区众多知名企业，在品牌策略、媒体投放、媒介代理三大业务板块积累了丰富且专业的实战经验，并逐步形成了全国范围内的差异化竞争优势。

2020年新冠肺炎疫情来袭，武汉成为国内疫情风暴的中心，省广武汉分公司处在左协和、右同济、前方舱的最危险地段，省广武汉分公司则受疫情影响近半年无法开工，除了做到了全分公司员工及家属无一人感染，在业务层面，省广武汉分公司克服各种困难在全省各行业相关业务极度萎缩的情况下，保住了基本盘。

省广武汉分公司其中一个重要客户——湖北中烟，受疫情影响，将原有业务总量缩减了一半，同时因上半年工作无法开展，原有的半年服务期被延长到了一年，使该业务的执行毛利润预期只有之前的四分之一。省广武汉分公司的同事们没有坐以待毙，在人员受疫情管控不能出门的情况下，积极联系其他客户来弥补业务利润的缺失，但湖北企业受影响的程度比外界想象的要严重得多，很多企业都大幅缩减了预算。

省广武汉分公司的同事们不轻言放弃，市场型企业合作受阻，这个特殊时期不能乘坐公共交通，大家就开车没日没夜地全省跑，转战政府等各级部门，约那些不嫌弃、愿意见武汉人的地市县农业局、旅游局领导，开发旅游复苏和农产品业务。省广武汉分公司同事们的专业及敬业精神得到了新领域客户们的高度认可。

当时湖北经济举步维艰,武汉的各类广告公司普遍出现了业绩巨额下滑,大量广告企业纷纷关闭或转型。而省广武汉分公司在艰难的局面下,逆势而行,全年依然完成了预定的业务量,且创历年来的新高。

十年来,省广武汉分公司在华中地区服务了湖北移动、湖北中烟、良品铺子、稻花香酒业等优质客户,配合省广服务湖北电信、武网等项目,从而在湖北乃至华中的广告圈,树立了省广全营销的品牌认知,强化了在华中客户群体中的专业形象,为省广在华中的战略布局夯实了基础。

但在2000年前后,辉煌发展的省广背后,危机四伏。

随着中国加入WTO,外资广告公司全面进入中国市场,国有体制传统的运营方式、股权结构,导致省广再次遭遇危机。

新的变革迫在眉睫。

省广即将在所有权方面寻求突破,进入资本运作阶段。

第二章
争取了十年的混改

> 我们是开拓者，可能受益，也可能受害，所以要有两手准备，一是改制成功，公司发展皆大欢喜；二是如果失败，受到挫折，不要埋怨，甘当种树人和铺路石。
>
> ——广东省广告公司给上级的改制申请

在很多外人看来，决定了省广今天命运的广东省广告公司2002年的第一次改制异常顺利，且非常彻底。很多人将之归结为省广人的幸运。

幸运当然是存在的，因为省广人赶上了中国经济大变革大发展的大时代，让省广人在突破了纯国有体制之后，与资本共生，在资本市场一路"飘红"。

但真正了解了那次改制的全过程之后，我们会发现，那次具有转折意义的改制，其实是省广人在十多年时间内不断呼吁、不断申请、不断要求，历经各种艰辛才争取来的。

这是一个真实版本的"我命由我不由天"的故事。

这个故事很小，容易被中国改革开放的宏大叙事所忽略，但正是由于这个故事小而真实，才具有很强的代表性。几十年来，改革开放的洪流浩浩荡荡，不就是由一个个小人物、小故事汇聚而成的吗？

所谓唯其小而普遍，唯其真而感人。

1986年，中国第一家合资广告公司电扬广告成立，随后的5年间，智威汤逊、BBDO、奥美、麦肯、阳狮等外资公司陆续进入中国。

1992年，中国广告业逐渐放开，任何经济成分只要具备条件都可以进入广告业。自此，国际广告巨头开始大举进军中国市场，将国际4A公司的业务模式带入中国。

与此同时，中国本土广告公司则在冲击中不断成长，也出现了一批本土4A广告公司。这些公司将平台、渠道、内容充分融合，创造出了本土化的价值型经营模式。

2000年，中国加入WTO后，更多国际4A公司相继在广州成立。作为成立早、规模大、人才储备雄厚的广东省广告公司，自然成了很多外资、合资广告公司挖人的主要目标。这些合资、外资公司有强大的资本优势、灵活的机制优势，开出的薪水往往是省广的几倍，晋升制度也非常灵活。

此时的广东省广告公司，在传统国有体制的管理模式下，领导都是有行政级别的，按照行政流程，任何提拔都必须要经上级主管部门广东省外经贸委（后改为外经贸厅）

的批准。由于行政级别的名额有严格的"编制"限制，有严密的干部考核、评议制度，有规范的任命流程，因此导致广东省广告公司没有足够的用人权限，想提拔一个部门经理都很困难。普通员工晋升路径不清晰，甚至根本就没有什么上升空间；工资体系则基本参照广东省外经贸系统的收入水平，根本无法与市场行情挂钩。

除了外资、合资广告公司来挖人才，在省广没有得到充分发展的人才，也纷纷出去自己开公司做老板去了。

一时间，省广大量人才流失，省广因此也有了中国广告业的黄埔军校之称，为行业贡献了大量的广告人才，但对省广自身来讲，这显然是一个巨大的危机。

"压力很大"，对于这一时期省广面临的尴尬局面，省广多位管理层在接受采访的时候都这么表示。

如果从本书的主题——共生飘红的角度看，此时的省广在与员工，尤其是与核心员工的共生方面做得显然是不够的，体制严重束缚了省广的发展，导致省广难以适应激烈的市场竞争。

省广的管理团队非常清醒："广告公司最重要的是人才，人才不在，什么都没有了。"其实，省广管理团队也很早就认识到了这个问题，他们不断向上级汇报改制的必要性、紧迫性，为公司谋求改制，要从体制上、思想上解放生产力。

此时，中国国有企业改革的大环境，也给了广东省广告公司改制的一个天赐良机。

第二章 | 争取了十年的混改

第一节： 天时地利 政通人和

在1978年年底召开的十一届三中全会上，中央就认为国家的经济管理体制有个严重问题，那就是计划经济时代，一切都是"计划"的，国有企业按照上级给的订单、按需生产，只要将质量控制好、按时交货就可以了，企业不需要关心市场，更不用去研究客户的需求。这时的国营单位，都有主管单位，企业的人事任命、财务支配等都要由上级主管单位审批。改革开放开始、市场经济大潮涌来之时，国有企业传统的管理体制并没有及时调整，企业的人、财、物的支配权继续在"上级主管单位"那里。直观上看，这导致企业经营的自主权不足，深层次上，是企业无法根据市场的需求及时调整内部管理，应对市场变化。

因此，给企业放权、让企业按照市场规律自主经营，逐步成为中央高层的共识。

1979年的5月，国务院宣布了八个国企改革试点企业，在这八家国企中，最引人瞩目的是拥有20万员工的首都钢铁公司（以下简称"首钢"）。

首钢被定为国企改革试点企业后，立即开始了一系列的改革，首先提出了让人耳目一新的"三个百分百"管理法，就是每个职工百分之百地执行规则制度，发现问题百分之百上报，违规者百分之百扣除当月全部奖金。

放到21世纪的今天，首钢的这个管理法可以说是管理的常识，但在当时，则极具震撼力。之后，首钢又创造性地提出国企承包制，"包死基数，确保上缴，超包全留，歉收自负"，这掷地有声的十六字方针，日后也成了国企改革的标准。

有了上述措施，首钢职工的积极性被大大地激发出来了，首钢迎来了空前大发展。改革的头三年，首钢的利润率年均增长45%，上缴给国家的利润年均增长34%，而且直到十年后的1989年，利润也依然保持着13.5%的年均增长，是全球钢铁公司利润增长的2.4倍。首钢改革的成功，正式拉开了中国国有企业改革的序幕。到1979年年底时，全国试点的国有企业已经达到4200家。

时间到了 2000 年前后，国有企业改革已经进行了多轮。尽管国有企业改革遭遇了不少挫折、受到了不少质疑，但中央在国有企业改革的方向上没有变过，推动国有企业持续改革的决心没有动摇。

◎ 1999 年中国媒体产业发展暨广告经营研讨会

这一宏大的时代背景，让广东省广告公司获得了改制可能性。

戴书华、陈钿隆等人曾经多次对采访他们的记者说，感谢这个时代。在他们看来，正是这个时代，才给予了省广人大展拳脚的舞台，给了省广发展的机遇。

的确，如果没有国家在国有企业上的改革试点，如果没有国有企业改革这样一个大的时代背景，省广也不可能搞这一次的混改。

当然，还有一个客观因素是，省广当时只是广东省外经贸委下属的一个小企业，而且是一个非核心、非常边缘化的单位。

20 世纪 90 年代一直到中国加入 WTO、外经贸全面放开之前，广东外经贸业务在全国的占比一度高达四分之一，外经贸是一个就业非常热、福利待遇非常好的行业。广东省外经贸委下属有广东省食品进出口公司、广东省丝绸进出口公司、广东省五矿进出口公司等 10 多家专业进出口公司，具有高度的行业垄断性，所占市场份额巨大、交易额惊人，利润也非常可观。因此，此时的广东省广告公司在广东省外经贸委下属成员企业里，虽然行政级别上是平级的，但分量和地位却不能相提并论。

从现在的视角来看，如果当时广东省广告公司的规模足够大、影响力足够大，那么当时广东省外经贸委有关领导的顾虑可能就更多，省广的改制可能就难以实施了。毕竟，这么小的一个公司，即使试点失败了，也没有什么影响。

正是由于规模小，广东省广告公司才最终被选作了国有企业混改的一个试点。

在多种有利条件的综合作用下，在生存与消亡的灵魂拷问下，省广的第一次股权改革似乎即将顺利展开。但谁也没有想到，改革竟然进行得如此艰难。

第二节：箭在弦上 时不我待

广东省广告公司在给上级主管机构关于申请改制的文件中，多次描述了公司面临的发展困境。

◎ 1999年省广"展望未来"辩论会

广告业是"食脑"行业。广告业的竞争实质上是人才的竞争。前些年，省广在用人用工、分配体制上大刀阔斧地进行改革，从而突破困境，死而后生，建立起发挥人最大创造力的环境和机制，但随着WTO的临近，广告人才竞争加剧，有的优秀人才受高薪金、高福利、高待遇、高发展机会的吸引，将更倾向于跨国广告公司。相比之下，本土广告公司明显处于劣势。

广东省广告公司在申请文件中写道：

今年以来，广告行业又出现了分散策划、集中购买的广告运作倾向。跨国广告公司以其雄厚的资金注入媒介购买公司，再由媒介购买公司垄断媒体时段、版面，企业的大量广告媒介投放资金落入了媒介购买公司。本土专业广告公司开始从代理费向低额服务费过渡已成为潮流，广告公司在客户和媒体的双重夹击之下，苟延残喘，利润空间少而又少，只有以收取低额服务费为主要收入来源。

我司原有的住房、福利等开始弱化，人心不稳，员工出现短期行为，有些年轻专业骨干视省广为过渡公司，处于观望，今年来，我司专业骨干被挖跳槽人数高过往年。给公司班子敲响了警钟。广告公司人才流失就意味着客户流失、业务流失、公司消亡，所以说，改制是关系到我司能否留住人才、稳定队伍、持续发展的头等大事。

2001年5月31日，广东省广告公司在给上级主管机构广东省外贸集团《改制初步设想的报告》中再次强调：

公司最大的隐患就是人才流失。人才是竞争的筹码，为赢得人才优势，跨国广告公司可以其高薪金、高福利、高待遇、高发展机会为诱饵频频"挖脚"，其手段恶劣，甚嚣尘上，因"挖脚"应运而生的"猎头"公司，更是神憎鬼厌，我司目前已成"猎头"公司重点挖脚的对象，由于我司原有的住房、福利等优势开始弱化，连公司员工也尖锐指出：省广已将国有企业优势用尽，再没有什么"撒手锏"了。因而人心浮动，短期行为、临时观望的大有人在，许多年轻的专业骨干将省广视为过渡公司。只在省广干一两年的员工多，干三四年的少，干五年以上的则更少，今年第一季度我司专业骨干被挖跳槽现象加剧，广告公司人才流失就意味着客户的流失、业务的流失，公司的流亡。可以说，人才是悬在我司领导头上的一把双刃剑，一方面公司主要领导为广揽人才四方奔波、劳心劳力，另一方面又为人才流失忧心竭虑、寝卧不安。

2001年9月12日，广东省广告公司再次向广东省外贸集团公司发出《关于广东省广告公司申请改制的请示》。该《请示》写道：

随着加入WTO在即，我国广告业呈现出前所未有的竞争态势，跨国广告公司以其雄厚的资金、先进的技术、规范的运作大举抢占国内广告市场，争夺广告人才，争夺媒体垄断，本土广告公司面临着创业以来最严峻的竞争压力和生存危机。

广东省广告公司1979年成立，经过21年的艰苦创业，此时已发展成为具有一定规模的综合性专业广告公司。在中国本土广告公司排序中名列第一。广东省广告公司这几年发展较快主要得益于，一是地处改革开放前沿环境，国内经济走强；二是有上级机关领导关怀指导；三是靠改革突破困境，死而后生；四是公司聚集了一批专业骨干人才，但并不是家家本土广告公司都能如此幸运。

广东省广告公司在《关于广东省广告公司申请改制的请示》中再次明确了制约公司发展的主要"硬伤"。《请示》说：

1979年与我司同年成立的全国省属国企广告公司有19家。到2000年仅剩上海、北京、广东、浙江4家，国企广告公司日渐式微，逐个退出广告领域，已是残酷的事实。取而代之的是一些跨国广告公司和民营广告公司，在国企广告这个阵地上，广东省广告公司成了一面"孤旗"，虽然在业界被称为奇迹，红旗能扛多久，亦无法掩饰内部的"硬伤"。

广东省广告公司在给广东省外贸集团《改制初步设想的报告》和上文中所说的这个"硬伤"，就是体制问题。单一产权结构，让广东省广告公司无法实现与跨国公司、本土强势媒体的联合。国家工商总局[1]统计，此时广告行业全国六万家企业中，五万八千家企业已经实施了产权多元化改造。

在《改制初步设想的报告》中，广东省广告公司这样写道：

目前我司虽然在本土广告公司阵营中位居前列，但由于体制问题带来的危机也日益凸显，现有单一产权结构无法实现与跨国传播媒体、广告公司的联合，加之面临客户代理费转向低额服务费和媒体集中购买倾向的双重夹击，致使经营的路子越来越窄，生存空间越来越小，长此以往，公司发展的动力严重不足，已成强弩之末。

显然，体制改革必要而紧迫！

---

[1] 工商行政管理局是政府主管市场监管和行政执法的工作部门。根据《国务院关于机构设置的通知》（国发〔2008〕11号），设立国家工商行政管理总局（正部级），为国务院直属机构。2018年3月，不再保留国家工商行政管理总局，组建国家市场监督管理总局。

第三节： 改制之梦 一梦十年

从广东省广告公司给广东省外贸集团关于申请改制的文件中，我们可以清晰地看到省广面临来自市场的巨大压力，改制的必要性、急迫性，以及省广管理层、员工们对改制的焦灼期盼。

◎ 1999年主办本土广告公司未来发展趋势研讨会

广东省广告公司的改制申请是百分百的"持久战"，历时十余年。

梳理当时省广关于改制的申请文件，我们发现，早在广东省外经贸委领导时期，广东省广告公司就先后两次申请改制，改制文件做了几大摞，动员会、座谈会、民主测验、购股摸底，沸沸扬扬，但都因改制外部环境不成熟、报告未及时批复等各种因素，最终不了了之。"光打雷不下雨"的改制，令省广员工一次次充满希望，又一次次失望。

应该说，广东省广告公司历任领导、主要负责人虽然当时并没有明确提出"共生飘红"的理念，但是身处一个竞争激烈的行业，他们对改制重要性、迫切性的认识非常到位，深知与核心员工共享公司发展红利的重要意义，并且为此进行一次次努力，积极地去争取，希望在"铁板一块"的传统体制上打开一个小小的缺口。但是，种种努力显然一直没有奏效。

划归广东省外贸集团领导后，国有出资者到位，省广重拾改制信心，特别是外贸集团"关于战略发展思路"等三个文件的指导，为省广改制指明了方向，创造了条件。

2001年5月31日和9月12日，广东省广告公司连续给上级主管机构广东省外贸集团提出了《改制初步设想的报告》和《关于广东省广告公司申请改制的请示》。

在文件中，广东省广告公司说：

在刚刚结束的"三讲"学习教育活动中，员工对领导班子意见共132条，经归纳有80余条是针对公司改制问题提出的批评和建议，反映出广大员工要求改制的强烈呼声：再不改制就不是与时俱进，而是逆时而退。可以说，改制关乎公司生死存亡，是当前工作的重中之重。就此问题，我司党委、领导班子高度重视，专程到南湖封闭2天，论证、策划改制方案。在"三讲"总结大会上，温卫平代表公司党委、领导班子向全体员工郑重承诺了改制的决心和做法，广大员工对我司党委、领导班子是否言而有信，翘首以待。

上述文件清晰地说明，广东省广告公司领导团队已经精心准备了改制方案。改制已经成为省广上上下下的共识，大家对改制的必要性、紧迫性看得非常清楚。

我们还可以从上述文件的字里行间感受到在经过无数次希望失望的情绪起落后，省广某些员工甚至出现了不满的情绪和不信任的苗头，这种情绪可以理解——因为国家和省两个层面早已对国有企业改革，尤其是像广东省广告公司这样的小型国有企业改革给出了明确的改革指引，大政方针早已确定，但到了具体落实的时候，就遭遇到各种无形的阻力，国家政策无法落地。

广东省广告公司历经十余年的改制申请一直无法得到回复。面临内外交困、生死存亡，省广员工怎么可能没有一点情绪？

第四节： 念念不忘 必有回响

早在 1997 年 12 月 19 日，广东省人民政府就发布了《关于加快放开公有小企业的通知》（粤府〔1997〕99 号）。

该《通知》称："近几年来，各地、各部门根据'抓大放小'的方针，采取各种措施对公有小企业（以下简称小企业）改革进行了积极的探索，取得了一定成绩，但是，进展还不太理想。党的十五大要求对国有经济的布局实行战略性调整，各级政府、各部门要认真学习和深刻领会党的十五大的文件精神，坚持'三个有利于'的标准，进一步解放思想，加强领导，密切配合，采取切实可行的措施，在继续抓好大型企业集团组建发展的同时，下决心加快彻底放开小企业改革的步伐，形成企业优胜劣汰的机制，促进小企业健康发展。"

上述《通知》指出，"小企业改制，要从实际出发，大胆创新，一切反映社会化生产规律的组织形式和经营方式都可以采用，同时，对不同的企业，要区别不同情况，采取不同的形式进行改制，不搞'一刀切'"。

该《通知》列举了注资经营责任制、股份合作制、产权转让、兼并、租赁、破产等 6 种方式，除此之外，"其他被实践证明行之有效的形式都可以采用"。该《通知》要求要重在实效，把改革同改组、改造、加强管理结合起来，使小企业"产权清晰、权责明确"，真正转换经营机制，成为适应市场的法人实体和竞争主体。改制后，政府不得直接干预企业经营活动。

广东省人民政府《关于加快放开公有小企业的通知》中明确了股份合作制和产权转让的方式。股份合作制即主要由本企业职工个人出资组成企业法人，出资者以其出资额为限对企业的债权债务承担责任，企业以其全部资产承担民事责任。要在自愿的基础上鼓励职工认购一定的股份。职工既取得劳动收入，又按股份分红。产权转让，即将企业的资产以协议或拍卖的方式出售给其他企业、集体或个人。既可以实行部分产权转让，也可以实行整体产权转让。不管以何种形式转让产权，企业人员都要得到妥善安置，原有债务不得悬空。

该《通知》还规定，"小企业产权的转让价格由市场决定，转让价格低于评估值的80%以下时，须经同级国有（公有）资产管理部门审批。企业内部职工购买企业产权时，在保证足额支付认购股金的前提下，对认购方式及付款期限可适当灵活处理。特别是困难企业职工，可允许其分3年付清款项（收取一定的资金占用费），首次付款应不少于其认购股金总额的30%，一次性付款可以给予20%的优惠。对转为股份合作制的企业，可按原企业评估后的净资产总额，划出不超过20%，其收益权按比例由认购股份的在职职工拥有，离退休和离开企业的职工不再享有收益权，最终处置权属国家或集体所有"。

党的十五大要求对国有经济的布局实行战略性调整，广东省人民政府《关于加快放开公有小企业的通知》给广东省广告公司的改制提供了政策依据。

广东省广告公司针对有关文件认真进行了对号入座，反复确认省广属于规模小、微利企业，属于鼓励放开、搞活的一类。奇怪的是，明明属于可以改制的企业，并且有国家和省里政策的大力支持，明明有省广反复的申请，明明有公司全体员工的强烈要求，省广的改制要求就是无法得到批准。

作为广东省外贸集团旗下的一个相对边缘的小公司，省广全体员工对改革的必要性、紧迫性的认识如此深刻，对改革的坚持如此执着。不能不让我们钦佩！

不过，到了2001年，事情开始有了转机。

这一年，广东省外贸集团对省属外贸企业进行重组，形成省属外贸企业集团以机电、高新技术产品，轻纺产品，农副加工产品，房地产、物业管理，投资开发为主的五大系列，成为外贸集团的主力军。广东省广告公司属于广告行业，在省外贸集团唯此一家。就资产规模看，在广东省外贸集团五大系统里，广东省广告公司的资产占比几乎可以忽略不计。在改制试点中若取得成功，将为广东省外贸集团企业改制积累经验；若失败也不会影响广东省外贸集团这个大局。

于是，广东省广告公司再次向广东省外贸集团提出改制申请，请求省外贸集团批准广东省广告公司作为改制试点单位。

广东省广告公司的此次申请写得情真意切：

早在1997年，我司曾多次申请改制，但只是"光打雷不下雨"，员工对改制有心灰意冷之叹惜，是外贸集团三个文件重新点燃了我司改制的热情。三个文件为改制提供政策性保障，可操作性强，经过我司多次会议宣讲，动员及民意测验和摸底调查，员工对改制日益高涨，寄希望于改制早日实施。

......

我司如果改制成功，就有条件走联合经营的道路，在联合领域掌握主动权，具有广泛的选择对象，从广告业发展趋势看，也只有联合经营，才可能将我司真正做大、做强。

实行改制后，员工实行贴身经营，将公司利益与个人利益牢牢捆绑在一起，员工就有了归属感、责任感。这样就可以吸引、稳定、保留相当一批业务骨干。

鉴此，我司对省外贸集团充满期盼。

2001年10月22日，广东省外贸集团终于批复了广东省广告公司的改制申请（粤外贸集企字〔2001〕013号）。批复说：

鉴于你司报送的改制方案有待补充修改，经研究，同意你司先期按规定办理资产评估手续，并根据评估结果完善改制方案后再报集团董事会审议批复。

这份只印刷了18份的批复文件，显然让广东省广告公司全体员工记忆犹新。省广收到这份文件的日期是2001年10月24日，收文编号是收字133-2号。

这份同意批复，广东省广告公司全体员工等了10多年。

第五节： 变革誓言 掷地有声

2002年4月23日，广东省广告公司在公司12楼会议室召开了党委会、办公会，会议有4项议题，一是讨论通过公司改制方案；二是传达外贸集团对改制的七点要求；三是讨论通过改制工作计划；四是对领导班子的要求。

时任党委书记、总经理的温卫平就修改后的改制方案及改制有关问题作了主题发言，与会人员进行了充分讨论和表决。

此次会议的会议纪要记录了整个过程。

其中，外贸集团对省广改制的七条政策主要是：

1.明确改制实际产权转让时的交易基数。

2.改制要通过召开职代会讨论通过（国企改制必备文件）。

3.处理好职工劳动关系。

4.新股东要签订产权转让协议和出资协议（一式四份）。

5.每年保证给外贸集团上缴不少于50万基数，按照同股同权、同股同酬的原则按股份分红（若年终分红数超过50万元，则按实际出资比例分红。若年终分红数低于50万元，也向集团上缴50万元，不足部分按负债挂账处理，待第二年有多余数则用其冲回上一年的挂账数额）。

6.个人持股，48个自然人股东要离开公司，必须把股份转让给公司现有股东（在章程中规定，含集团30%）。

7.评估日与交易日由双方协商确定，多或者少由双方分摊。

为此，党委会、办公会通过了六个决议：一是改制的指导方针；二是改制的总原则；三是改制资产转让条件；四是改制的策略；五是改制的工作计划；六是对现领导班子的要求。

改制的指导方针是"不违反国家法律、法规和政府有关政策规定，有利于省广改制后的发展,也要有利于实现对骨干员工的激励和保持人才队伍的稳定"。

改制的总原则是:公平、公正、公开进行股份制改造。

改制资产转让条件是按3:7的比例,外贸集团30%,转让省广70%(员工认购资金)一次性付款优惠20%;留足离退休22人,每人7万元,总医疗费154万元。

从对改制的上述要求中,我们可以看出,广东省广告公司领导团队有很强的原则性、很高的觉悟性、很浓厚的人情味,还有很强的法治意识。

此次会议的会议纪要中有三条对领导班子的要求:

1.我们是开拓者,可能受益,也可能受害,所以要有两手准备:一是改制成功,公司发展皆大欢喜;二是如果失败,受到挫折,不要埋怨,甘当种树人和铺路石。

2.组织上把你我他推到这个位置,是组织的信任、全体员工的支持,如果员工要我们干,我们要带好头,不要我们干,也要带好头;能上能下,能管人民,既是对员工而言,也是对我们领导而言。

3.改制是为了公司发展,公司发展靠的是人才,要留住人才,就必须给所有人才一个发展方向,一个学习上进机会,让付出和得到相适应,所以改制是涉及所有员工利益的一场革命,不革自己的命,穿新鞋走老路,没有前途,新瓶装旧酒没有出路,投机取巧也不会成功,所以要真抓实干。做好每一件事,参加改制人员,要全身心投入,做好改制,抓业务的人要保证完成任务。

与会人员一致同意上述政策、决议、工作计划及对班子的要求,举手表决通过。

这些改革者们的铮铮誓言表明,他们已经做好了两手准备——改革成功,大家成为受益者;改制失败,大家甘当铺路石。

这一批有着军人风格的改革者,他们中的很多人曾经穿过军装,曾经驰骋在战火纷飞的沙场,一往无前。如今,他们都已经脱下了军装,但军人的血性还在、红色的基因依旧!在和平年代,面对改革的艰难险阻、面对未知的市场风险、面对可能的体制压力,他们做好了最坏的打算与准备——这是何等悲壮!这是何等感人!

我们有充分的理由相信，在中国改革开放的大潮中，如广东省广告公司这批改革者一样，不忘初心，勇于承担责任、勇于牺牲自我、勇于先行先试的人有很多很多。他们或许来自各行各业，履历背景各不相同，社会地位千差万别，但他们都有一颗火热的心！他们都有忘我的精神！他们都有放手一搏的勇气！

他们以血肉之躯推动中国改革开放的车轮不断前行！

让我们向这批改革者致敬！

第六节： 资金到账 改制到位

根据 2001 年 10 月 22 日广东省外贸集团有限公司《关于广东省广告公司改制申请的批复》，广东省广告公司完善了《广东省广告公司改制方案》（以下简称《改制方案》）。

此次产权转让以 2001 年 12 月 31 日所有者权益值 2038 万元作为实际交易价；广东省外贸集团公司（后更名为广东省广新外贸集团有限公司，以下简称"广新外贸"）将所属广告公司所有者权益（2038 万元）中的 70% 转让给 49 名受让者，其中包括 48 名自然人和一个企业法人；未列入新有限责任公司 48 名自然人出资者的其他上岗员工，可参与另设立的以独立法人的名义出资认购集团转让的产权，成为新有限责任公司的出资者。以上员工都以自然人名义出资，自愿申请、自担风险。

按照省府〔1997〕99 号文有关政策规定，在产权转让价格上给予 20% 的优惠；国有产权转让时，出资者均以现金认购，一次性向广新外贸签订产权转让协议，明确有关事宜：改制后新公司的注册资本为：以经评估的净资产值 2038 万元的八折 1630.4 万元为基础，另从盈余公积转增 7.6 万元，两项合计 1638 万元。为确保 30% 国有资产的保值、增值，改制后，新公司保证国有出资每年分红不低于 50 万元，即年终分红按出资比例计算超过 50 万元时，按出资比例计算分红；年终分红按出资比例计算低于 50 万元时，先按 50 万元上缴广新外贸，不足部分以负债挂账处理，用以后年度超过 50 万元的利润分红抵减。

2002 年 4 月 24 日，《改制方案》经广东省广告公司职工代表大会表决通过。2002 年 6 月 23 日，广东省财政厅作出《关于同意广东省广告公司产权转让的函》（粤财外〔2002〕85 号），同意采取一次性付款的方式将广告公司 70% 的产权转让给内部职工，30% 的产权由广新外贸持有；资产评估报告由广新外贸按照国家的有关规定进行审核，防止国有资产流失；原广告公司的债权债务及职工的安置工作由转制后的企业承担。

2002年7月5日，广东省广告公司职工代表大会作出《广东省广告公司职代会决议》（粤外广工字〔2002〕004号），确定了48名直接持股的职工和60名委托法人持股职工的名单。

广州正邦会计师事务所有限公司出具《资产评估报告》（正邦评报字〔2001〕第6013号），评估基准日为2001年10月31日。根据该评估报告，资产总额为135,130,316.26元，负债总额为114,754,490.99元，净资产为20,375,825.27元。

2002年7月18日，广新外贸作出《关于广东省广告公司改制方案的批复》（粤外贸集企〔2002〕45号），产权转让以2001年10月31日为基准日的资产评估结果，以净资产2037.58万元为基数。广新外贸保留30%的产权，70%的产权采用一次性付款的方式转让给广告公司职工；广告公司原有的债权债务及职工（包括离退休人员）安置工作由改制后的新公司承担。

2002年9月19日，广新外贸出具《关于广东省广告公司办理工商变更登记的报告》（粤外贸集财审〔2002〕022号），确认以下内容：

我司根据《广东省人民政府关于加快放开公有小企业的通知》（粤府〔1997〕99号）对下属全资公司广东省广告公司进行公司制改建，成立有限责任公司，广新外贸持股30%，将70%的产权采取一次性付款方式转让给广告公司的内部职工。并给予20%的优惠。为了准确反映三七股权比例，确定广告有限责任公司实收资本为1638万元。

2002年8月27日，广州明通会计师事务所有限公司出具明通会师验字〔2002〕06052号《验资报告》。截至2002年8月27日，广东省广告有限公司（筹）已收到全体股东缴纳的注册资本合计1638万元。

2002年10月18日，改制工作完成，变更为广东省广告有限公司，领取了广东省工商行政管理局颁发注册号为4400001004820的企业法人营业执照，注册资本为1638万元，企业类型为有限责任公司。

根据广东省财政厅作出粤财外〔2002〕85号文《关于同意广东省广告公司产权转让的函》及粤外贸集企〔2002〕45号文《关于广东省广告公司改制方案的批复》，职工安置全部由改制后的新公司（广东省广告有限公司）承担。

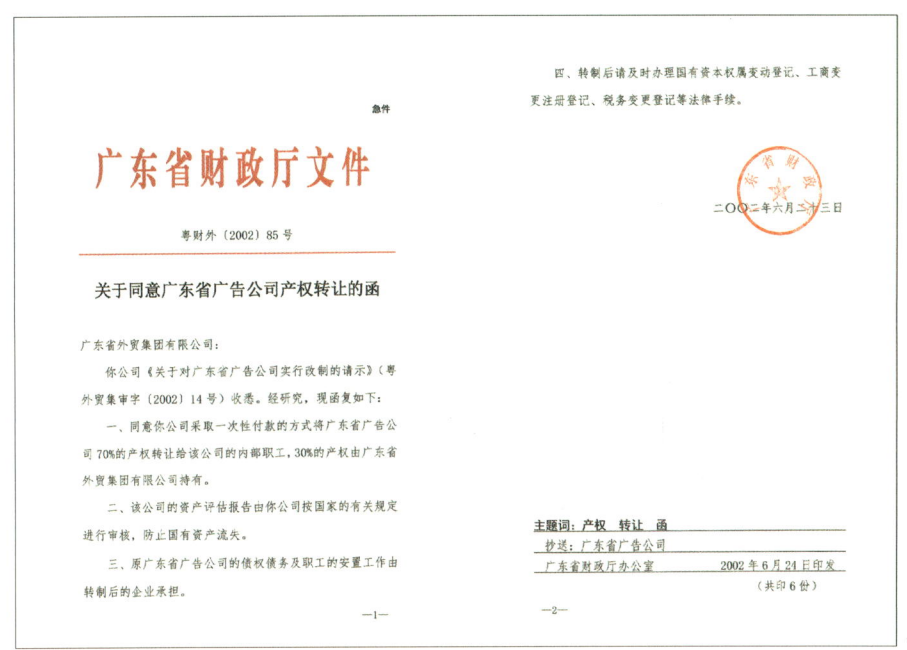

省广改制文件

省广第一次改制就此落地。

第七节: 行业混改标杆 第二次华丽转身

通过 2002 年改制,省广的国有股份从 100% 瞬间降到 30%,这种力度前所未有。陈钿隆将这次改制看作是省广的第二次华丽转身,也是省广的第一次体制改革。改制对公司发展的促进作用立竿见影。

很多员工说,以前是打工的感觉,就是普通的上班族。此次改制后,虽然上班还是在金广大厦,但参与改制的 100 位骨干,都在公司有了自己的股份,主人翁意识大大提升,每个人都像打了鸡血一样,经常通宵达旦地加班,可谓马不扬鞭自奋蹄。

◎ 金广大厦

那时，省广进入中国广告业前三，位居第二，仅次于上海广告公司。

改制前，省广有十几个处级干部。改制过程中，所有人都买断工龄，在新公司重新计算工龄。这意味着，那十几个处级干部一下子变成了平民身份。在以级别为上还非常盛行的 2002 年，这种心理落差之大可以想见。

"如果没有这次股份制改革激活了省广的活力，让省广成为全国首屈一指的广告营销集团，省广可能跟那个时代其他省的 18 家'省广'一样，会销声匿迹。"回忆那次惊心动魄的改制，陈钿隆说。

2002 年，在省广这次改制中，国有股权大规模退出、员工入股。这可谓省广与骨干员工"共生"的一大尝试。省广此次机制转换，暗合了 2019 年以来国家大力提倡的国有企业"混改"模式。从这个角度看，省广当年这次所有制改革，可谓国有企业"混改"的一次先行先试，规模虽小，但意义重大。

二十多年后的今天，全国 19 家省级广告公司，唯有省广硕果仅存，且成为行业标杆，这与省广当年的"混改"直接相关，省广的这次改制可谓中国广告行业国企混改的标杆。站在 2022 年回顾省广的这次国有企业"混改"，我们不得不佩服省广管理层当年眼光之独到，对趋势的把握之准确。

当然，由于时代局限性，这次股权改制并不规范和彻底，甚至存在一定的局限性。

随着市场的剧烈变化，国内外同业的激烈竞争，省广再次面临发展的难题。

于是，在高层制定的新一轮发展战略的召唤下，省广即将开启新一轮更加市场化的改制，与资本共舞。

中篇・发展

与资本共舞

在产业社会里，有两个永久存在的东西连在一起。

一个是资本，也可以称其为永远存在的财富，这个财富能继续存在，是由于物质的形式——资本货物——新陈代谢的缘故。

另一个是劳动，也是按照新陈代谢的方式继续存在着。

——《财富的分配》，[美]约翰·贝茨·克拉克

第三章
难以复制的中国广告第一股

进入二十一世纪，随着中国加入WTO和广告业的全面开放，国际广告公司也纷纷进入中国。在此时期，本土广告公司如果仅仅停留在品牌代理业务，依赖单纯的内生增长是难以应对这种市场竞争的加剧，更不可能获得更好的发展。

中国本土广告公司开始寻求新的增长方式。但是，内生增长需要雄厚的资金，需要更加灵活的激励方式。上市无疑是解决这些问题的有效途径。就世界范围看，国际知名广告公司，大都是通过走上资本市场，解决资金问题、提升综合竞争力的。

——摘自省广《招股说明书》

"上会了吗？"

"情况如何？"

电话一个接一个，电话那头是焦急、是不安、是期待……

时任省广投资发展部总经理的廖浩在电话里耐心应答着，其实他的内心也非常焦虑。

因为这是非常关键的一天。

此时是2010年1月28日上午10点，地点是北京的中国证监会办公大楼。

几名省广上市筹备组的核心人员在距离会议室十几米的电梯间焦急地等待。30分钟前，时任省广董事长的戴书华、财务总监康安卓等代表进入了会议室。会议室那扇大门轻轻地关上以后，在门外面等待的省广人的心就悬了起来。

会议室中，省广股份即将正式上会。如果顺利过会，意味着省广的上市之路接近成功；否则，省广上市就可能流产，或许今后再也没有机会走上资本市场了。

其实，对于今天的上会，省广在中介机构的协助下，做了大量准备，几天前就列举了几十个今天可能被问到的问题，大家模拟排演得非常充分。

远在广州的众多省广股东，对上会进展情况保持高度关注，不断给远在北京现场的同事打来电话，焦急询问北京这边的确切消息。

时间仿佛过去了很久，会议室的门终于打开了，省广的代表走了出来，脸上洋溢着按捺不住的喜悦和兴奋，戴书华、康安卓与等候在会议室门口的陈钿隆、廖浩、袁少媛等人热烈拥抱庆祝。这意味着，省广终于顺利过会了！

◎ 成功过会后上市团队在证监会大堂合影

大家赶紧给广州的同事们报告喜讯。据说，当消息传到广州的时候，一直关注着此事的广州的同事们发出了阵阵欢呼……

省广奋战数年的上市筹备工作，终于结出了硕果。

一行人走出证监会大楼，一月份的寒风扑面而来，时值北京隆冬。但大家一点儿都没有感觉到寒冷，心里充满了无限热情……

第一节：朝阳产业 迎风起舞

广告作为一种单一的商业推广活动古已有之，2000多年前《韩非子》中即有"宋人有沽酒者，……悬旗甚高"之说。然而，在很长一段时间内广告业并未成为独立产业。现代广告产业的形成得益于社会经济的发展和传播技术的进步。

1869年，世界上第一家按当今广告公司运作方式运作的广告公司——N.W.艾耶父子广告公司在美国费城成立。该公司明确按纯版面成本收取广告费，并向客户提供文案、设计，甚至还包括市场调查等一系列服务。此后，不同规模但类型相同的广告公司相继涌现。这些新型的广告公司为了生存，不断提高自身的代理水平和能力，逐渐由最初依附媒介生存的力量薄弱、功能单一的广告代理公司，最终发展成为拥有完善的操作系统、行业规则且分工明确的专业广告代理公司。

专业广告代理公司的出现，大大加速了现代广告产业化的进程，使广告由早期的单纯媒介代理逐步拓展为以营销为目的，包括市场调查、策划、创意、设计、制作、广告的媒介发布与效果监测等一系列活动在内的全面代理，从根本上提升了广告业的专业代理水平。

随着信息化时代的到来，全球化的市场竞争日益激烈，单纯的加工制造创造的利润日渐微薄，而拥有自主知识产权和品牌的产品则日益成为市场经济的主流。因此，自主品牌形象的树立越来越受到众多广告主的重视，而以统一的目标和统一的传播形象、传递一致产品信息的整合营销传播服务恰恰能帮助广告主迅速树立其产品品牌在消费者心中的地位，提升其品牌价值。因而，大型综合性广告公司所提供的服务正在向更系统、更全面的整合营销传播服务升级。

随着世界经济的增长，广告市场规模不断增大。省广上市前几年，全球广告产业数据非常亮眼。统计数据显示，2008年全球广告业支出额为4,916.34亿美元，较2007年增长1.3%。实力传播预测，到2011年，全球广告业支出额将达到5,475.18亿美元，预计 2009—2011 年，全球广告业支出额将保持 3.65% 的平均增长速度。

从区域看，亚太地区、中欧和东欧以及中东地区，广告开支正趋于高速增长，北美地区、西欧和拉丁美洲，低于全球平均增长速度。受全球金融危机的影响，2008 年，全球广告支出额增长速度有所放缓，其原因主要是北美及西欧地区，广告支出出现负增长；而亚太地区、中欧与东欧地区、非洲地区的广告支出仍然保持较高幅度增长。实力传播预测，2009—2011 年，亚太地区广告支出平均增长率（4.79%）将高于北美洲地区平均增长速度，也高于全球广告支出平均增长速度。

进入 21 世纪以来，全球经济一体化趋势加强。广告主和媒体加速了全球扩张，大型跨国广告公司通过全球并购、整合，跟随其客户的全球扩张实现了全球战略布局。

伴随着全球广告业的成长，中国广告市场经历了近 30 年的高速发展，于 2007 年成为世界第五大广告市场。省广在上市招股书中预测：随着中国经济的持续增长，预计于 2010 年上升为世界第四大广告市场。

新中国成立以来，我国广告业的发展经历了"恢复—停滞—发展"三个阶段。广告恢复阶段是指自新中国成立至 20 世纪 60 年代初期；广告停滞阶段是指 20 世纪 60 年代中期到 1978 年党的十一届三中全会；广告发展时期是自 1978 年党的十一届三中全会至今，这是我国广告理论和广告活动真正发展的时期。在这一时期，我国经济快速发展，市场交易规模巨大，传播技术不断进步，为我国广告业的持续快速发展创造了良好的条件和难得的机遇。

iResearch（艾瑞市场咨询）发布的《2007 年全球广告市场研究报告》显示，我国广告市场规模总体呈快速发展趋势。随着我国国民经济的增长，企业营销及广告投入力度必将进一步加大，未来中国广告市场潜力巨大。

在美国等发达国家成熟的广告市场中，广告市场规模占 GDP 的比例在 2% 以上，而目前中国广告市场规模占 GDP 的比例尚不足 1%。艾瑞市场咨询分析认为，未来中国广告市场的发展潜力巨大，广告市场规模将持续走高。

广告是一个国家与地区经济的晴雨表。从我国广告业的发展过程可以看出，我国广告业发展与GDP及社会消费品零售总额的增长速度呈现一定的正相关性，并且发展速度高于GDP的增长速度。

按英国等西方发达国家以及日韩和港台地区通常所采用的创意产业定义，广告业属创意产业的一个重要组成部分，为包括我国政府在内的世界各国政府大力提倡发展。

2009年9月26日，国务院发布《文化产业振兴规划》，确定将以文化创意、广告、动漫等产业为重点，加大扶持力度，完善产业政策体系，实现跨越式发展——广告业成为国家重点扶持产业，并融入了中国主流产业的行列。

建设创新型国家，实现"中国制造"向"中国创造"的过渡离不开自主品牌的塑造。企业要在激烈的市场竞争，特别是在国际市场的竞争中立于不败之地同样离不开自主品牌的塑造。而自主品牌的塑造又离不开广告创意策划的参与。随着品牌观念的深入人心，广告必将越来越引起人们特别是企业家们的重视，广告业也将迎来更大的发展。

我国广告业科技进步日新月异，新兴广告媒体如手机网站、手机报刊、IP电视、移动数字电视、网络广播、网络电视等层出不穷，蓬勃发展，广告业的发展空间被极大拓宽。

第二节: 不忘初心 婉拒并购

2003 年开始,无论是规模还是创作实力,省广都已经稳居本土公司榜首。

根据《贸易服务减让表》等规定,中国制订了开放广告市场的时间表:

2003 年 12 月 10 日后,允许外资控股广告公司;

2005 年 12 月 10 日后,允许外资设立独资广告公司。

随之而来的是中国广告产业的重大变化——外资广告公司大规模进入中国市场,且凭借雄厚的资本、先进的理念、灵活的机制,在国内大量收购本土广告公司,快速介入中国市场。

◎ 汉威士集团邀请省广参观法国总部并洽谈合作事宜

省广作为中国首屈一指的本土广告公司,外资公司也多次向其表达出收购意向。当时,奥美、汉威士等国际化营销集团,多次来省广洽谈收购事宜,它们开出的条件非常优厚——给予很高的估值,不要任何固定资产,只要业务。甚至提出直接支付数千万现金,而且将省广原有的管理团队、核心人员全部留下、重新聘请,开出的工资比现在高很多。

这的确是一个非常具有诱惑力的条件。

2002年改制的时候，省广的工资收入水平虽与国内同业相比较高，但与外资广告公司相比，差距还很大。当时，外资同业的收入普遍是省广人的几倍。再者，面临资本雄厚的外资公司的竞争，省广的经营压力也很大。

李嘉诚说过，不要与自己的企业谈恋爱。意思是说，在合适的时候将企业卖掉拿到现金才是最佳选择。中外企业发展历史上，有很多企业家都在各种情况下将企业卖掉，尤其是在企业发展高峰期的时候卖掉，因为这样可以卖个好价钱。企业家就此可以提前退休、周游世界。

而我们的国有企业改革在2003年前后也大力提倡"靓女先嫁"，也就是说，如果有出价比较高的买家，可以将优质资产尽快卖掉变现，以免这个资产将来缩水、不值钱。

面对这样的诱惑，几乎没有人可以拒绝！

当时，省广的管理层也一度计划将公司卖掉。如果当时卖掉了，管理团队或许能马上实现个人财富自由。但是，今天的省广也就不存在了。

时任广新集团副总经理的黄平在分析省广经营状况后认为，省广净利润已经超过3000万元，达到了国内IPO的门槛，便向省广的上级单位广新集团领导班子建议支持省广开展自主IPO的尝试。收到自主IPO的建议之后，省广时任党委书记刘立斌（现任广新集团副总经理）与董事长戴书华、总经理陈钿隆做了深入沟通，又组织省广高管团队商议、班子反复开会讨论，权衡利弊。最终达成一致：省广这面广告业的红旗不能倒下。最终，在广新集团领导的建议下，省广的管理层否决了收购，决定自主IPO。

回忆起当年为什么选择拒绝被收购的时候，经历了当时过程的省广管理层们曾动情地说："我们对省广是很有感情的，一直把公司当作自己的亲儿子一样养育。"

其实，除了对省广的这种纯朴感情之外，当时的省广管理团队还有更深层的考量——作为与中国的改革开放同年诞生的省广，此时已经是为数不多甚至可能是硕果仅存的一家国有背景的省级广告公司了。身为国有背景的广告公司的扛旗者，省广的管理层，怎么忍心将省广的红旗变成外资广告的旗帜？

戴书华、陈铟隆、丁邦清、李崇宇、郝建平、沙宗义、康安卓等省广的管理层，他们希望将中国人自己的广告公司做成世界级的，让来自中国的广告公司旗帜在全球飘扬！

当管理层向全体股东、全体员工们宣布这个决定的时候，大家都很平静。对于全体股东来说，尽管他们与这一次的一夜暴富失之交臂，但大家都很理解公司的选择，因为他们当初从四面八方来到省广，是将省广当作自己事业的平台、自己的家、自己的毕生追求……

在这一背景下，省广开始谋求上市，借助资本的力量实现快速增长。

但对于省广这样的公司来说，在当时的市场环境下，IPO之路并非一帆风顺。

第三节： 一群新手 初战告捷

省广上市之路可谓一波三折、充满了诸多不确定因素。

确定走上市之路后，第一步是找投行给省广做上市辅导、寻找合适的保荐人。

时任省广董事长的戴书华是省广上市团队的总负责人，主要团队人员包括：总经理陈钿隆、副总经理沙宗义、财务总监康安卓以及廖浩、袁少媛。团队所有成员团结一致，共同努力，开行业之先河冲击IPO。

此时，中国证券市场还处在严格的审批制时代，保荐人等做上市辅导的中介机构非常抢手。由于一个中介机构一年也只能服务几家公司上市，如果辅导的公司最终无法顺利上市，参与辅导的中介机构非但钱赚不到多少，江湖名声也会受到影响。所以，中介机构肯定是选择上市成功的可能性比较大、较容易操作的公司进行辅导。

由于省广所在的广告行业属于一个小众行业，在此之前还没有上市的先例，在资本市场属于创新，这意味着省广将面临更多的不确定因素，上市失败的可能性很大。所以，很多中介机构和保荐人都不愿意冒这个风险。当然，不想冒险，还有一个很重要的原因，这些中介机构和保荐人对省广的商业模式、省广的主业等都不熟悉，要花很多时间了解，时间和人员投入成本很大。

后来自德邦证券的栾志刚和吴凌东受邀第一次到访省广。起初，栾志刚和吴凌东对省广不了解，对省广能否成功上市也缺乏足够的信心。但经过省广上市筹备小组成员们的不懈努力，积极地向他们介绍了公司的优势之后，通过多方考察，两人最终认可了省广的实力，尝试着介入这个对他们来说全新的行业，答应承接省广的上市项目。最终，德邦证券成为省广上市承接券商，栾志刚和吴凌东虽然算是投行资深老兵，但是这次他们却是作为首次涉足广告公司上市业务的新人，成为省广IPO的保荐代表人，充满激情地加入了省广的上市团队。

时任省广董事财务总监的康安卓，端庄优雅，工作起来一丝不苟，专业上认真负责，有关部门曾经有领导评价她：优点是认真，缺点是太认真。虽然她从业多年，资历丰富，但是她这次却是以新手的心态，领导丁斌全、吴俊生等人组成的财务团队，积极参与公司上市的相关财务工作。她情商高，人缘好，与券商团队密切配合，把财务工作做得十分规范，为省广成功上市奠定了坚实的基础。

2008年的1月，廖浩作为投资领域的新人，被抽调组建省广投资发展部，与董事会办公室等相关部门一起负责省广上市的筹备工作，全面配合副总兼董秘沙宗义，与中国证监会发行审核部门沟通，对接财务、法务问题等。除此之外，还要与何滨、夏跃两位分管业务的副总经理，一起研究如何从战略发展的角度，更好地向各方介绍省广主营业务的盈利模式、行业成功案例，以及编写募投项目的商业计划书。

◎ 广东省广告股份有限公司创立大会

筹备上市的工作具有很强的专业性，很多公司在筹备上市的时候，除了聘请专业的中介机构外，还会从社会上招聘一些有投资银行等背景的、有上市操盘经验的人参与这份工作，但省广一贯的风格是优先从内部培养，给予员工更多的机会和舞台。这就逼着做广告出身的省广人拼命学习与上市有关的知识。

当时负责资料收集整理和制作的袁少媛回忆，她刚刚从市场研究部负责人岗位被抽调到省广上市筹备组的时候，和其他人一样，都是第一次接触上市工作的新手，时间紧迫，大家只能将勤补拙，通过各种方式抓紧学习上市工作的相关知识。

上市筹备工作之一就是在中介机构的指导下搜集、整理、撰写、制作大量资料，这是一个非常琐碎、细致，要求精确度很高，时间又非常紧张的工作。廖浩回忆，仅仅提交的申报材料就做了很多版本，有申报版、修订版、上会版等，他至今还保存着厚厚一沓当时制作的材料副本。

由于之前没有省广这样的广告公司上市的先例，省广搜集整理有关资料的过程中，尤其是要去有关部门开具同意上市的证明材料的时候，遭遇到了很多难题。比如，申报材料里面需要一份环保批文。省广属于文化创意产业，而非生产型行业，在省广人乃至一般人的概念里，省广从事的行业当然是环保的，根本不需要环保批文，但规定就是规定，省广必须拿到这份批文。省广之前当然与环保主管机构没有过任何业务往来，没有任何沟通渠道，但也只能去找，好不容易找到了对应的环保主管部门，对方答复说，省广这样的行业不归他们管，建议省广去文化产业主管部门。经过各种反复，这份环保批文最终还是拿到了，而类似这样的曲折可谓比比皆是。

历经千辛万苦，申报材料终于制作完毕。

2008年6月24日，省广终于向中国证监会发行审核委员会递交了招股说明书，几天后就收到了受理通知书，向正式登陆资本市场终于迈出了关键的第一步。

就在省广历尽千辛万苦将完整的申报材料报送到中国证监会之后，一个意外事件又出现了。

第四节： 上市暂停 因祸得福

或许是为了规避亚洲经济危机可能导致的市场风险，2008年9月，中国证监会暂停了IPO和公开发行再融资。

正在积极筹备上市的省广上市工作筹备组的全体人员简直蒙掉了。

但没有办法，大家只能等。

此时，谁都没有想到，这一停竟然持续了将近十个月。

对于国内投资银行业来说，IPO按下暂停键，可谓一个极大的利空。

《21世纪经济报道》指出：2008年，随着新股发行和再融资放缓，国内各家券商投行业务最终纷纷陷入惨淡经营。数据显示，2008年前三季度IPO承销业务交易量总额仅为1040.05亿元，而同期国内债券的承销业务成交量总额则达6257.88亿元，其中，券商具有承销资格的企业债只有1384.90亿元。如果以上市公告日为统计口径，2008年，近四成券商投行部IPO业务未开张。

IPO和公开发行再融资的暂停，当然也导致省广上市流程被推迟。

不过，这倒是给省广处理一个重要问题提供了时机。

2007年11月13日，广州市丰誉投资咨询有限公司（以下简称丰誉公司）注册成立，注册资本为296.79万元，其股东为股份公司成立前原40位委托持股职工。这家公司本质上是这40位股东的持股平台，持有省广股份公司8.37%的股份，是省广股份公司的发起人、第二大股东。通过丰誉公司作为持股平台成立之初是为了便于省广上市。

但在省广筹备上市的过程中，大家发现，从财务的角度看，通过丰誉公司间接持有省广上市主体的股份存在很多问题，比如通过丰誉公司间接持有省广上市主体股份的股东，与省广上市主体的直接股东存在同股不同权、行权成本过高等问题。因此，丰誉公司股东对这种间接持有省广上市主体股份的处置方式有很大意见，一直呼吁取消丰誉公司、直接持有省广上市主体的股权。更重要的问题是，丰誉公司持有省广股份 8.37% 的股份，是省广股份的发起人、第二大股东。省广股份 IPO 后，如果丰誉公司的股东减持所持的省广股份的股份，丰誉公司多达 40 人的股东如何保持行动的一致性？作为第二大股东，丰誉公司的这种持股架构，很可能会影响省广股份的某些决策。这显然是一个潜在的风险。

在省广筹备上市的过程中，一开始由于时间紧，这一问题并没有来得及解决。此次中国证监会暂停 IPO 和公开发行再融资，刚好给了省广处置丰誉公司问题的时间。

对于这个处置构想，经过咨询，证监会给出了明确回复——在法律和政策上没有任何障碍，但同时给予处置丰誉公司股份的原则：必须将丰誉公司股东们间接持有的省广股份的股份对应完整地还原。

所谓完整的还原，就是将丰誉公司所有股东间接持有的省广股份的股份按照其在丰誉公司的股份比例一一对应，变成直接持有省广股份的股份。在这一过程中不能遗漏、不能出任何差错。

但是，当省广股份跟第一大股东广新集团进行沟通的时候，广新集团却表示有所担忧。广新集团主要担心处置丰誉公司的问题需要时间，短则几个月，长则可能半年。

但省广的上市材料已经递交，上市筹备的正式流程已经开始了。被暂停的 IPO 随时可能重启，万一丰誉公司的事情还没有处置好；或者处置好了，但要重新递交材料的时候，IPO 重启了。省广耗费了那么多人力物力、付出了那么多的艰辛，筹备了这么长时间的上市不就可能被耽误了吗？一旦被耽搁，省广上市计划可能就此流产……因此，正在筹备上市的公司罕见会在这个关键时期冒险进行涉及股权的重大变动。

作为国有资产的代表、身为第一大股东，广新集团持审慎的态度，反对这个时候处置丰誉公司的问题也情有可原。但时任省广董事长的戴书华坚持要赶紧解决丰誉公司的问题，并多次与广新集团有关领导沟通争取，最终打消了他们的疑虑。

对丰誉公司的处置正式开始了。

2009 年 3 月 18 日，丰誉公司召开股东会，同意丰誉公司将其所持广东省广告股份有限公司 5,168,766 股股份，按丰誉公司的 40 位股东对丰誉公司的出资比例全部转让给丰誉公司 40 位股东；同时股东会决定将所持发行人股份全部转让给 40 位股东后，成立清算组，注销丰誉公司。2009 年 6 月 9 日，丰誉公司办理完毕工商注销登记手续，有关丰誉公司将所持发行人股份转让给其 40 位股东事宜圆满解决。

这次股份转让的实质是丰誉公司股东通过丰誉公司间接持有发行人股份在符合相关法律规定的情况下变更为直接持有发行人股份，40 位受让人直接持有发行人股份的数量与其通过丰誉公司间接持有发行人股份的数量一致。

律师发表了法律意见书，认为 40 位受让人直接持有发行人股份的数量与其通过丰誉公司间接持有发行人股份的数量一致。丰誉公司向其股东转让所持有发行人全部股份，不违反法律规定，不会导致省广的控股股东及实际控制人的变化，没有对省广 IPO 申请造成障碍。

不得不说，省广是非常幸运的。此次 IPO 和公开发行再融资一直暂停了十个月，丰誉公司在此期间顺利完成了处置工作。

2009 年 9 月 15 日，暂停十个月的 IPO 和公开发行再融资重启，省广上市工作再次启动。

丰誉公司处置完成后，省广股份重新上报了材料。这个时候，省广股份自然人股东达到了 82 位，一部分为股份公司成立时 42 位自然人股东，也是公司发起人；另一部分是因受让丰誉公司所持发行人股份而增加的 40 位自然人股东（丰誉公司原 40 位自然人股东）。

基于这个股权结构，为了省广上市后的股权结构稳定，监管部门建议高管股票锁定期从 12 个月延长到 36 个月。解禁期延长了 3 倍，意味着股价可能下降的风险也加大了。

高管们连夜开会沟通了此事，没有任何阻碍，大家一致同意将股票锁定期从 12 个月延长到 36 个月——在省广高管团队看来，既然大家都是以省广为家，大家有信心将公司经营好，有决心使省广上市后依旧保持比较良性的发展态势。事实证明，省广人做到了。省广上市当天市值36亿元，上市5年后的2015年，省广总市值达到了336亿元——市值增长了10倍。当然这是后话了。

其实，在IPO暂停的十个月内，省广上市筹备工作除了处置丰誉公司的事情外，其他工作也一刻没有停止——由于不知道什么时候启动上市，而省广的各种财务数据时刻都在变化，因此，上报材料中有关省广的数据要随时更新——至少每月都要更新一次，每次更新都要耗费大量时间和精力。

2010年1月，省广又被通知需要补充材料。省广上市筹备小组的人飞到北京，此时北京大雪，根本打不到车，大家拖着厚厚的材料乘坐地铁去证监会，出了地铁站又拖着材料走过去。路上积雪很深，天寒地冻，到证监会的时候，大家几乎都冻僵了。廖浩回忆说，这次挨冻是他有生以来印象最深刻的一次。

在距离上会仅剩两周的时候，又有一个意外事件出现了——证监会通知省广，他们提交的申报材料里缺少了一份国家鼓励行业的证明。其实这份文件原本并不需要省广提供，属于有关部门内部交换的文件。但不知道怎么回事，这份文件迟迟没有送到证监会发审委。如果继续等待，这份内部交换文件可能还要数周才能到证监会，省广上市进程肯定会被耽误。为确保进程顺利，省广上市工作筹备组立即行动，在各方努力下，在几乎不可能的情况下，在10天内，让这份文件顺利到达了证监会发审委……

省广人再次用实际行动说明了：永远不要说不可能！永远不要说放弃！

第五节： 监管机构 理解到位

在向证监会正式上报材料的过程中，同样的问题又出现了。

证监会负责审核上市公司申报资料的部门，看了省广递送的申报材料后一直皱眉头——尽管国外的资本市场已经有很多广告公司上市了，但在中国还没有广告公司上市的先例，更重要的是，广告公司上市没有可以参照的模式、标准。这导致证监会审核部门很难评估省广的商业模式、发展前景。

省广上市团队不得不耐心地向监管部门解释公司的盈利模式与未来的发展规划。作为大型综合性广告公司，省广当时从事的业务主要有品牌管理、媒介代理、自有媒体等业务。不同业务对资金投入的需求不同，各自的利润来源及形成过程也不同。

品牌管理属于技术密集型和人才密集型业务，利润主要来自为客户提供策划与创意等服务，其核心要素是人力资源，该业务的运作和发展并不需要占用大量资金。但是，品牌管理业务的销售规模非常有限，对公司利润的贡献度占比相对较小。

媒介代理业务具有资金密集型和规模效应的特点，它的运作和发展需要大量的资金支持，其利润主要来自公司强大的广告创作能力与大额媒介采购的价格优势的有机结合。省广凭借强大的广告创作能力及品牌管理能力吸引、积累了众多优质的客户，众多优质客户的巨额媒介投放需求进而使公司产生了巨额的媒介采购需求；而巨额的媒介采购需求则使公司在媒介采购中拥有更强的议价能力，占据更优势的地位，分享更多的媒介利润，能更有效地降低采购成本，并让利于客户；与此同时，更多的利润积累也为吸引更多尖端广告人才、不断提高广告创作能力提供了更坚实的物质保障。彼此之间形成了良性的价值创造链。

要形成上述价值链、提高各个环节的增值能力，拥有顶尖的品牌管理能力是关键，拥有相当规模的营运资金是前提。只有拥有相当规模的营运资金才能实现价值的递增放大效应。而公司媒介投放代理业务规模的扩大必须建立在投入一定规模的营运资金之上。

从省广 2007 年、2008 年、2009 年媒介代理业务收入与流动资产比例看，获取每 1 元媒介代理收入需要投入 0.26 到 0.31 元的流动资金，如果要迅速扩大规模，进一步提高盈利能力，必须进一步筹集资金。

经省广团队分析，媒介代理业务具有广阔的市场前景，虽然媒介代理业务毛利率较低，但是其回收期快，增大媒介代理业务的投入，做大媒介代理业务，会显著地提升公司的规模经济效应。同时通过为客户提供媒介代理业务从而取得部分客户的品牌管理业务，进一步拓展服务范围、提升整体盈利空间。

一方面，2009 年省广的媒介代理业务收入虽已达到 17 亿元以上的规模，但由于自有资金实力有限，媒介采购只能采取短期的、被动的、临时的采购方式，无法把媒介规模优势转化为对媒体的议价能力，从而提高媒介代理业务的毛利率。另一方面，与国际 4A 公司在我国每年几十亿甚至上百亿元的媒介采购金额相比，省广的媒介代理规模有待进一步扩大，而公司自有资金则难以应付该业务快速增长的需要。随着省广快速发展，业务增长，公司对流动资产特别是货币资金的需求将增加，对营运资金的需求较大。另外，省广拟投资的项目可极大提高公司的竞争力和盈利水平，但省广长期资本不足，无法满足公司业务发展的需要。

由于省广这类创意型公司的固定资产较少，资产负债率较高，外部融资方式比较单一，主要通过银行借款融资，且省广从银行间接融资受到一定的限制，省广尚未通过股权融资或者发行债券等直接融资方式筹集长期资金，不利于公司持续、稳定发展。因此，省广必须优化资本结构，拓宽融资渠道，增加直接融资渠道。

省广通过公开发行股票筹集资金后，募集资金投资项目若顺利实施推进，融资能力将显著增强，特别是通过资本市场筹集长期资金，将有效地改善公司资本结构，大幅提高省广的偿债能力，进一步降低财务风险，从而对公司未来持续发展起到极为重要的促进作用。

省广预测，募集资金到位后，公司自有资金将增加，公司的财务结构将得到显著改善。随着公司资金规模的扩大，融资能力的增强，公司可以实施大额媒介采购策略，变目前短期的、被动的、临时的媒介采购为长期的、主动的、有计划地采购，从而有效地拓展媒介代理业务毛利空间，提升公司整体的盈利水平。

其实，走资本市场不只是省广发展的需要，从行业的角度看，广告公司都越来越重视资本运作。

国外广告传播集团大都通过上市融资，依托资本的力量，进行全球扩张、并购整合；通过成立媒介购买公司，加强对媒体的广告议价能力和购买能力，从而代理更多的客户发布广告，并争取更多其他广告业务。根据美国广告时代杂志（Ad Age DataCentre）所做的统计，截至 2008 年底，世界前十大广告传播集团中排名前两位的 Omnicom 和 WPP 2008 年营业收入均超过了 100 亿美元。

2005 年 12 月 10 日，我国开始允许外资在境内设立外资独资广告公司。随着相关产业政策的放宽，我国广告业迎来了资本运作的良好契机。挟资本优势的跨国广告集团在国内大规模并购、参股本土广告公司，本土广告公司已强烈地感受到国际资本带来的冲击。

我国现代广告行业发展历程较短，广告公司发展积累较少。面对资金雄厚的国际竞争对手，国内广告公司纷纷通过资本运作之路，借助资本市场的力量来迅速提升其经营规模优势和竞争优势。上市后，这些公司利用资本的力量，通过收购兼并，整合行业资源，迅速扩展其原有的竞争优势，提升行业竞争地位。

因此，作为有着远大理想的省广，要想与国际巨头竞争，走上资本市场也是大势所趋。更重要的是，省广上市也底气十足。

第六节：省广上市 底气十足

作为中国最早一批成立的广告公司，在三十年的专业化品牌管理及广告服务中，省广创造性地提出了许多品牌管理业务的理论与方法，与企业一起创造出众多具有很大社会影响与行业影响的成功品牌案例，在业内树立了良好的口碑和品牌声誉。

策划创意能力是广告公司的核心竞争力之一。上报 IPO 材料的时候，省广的广告策划创意水平已取得了长足进步，打造了一套专业的品牌导航和人才培养体系，汇集了一大批优秀的广告策划创意人才，总结出一套分析策划创意的方法和程序；培养出了一批专业人才梯队与广告人才群，特别是对行业熟悉的专才如汽车、家电、白酒、药品、房地产、通信等行业的品牌策划创意的行家与专家。省广在打造出业内权威影响力，培养了众多的广告人才的同时，也吸引了一大批广告业内和学术界精英人才的加盟。上报 IPO 材料之时，省广有广告专业技术人员 805 人，其中中国广告协会学术委员会常委 1 名、委员 2 名。强大的广告人才队伍，优质、尖端的广告人才资源，使省广在同行业独具竞争优势。此外，省广的核心骨干人员均持有公司股份，骨干队伍稳定，人才积极性、主动性能更好调动。

省广多次参加国内外各类广告大赛。上报 IPO 材料之前，已获得了包括美国莫比广告金奖、中国广告节金奖在内的各类奖项共计 611 项。在 2006 年至 2008 年《中国广告作品年鉴》发布的第六届至第八届中国广告公司创作实力 50 强排名中，省广在第六届和第七届均名列第三名、在第八届名列第一名，在第六届至第八届连续名列本土广告公司第一名。省广的策划创意能力业内领先、本土第一。

《现代广告》杂志历年发布的《中国广告经营单位排序报告》显示，按营业额排名，省广自 2006 年至 2008 年，连续 3 年名列前八位、2007—2008 年排名中国本土广告公司第三位、2006 年排名中国本土广告公司第二位，被业内誉为中国广告业的扛旗者。2008 年 2 月，省广被评定为"广东省文化产业示范基地"，2008 年 9 月，省广被文化和旅游部命名为"国家文化产业示范基地"。

◎ 被授予广告业首家"国家文化产业示范基地"称号

如此优秀的省广,应该完全具备了独立上市的实力。

2010年3月1日,省广正式提交发行股票的招股说明书。

提交招股说明书的时候,省广有股东83名,其中法人股东1名,自然人股东82名。

广东省人民政府国有资产监督管理委员会下属广新集团为省广控股股东。

◎ 省广成立三十周年

第七节： 中国广告第一股 第三次华丽转身

2010年5月6日，中国最优秀的大型综合性广告公司之一，广东省广告股份有限公司（省广股份002400）在深交所中小板上市交易。这是广东省第一家文化创意企业进入资本市场，亦是在A股主板上市的大型综合性广告公司"第一股"。

◎ 中国广告第一股

省广成功登陆深交所中小板，成为中国广告第一股。广东省委常委、宣传部部长和广东省国资委、省外经贸厅等领导出席了上市当晚在深圳举行的上市庆典。

"省广股份成功登陆A股市场，既是企业多年来稳健经营、奋力拼搏的硕果，也是我省大力发展文化创意产业、推进企业股份制改革与上市取得的又一个新成果。省广股份将借助资本力量打造高端创意产业的新样板，强化整合力量，迅速扭转这个行业低集中度和泛专业化的问题，真正凸显主流行业的地位。"主流媒体这样描述省广上市。

◎ 2010 年 5 月 6 日在深交所成功上市

省广上市是中国广告业的高光时刻，开启了中国广告创意产业资本化、证券化的新时代；这同时也是中国证券历史上一个值得纪念的日子，因为这一天，中国证券市场上出现了"中国广告第一股"，开创了中国证券市场的一个先河，丰富了中国证券市场上市公司的品类。

上市提振了省广人的自信心，激发了主人翁的责任感。上市也提升了省广与客户沟通的话语权，作为上市公司，省广的公信力大大提升，客户对省广的信任度更高了。

上市也丰富了省广的融资渠道。媒介业务需要大量流动资金，上市前，省广在这个业务方向上资金比较紧缺，限制了业务的发展。上市后，省广媒介资金得到了大量补充，媒介业务进入了一个新的量级。

上市前，省广主要靠自身积累的资源发展，上市后，省广大量利用社会资本、资金等更多社会资源发展。与上市前相比，上市后省广的发展节奏明显加快了。

◎ 2012年获颁国家广告研究院品牌研究分院

省广上市的意义当然不止于此。

从行业的角度看，省广上市绝非省广自身的事情，作为中国广告行业的龙头企业，省广上市大大提升了广告行业在资本市场的影响力；开辟了国内的广告公司走上资本市场的先河。上市后，省广开始密切关注资本市场，资本市场也促进了省广的进一步成长。

从股东的角度来看，从2002年混合所有制改革到2021年，省广的营业收入从4.4亿元增长到超过130亿元，营收最高增长近30倍；净利润也从265万元，最高增长到6.1亿元，翻了200多倍。上市以来面向全体股东进行了9次分红，国资共获得约7300万元，通过资本运作获利约11.7亿元，相较上市前2103.52万元的总投资额，实现55倍净收益的同时，继续保有相对控股地位，目前剩余持有股份市值约16.5亿元。无论是从营收、利润，还是从最高市值来看，国有资本都实现了大幅增值。

国有背景的企业序列里，省广的规模不算太大。但在20世纪70年代成立的国有背景的省级广告公司里，省广是当前硕果仅存的一家。省广之所以能生存到现在，而且能有今天让人傲娇的市场地位，与其2002年和2010年两次改制直接相关，两次改制的核心就是适度减少国有股份的比重，吸收以管理团队为主的非公资本，构建股份比例相对科学的混合所有制体制。而这正是国家当前大力倡导的国有企业混合所有制改革。可以说，省广以自身的成功实践，证明了国家倡导的国有企业混合所有制改革路线的正确性。省广成功上市，使国有资本保值增值，省广成为国有企业混改的标杆企业。国资委以及相关政府部门等多次到省广调研，众多国有企业前来省广学习交流。

2010年成功上市之后，省广成了"中国广告第一股"，完成第三次华丽转身，开始借助资本力量，谋求优质资源快速优化整合，不断完善产业布局，实现内生和外延双轮驱动的快速发展。

得益于公司体制的改革创新，公司上市成功激发了员工的主人翁意识，提高了员工的工作热情，借助资本的力量，创新激励模式，省广重新焕发生机与活力，开始进入快速发展时期。

第四章
中外联姻获得的"混合动力"

20世纪90年代初,中国的改革开放如火如荼,各个行业都在引进外资、技术加速发展。广告行业也不例外,一些有先见之明的广告公司,开始通过引进先进管理经验走向专业化、正规化。

从本书主题"共生飘红"的角度看,省广走向资本市场,是与资本共生;省广与外资广告公司合作,则是与外资同行共生共赢——省广与外资同行的关系,从纯粹的竞争变为竞合,大家相互学习、相互支持、共同服务好客户,与客户一起共生壮大;同时,省广、外资合作伙伴与客户的业绩步步为营,一路飘红!

第一节:"洋妞"与"村姑"的经验之谈

前面提到,从服务广州本田开始,陈钿隆就经常戏称,国际大型同业公司如同"洋妞",有国际范儿和系统性的理论指导,的确非常"洋气";本土广告公司,则可以比喻成"村姑",虽然和"洋妞"比起来,"村姑"有点"土气",但任劳任怨、勤奋刻苦。

省广成立合资公司的目的之一,就是要让省广既有专业,又要有服务,做兼具两者优点的混血儿。

早期,虽然省广的创意能力、专业化、规范化程度比国际大牌广告公司要弱一些,但省广服务的及时性、大家工作的积极主动性、勤奋大大弥补了上述缺陷,让客户觉得还是省广更靠谱,最终让省广赢得了很多客户。

因此,省广服务了各种各样的客户,包括汽车、手机、酒类、医药、化妆品、通信、地产、快消……匹配满足了不同的营销需求。

作为中国"本土"广告营销公司的代表,很多人往往调侃省广"很土"。的确,省广已经"很土"了四十多年,代表了中国广告业的发展;省广"很土"地成了中国最大广告营销集团之一;"很土"地成了第一家上市的广告公司;"很土"地全球超过300家企业愿意信赖合作;"很土"地吸引了全球各地英才纷纷加入。

"我们都生长在地球这块土地上,土里面含有各种各样的金属元素,比如黄金就是从土里挖掘提炼出来的。这就像洞察,从土里挖金,挖出来'金子'给到我们的客户,助力品牌和市场,把'土'留给我们自己。"省广集团执行创意总监简永志在他写的短文《"土"之炼金术》中这样描述省广的"土"。

第四章 | 中外联姻获得的"混合动力"

◎ 2006年中国4A成立，省广作为发起单位，担任副理事长单位

也正因为省广"很土"，客户选择省广，目前服务五年以上的客户占85%以上。人生有几个十年，省广与很多核心客户心手相连时间都是十几年、二十几年。

与国外同业成立合资公司，将从原来与跨国公司的纯粹竞争关系变成了竞合关系，不断学习他们积累多年的专业技术和经验，进一步开阔人才队伍的国际化视野和提升专业能力，让省广获得推动可持续发展的"新能源"及"混合动力"。

成立合资公司，是省广为更好地服务终端客户，开拓或稳定重大客户的一种业务经营模式，也是一种优势互补、双赢的合作模式。合作双方均是全球性广告巨头，企业客户对省广在本土的行业领先地位也非常认可。从合作情况来看，省广与合资公司之间的合作关系稳固，所提供的服务也得到了众多企业客户的认同。

省广对外股权投资不仅取得了良好的投资回报，同时，还对加强管理、增强国际合作、提高省广的服务质量发挥了积极作用。广旭、省广博报堂、省广代思博报堂、省广翰威等外方股东都是世界知名广告企业，具有丰富的广告行业经验与客户资源。

通过合资，省广一方面可以夯实客户基础，另一方面也可以从外方学到先进的管理经验，提高自身管理水平、业务水平以及服务质量。

省广上述合资合作方式让省广、合资伙伴、客户三方都很满意，体现的是省广管理团队的共赢思维。这与任正非提出的"灰度"思想高度类似，都是在合作中妥协，在妥协中共赢，相信其底层逻辑是源自中国的易经智慧。

第二节： 广旭广告，省广中外合资第一家

1993年，省广的合资之路迎来了实质性的进展。当时，有着四十年历史、日本五大广告公司之一的旭通，在日本、东南亚、欧美已设有22个分、支公司，员工超3000人；旭通会长稻垣先生是个中国通，非常尊崇孔孟之道，省广与旭通"一见钟情"，相信对方是未来可期的潜力股。双方开始密切接触、落实合资事宜。

◎ 广旭广告成立

1993年4月28日，省广与旭通成立华南第一家中日合资广告公司的新闻发布会，在广州花园酒店国际会议中心举行，合资公司从双方公司名字中各取一字，"广东广旭广告有限公司"（简称广旭）由此诞生。中日合资广告公司之事总算尘埃落定。

广旭诞生后，创作了众多惊艳之作——丽珠得乐"其实男人更需要关怀"、格力电器"格力电器，创造良机"等系列广告掷地有声，引发全国轰动。1996年，广旭一跃成为广东十佳广告公司，1997年营业额更是超过1亿元。

凭借中外合资的资源和优势，广旭积极引进国际广告先进理念、技术和经验，摸

索出一套"国际化思维，本土化运作"的模式，指导自己的作业流程，并将这些宝贵经验及成果反哺到"娘家"省广，如规范化的作业流程、整合营销理念等。

伴随众多客户而来的，还有接踵而至的荣誉，屡获 IAI 中国广告公司创作力十强、长城奖金奖、金投赏金奖、艾菲奖金奖、黄河奖、时报世界华文广告奖等众多殊荣。

在这一过程中，一大批骨干人才、管理层从广旭成长起来。广旭现任总经理钟敏雄就是其中之一。2017 年 3 月，广旭成为广州市广告行业协会会长单位，钟敏雄任协会会长至今，持续为广州广告行业发展赋能。

广旭近 30 年的发展，离不开与国际广告趋势接轨的理念和发展模式，当然更离不开省广的一路助力。

广旭之后，省广开始了更多中外合资合作的尝试。

第三节： 省广博报堂，服务广本的新动力

1999年12月，本田推出第二代奥德赛。2002年，第二代本田奥德赛由广州本田正式国产。这是广州本田从日本引进的第二款车型。

奥德赛在日本上市时定位是家庭用车，市场表现优异。本田在日本也有一家长期服务的广告代理机构——日本株式会社博报堂（简称博报堂）。

博报堂创立于1895年，是日本国内历史最悠久的广告公司，营业规模位列日本第二，也是世界十大广告集团之一。博报堂拥有遍布全球的国际化运营网络，在全世界18个国家和地区设有50个分支机构。广州本田成立后，博报堂也在广州设立了一家分公司，组建了专门服务广州本田的服务团队，负责奥德赛车型。

这时，省广已经服务广州本田四年了，负责雅阁车和广本品牌。由于博报堂和省广分别服务广州本田不同的车型，不仅相互竞争，而且服务过程中，往往资源得不到有效整合，省广和博报堂的压力都非常大。

当时，中国汽车市场成长迅速、竞争加剧，广州本田经过四年多的发展，产销已逾140000辆，是广州市政府的重点发展项目，在中国汽车行业中也具有相当重要的地位。此时的广本亟须加强市场推广和广告宣传的力度。这就需要一家了解Honda全球推广策略、熟悉中国汽车市场、具有丰富汽车推广经验、强大的媒介经营能力以及良好服务意识的广告代理公司。这家广告公司能够与广州本田从产品前期的市场调研、营销策划开始，到后期的具体实施一起密切配合，令广州本田及其产品的全面推广达到最佳效果。

针对这种状况，广本总经理门胁轰二和时任广本执行副总经理的曾庆洪商量后，建议省广与博报堂参照广州本田的股份构成，也成立一家合资公司，更好地服务广州本田。

博报堂总部就有专门服务本田的项目部，对本田体系、文化、做事风格等都非常

熟悉，对于省广来说，出于对客户负责的态度，省广与博报堂虽然是竞争关系，但如果有一个更好的服务模式，由双方共同出资成立合资公司，能充分整合优势资源，为广州本田提供更全面优质的服务，也是一件好事。

省广与博报堂经过多轮谈判，最终确定合资公司的股份比例参照广州本田，省广与博报堂各50%；双方高管配置也参照广州本田，董事会成员共6名，中日双方各派出3名，董事长和执行副总经理由省广派出，总经理由博报堂派出；此外，双方员工同工同酬。由于省广有巨大的中国媒体资源优势，媒体投放则由省广负责。

当时，广州本田引进的第二款车型奥德赛即将推出，品牌与营销工作非常繁忙。因此，合资公司成立的流程尚未走完，省广与博报堂就在没拿到营业执照的情况下先联合办公；拥有中日合资公司经验的蒋熙陶被任命为合资公司执行副总经理。

2002年，第二代本田奥德赛由广州本田正式国产的时候，省广与博报堂合署办公的团队调研后发现，中国此时尚没有进入大型款家庭轿车的时代（由于中国从20世纪70年代开始实施计划生育，大量城市家庭都是三口之家，对这种7座的大型家庭轿车需求并不大），省广与博报堂合署办公的团队就向广州本田管理层提出了将奥德赛的定位改成MPV的建议，直接对标上汽通用汽车的GL8。但是，毕竟这款车在日本定位为家庭轿车且非常畅销，日方尤其担心改变定位后是否能适合中国市场，经过省广服务团队的专业调研和不断坚持，最终说服了广州本田管理层，尤其是日方。于是，进入中国市场后，奥德赛这款车的定位就从家庭轿车转变为了商务用车，对标通用的MPV。奥德赛也不负众望地取得了傲人的市场业绩。

第四章 | 中外联姻获得的"混合动力"

◎ 省广博报堂成立庆典

2003年12月26日，省广博报堂正式成立。省广在合资公司省广博报堂的投资成本是300万元。2010年省广上市之前的募集资金说明书中披露："截至2009年12月31日，对该公司投资账面余额1,375.48万元，投资效益良好。"

"省广与博报堂的合资可谓先同居，后结婚"。在谈到省广博报堂成立的时候，陈钿隆对此作了生动形象的比喻。

省广与日本博报堂成立合资公司，将同行的竞争关系转换为互利共赢的关系，省广的中外合作经营进入了一个新阶段。这种竞合模式，充分照顾到了中日双方的文化差异，资源利用效率大大提高，客户广州本田的满意度也大大提升了。这种模式，让省广、博报堂和客户三方达成了共生共赢。

省广博报堂成立后，以专业能力为广州本田赋能，更协助广州本田屡创佳绩。

● 经典案例一：第八代雅阁亮相国家大剧院

2008年1月6日下午，200多位全国各地赶来的雅阁特约店嘉宾，分别乘坐50台崭新的雅阁车，从集结地出发，沿着长安街，经过天安门，一直行驶到国家大剧院。

嘉宾们在这里下车，步入国家大剧院。

此刻，富丽堂皇的国家大剧院钛银色外壳上的蘑菇灯散发出点点光芒，如同夜空的繁星。众多来宾手捧酒杯，等待一个重要时刻的来临……

2008年，广州本田即将推出第八代雅阁的时候，需要一场独具创意和震撼力的新车上市发布会。

这款车属于中高级车中的"优等生"，定位与飞度有很大的差异。到底在哪里发布？又如何发布？这让省广博报堂的服务团队纠结了很久。最终，大家将目光锁定在了刚刚完工的国家大剧院。

此时，国家大剧院正在试运行，大家沟通之后才发现，奔驰已经与国家大剧院签订了年度合作，在合约期间，国家大剧院很难再与第二个车企合作了。看来在国家大剧院发布雅阁新车的构想要破灭了。但经过省广博报堂服务团队与国家大剧院有关负责人的多轮沟通后，省广最终获得了一个重要信息——国家大剧院试运行期间有一个试演出季，将邀请很多国内外顶级艺术家在这里进行演出。

大家进一步研究后发现，伦敦爱乐乐团的一场演出非常适合雅阁新车的发布，决定重点沟通这场活动。最终省广说服了主办机构，在伦敦爱乐乐团表演的当天下午，在从未对外开放过的花瓣厅举办第八代雅阁发布会，当晚邀请所有与会的代表观看演出。国家大剧院作为发布场所算是搞定了，但外面的活动场地又遇到了很大的麻烦。这场发布会最初的设想是：200多位全国各地的雅阁特约店嘉宾，分别乘坐几十台崭新的雅阁车，从集结地出发，沿着长安街，经过天安门，一直行驶到国家大剧院的活动现场，然后入场出席第八代雅阁上市发布仪式以及聆听音乐会。但是，这么一个庞大的车队，加上摄制组的工作人员等，要经过那么多敏感地域，如果没有交警、公安等多部门的批准，是不可能实现的。

沟通的过程依旧非常烦琐而曲折，但活动计划最终还是取得了相关部门的批准。

2008年1月6日晚，200多位全国各地赶来的雅阁特约店嘉宾，分别乘坐50台崭新的雅阁车,从集结地出发,沿着长安街,经过天安门,抵达国家大剧院。

众多来宾在这里出席了第八代雅阁盛大的上市发布仪式,而后聆听了伦敦爱乐乐团的交响乐。

与省广博报堂在娱乐营销领域合作多年,现任广东省电影家协会副主席的张全欣回忆当年盛况时说道:这次活动非常成功,很多雅阁特约店嘉宾都说,这是人生中第一次参加这么隆重、这么正式的新车发布会和音乐会。

此后,每当广州本田有新车推出,都一定要举办一个别出心裁的发布活动。

经典案例二:央视《同一首歌》走进广本

2008年,广州本田成立十周年。广州本田希望央视《同一首歌》节目能够走进广州本田。

作为中央电视台名牌栏目,《同一首歌》是当时中国最火的音乐栏目,要在短时间内争取《同一首歌》走进广州本田,而且在经费非常有限的情况下,这个任务非常艰巨。

据张全欣回忆,当年他与省广博报堂、广州本田相关部门负责人领导一起去北京与制片人孟欣沟通,经过多轮争取,最终确定《同一首歌》2008年12月12日走进广州本田。

广州本田上下当然一片欢腾,于是在内部发起了一个"你最想看的歌星"的投票,列出了20位广州本田人最想在晚会上见到的歌星候选名单。当客户给出这份艺人名单的时候,大家傻眼了——这20位都是当时的顶流明星,出场费都很高,而且还不一定有档期。在无法增加预算的情况之下,这简直是不可能实现的任务。

但是,客户的需求就是省广人努力的方向;千方百计地实现客户所托,这是省广人的一贯作风。于是,省广博报堂团队与节目组进行紧急沟通,调动各方资源,最终基本确认12位演艺明星将走进广本。

就在与演艺明星沟通、确认档期的过程中，又一个问题出现了。这次的演唱会，同时也是新车上市发布会，对舞台有特殊要求。由于有关机构缺乏这种复合功能舞台的设计、搭建经验，设计出来的舞台不符合要求，设计稿出来后又返工，折腾了好久。舞台设计终于搞定之后，又有一个更大的麻烦事来了——按照最后的设计，搭建这样的舞台花费巨大，而且要从北京等地将设备运来，还要从外地调来很多工作人员。由于预算有限，加上工期紧张，很难再通过正常流程申请增加费用。事情就陷入了一个尴尬境地。

当时广州即将举办另外一个大型活动，北奥集团刚好有一整套的舞台设备运送到了广州，省广博报堂团队得到这一信息后，立即多番沟通，终于向北奥集团租借到了这批设备，及时搭建了一个性价比超高的多功能豪华舞台。

2008年12月12日晚，"《同一首歌》走进广州本田成立十周年庆典暨CITY锋范轿车发布仪式大型演唱会"在广州天河体育中心举行，3万多名广本员工、经销商、供应商、车主代表前往现场共同见证。

当晚，广本发布了全新企业口号——"感世界而动"，表达了广州本田矢志以先进技术为中国消费者实现移动的梦想、以非凡业绩成为中国汽车行业领跑者、以企业公民身份积极践履社会责任的良好愿望。

这天晚上，广州天河体育中心成了广州本田的海洋，也让广州本田新车锋范上市活动的造势达到了极致。全国的主流媒体也一同见证了广本锋范上市的盛况。

这一晚，热播电影《梅兰芳》主角黎明，携手周杰伦、陈慧琳、刘若英、吴佩慈等众多港澳台、内地明星前来助阵献唱，令广州本田十周年庆典暨锋范新车的上市发布倍加闪耀瞩目。广东省、广州市主要领导，时任广东省委副书记、省长黄华华，广东省委常委、广州市委书记朱小丹等也应邀参加了该次晚会。

与个别企业一场新车发布动辄几千万元投入的奢华排场相比，走过十年的广本用《同一首歌》完成了周年庆典、全新企业品牌发布和新车型上市发布3项内容，并将喜悦与欢乐传递给自己的员工、经销商、供应商和车主，可谓精打细算，经济效益和社会效益兼得。

"省广博报堂的团队，总是能让客户感知到专业的服务价值，同时提供独有的创意和资源，因此才会让客户不离不弃。"回忆起服务广州本田的那些案例，出任过多场广州本田车展现场活动总导演的张全欣说。

● 经典案例三：皓影日出发布会树立新标杆

这是一场令人难忘的发布会。

这是一场怎么写都不为过的发布会。

它所带来的体验感与震撼力，为国内主流汽车企业的新车发布活动树立了新的标杆。

这场发布会就是2019年9月25日于中国三亚日出时刻举办的广汽本田皓影亮相、预售发布会。这场发布会既成功又完美。

"皓"，太阳升起，照亮万物；"影"，光带来的神秘反差感。

在中国拥有最美晨光的三亚海滩边上，在太阳初升的时刻，一款散发着美学气息的全新SUV车型——广汽本田皓影，在初升旭日的照耀下闪亮登场，当大幕缓缓开启、光线透入、新车现身时，现场所有人看到的既有"皓"，又有"影"，整场活动既有体验感，又有震撼力，怎能不让人记忆深刻？

从活动举办的时间来看，堪称是一场"史上最早发布会"。

9月25日早晨，06:15开始进场，06:50正式开始，恰恰在太阳刚刚跳出海平面一定角度、阳光可以直射发布会现场的时候，约07:10，广汽本田全新SUV皓影在晨光照耀中登场。

广汽本田这次发布会打破常规、勇敢创新，为国内主流车企举办新车发布活动树立了新的标杆：用三亚的晨光、日影、海风，来诠释"皓影BREEZE"所要表达的闪耀美感、神秘科技与全新风向,既准确又传神。

这场发布会,不仅传递了皓影这一新车的品牌内涵,而且,眼前一幅幅天地大美的画面也升华了现场所有人对皓影品牌的理解与体验。

其实,这场发布会存在很多不确定因素,比如最最重要的——那天万一是阴天,没有太阳怎么办?对此,省广博报堂还另外准备了预案——无论当天天气如何,一场"旭日初升,皓影闪耀"的新车发布活动都将成功呈现。

来自水岛正幸社长的祝贺

广汽本田的上述精彩推广活动,都是由省广博报堂负责的。

2019年5月,博报堂与省广集团在中国成都举行战略合作签约仪式,充分整合双方资源和业务优势,深化战略合作伙伴关系,成为双方合作的又一里程碑。这次签约全面升级了双方的战略伙伴关系,标志着双方合作的又一里程碑。博报堂社长水岛正幸在签约仪式上表示,未来将通过战略伙伴关系,进一步加强博报堂与省广集团的资源和业务整合,为日资等更多国际品牌提供更全面的营销解决方案。

"展望未来,双方将继续深化合作,进一步加强互利共赢关系。博报堂还计划在东盟等地区与省广集团建立合作机制,共同打造更多优质品牌,助力省广集团实现国际化。祝愿引领中国广告业的省广集团取得更大的成功。"水岛正幸说。

水岛正幸社长的祝贺信

◎ 与博报堂升级战略合作

博报堂株式会社创立于1895年，是日本国内历史最悠久的广告公司，营业规模位列日本第二，也是世界十大广告集团之一。博报堂拥有遍布全球的国际化运营网络，在全世界18个国家和地区设有50个分支机构，其中有18家遍布在中国国内的7个不同城市。

博报堂与省广集团在业务合作以及产业布局等方面取得了丰硕的成果，双方拥有超过35年的合作历史。2003年，双方首次合作设立合资企业——省广博报堂，发展至今成了目前博报堂集团在海外营业规模第一的分支机构。截至目前，双方共设有4家合资企业，成功帮助广汽本田、广汽丰田、广汽三菱、东风本田等重要客户建立卓越品牌、扩大市场份额，得到了行业及市场的广泛认可，成为广告业合作共赢的典范。

2019年5月，博报堂集团与省广集团在中国成都举行战略合作签约仪式，充分整合双方资源和业务优势，深化战略合作伙伴关系，成为双方合作的又一里程碑。展望未来,双方将继续深化合作,进一步加强互利共赢关系。博报堂还计划在东盟等地区与省广集团建立合作机制,共同打造更多优质品牌,助力省广集团实现国际化。

祝愿引领中国广告业的省广集团取得更大的成功。

株式会社博报堂

代表取缔役社长

水岛 正幸

第四节： 三方成立 GDH，车到山前必有路

丰田汽车（Toyota）有一句风靡全球的经典广告语：车到山前必有路，有路必有丰田车！

这句广告语的前半句，来自中国的民间谚语，比喻在实现目标的路途中，虽然可能会遇到各种各样的困难，但是只要不轻易放弃，功夫不负有心人，到一定时候总会有解决的方法……

2004 年，容志光被派去服务还在筹备中的广汽丰田（此时还叫广州丰田）。当时，广州丰田的办公地点在广州番禺市郊，省广就在广州丰田对面租了两间临街商铺作为临时办公场所。容志光等四位广州丰田服务小组的成员外加一位日语翻译就在这里办公。条件虽然简陋，但大家的工作积极性很高。此时，广汽集团连自己的专属字体都没有，省广服务团队的工作任务之一，就是协助设计广汽集团的字体，然后与丰田公司的英文 logo 组合，再设计出广州丰田车的品牌 logo。随后，省广还成功执行了广州丰田的广州工厂的奠基仪式。

2006 年，省广与日本博报堂、日本代思合资成立了一家公司，即省广代思博报堂（现名广东省广代博广告有限公司），专门服务广汽丰田。

这家合资公司的成立并非一帆风顺，其背后还有一段曲折故事。

当年广汽丰田成立后，其实也面临着广告代理公司的选择问题。

有了省广博报堂的成功模式，省广希望再成立一家合资公司，专门服务广汽丰田，且股份比例依旧是省广占 50%。这就面临很大的困难——与本田一样，丰田自己也有一家合作了很久的广告代理公司——株式会社南北社（株式会社 DELPHYS，中文意思为代思）。代思是由丰田公司市场部分离出去的丰田旗下的全资子公司，一直服务丰田公司，与丰田公司关系深厚。而博报堂也服务于丰田，且有专门的丰田业务服务局，由于博报堂的这个丰田业务服务局的收入在博报堂系统里占比很大，因此非常强势。

一方是中方公司省广，另外两方都是日方公司，且已服务丰田公司很多年。代思方面最初提出，合资公司应该由博报堂和代思两方领导，而不是三方。关于合资公司的股份，日方提出以三等分的方式分配。陈钿隆则坚持要求，参考之前合资模式，省广代表的中方占比50%，剩余50%由日方商议确定。

谈判非常艰难。省广想在合资公司中继续保持50%的股份难度很大。但在陈钿隆看来，股权问题就是主权问题，因此，坚持50%的占比不作任何让步。

当然，只有决心和信心，没有实力也是不行的。此时的省广已不同以前，此时省广博报堂已经服务广州本田六七年，积累了大量实战经验，培养了大批人才。如果说，省广博报堂刚成立的时候，省广只是一个小学生，那么此时的省广已经是一位有丰富社会阅历、工作经验的职场人了。另外，省广在广州有现成的成熟团队。而代思在广州没有公司；博报堂在广州的人也很少，组建合资公司的过程中，省广可以迅速调配人力资源。

在谈判陷入僵局的第一天晚上，陈钿隆请日方谈判代表吃饭，在用餐时特意选用了茅台酒。1972年9月，日本首相田中角荣访问中国的时候，周恩来总理在北京人民大会堂举行国宴，并请田中角荣喝中国的茅台酒。从那以后，田中角荣首相喜欢上了中国的茅台酒。此后，在中日两国的政治、经济、文化交流史上，时常会出现与茅台酒有关的佳话。陈钿隆给对方讲述了上述文化故事，让日方代表明白，茅台是中日友好关系的象征。大家开怀畅饮，感情不断升温。

前一天大家聊到深夜，第二天早上谈判继续，日方代表到会议室的时候，发现陈钿隆早已带着中方代表在会议室等候，神色自若地端坐在会议室准备继续谈判。

陈钿隆对于谈判的尊重、豪气的性格、非同一般的酒量，深刻地震撼了日方朋友。在他们眼里，这个个子并不算高的中国男人一下子变得非常高大，对他产生了由衷的佩服，加上彼此尊重，这一天的谈判就顺利多了。

正所谓"车到山前必有路，有路必有丰田车"，最终，省广代思博报堂的股份比例确定为 50 ：25 ：25。省广克服了各种困难，实现既定的目标，继续保持了 50% 的股份比例，把全面代理广州丰田汽车品牌的方向盘，牢牢把握在自己的手里。

◎ 省广代思博报堂成立

2006 年 3 月 13 日，省广代思博报堂（英文缩写 GDH）成立，该合资公司由省广派董事长和执行副总经理，博报堂派总经理。董事会成员共 8 人，省广派出 4 人、博报堂和代思各派出 2 人。省广方面由陈钿隆出任董事长，容志光任执行副总，主要负责广汽丰田汽车品牌宣传与管理服务。

后来，GDH 与省广签订了《媒介业务代理合同》，同样约定合资公司的媒介业务均交由省广代理。省广在媒介方面汇集了众多广告主的广告投放，其投放到单一媒体的广告额往往很大，与媒体的谈判地位高，从而能够获得相对较低的媒介价格。因此，省广代理合营或联营企业广告投放对合营或联营企业、省广、广告主三方均有利。

曾经被省广派驻 GDH，担任第二任执行副总经理的周羽评价道："通过与所服务的国际知名品牌所在国家的知名广告企业设立合营、联营企业，专门服务该国际品牌，是省广开展业务的一种方式。这种业务方式充分结合了省广的本土优势和国际知名广告公司的业务优势，能够更好地为国际品牌服务，有利于提高省广服务客户的数量和质量。"

GDH 的成立在与省广博报堂共生共赢的基础上更进一步——代思是丰田的子公

司,相当于引入了甲方作为合作伙伴,更加有利于与客户的沟通。省广、省广博报堂以及 GDH 后来又共同服务了广汽三菱、东风本田等品牌,成了省广与国际 4A 巨头共生共赢、重新定义竞合关系的典范。

经典案例一:"凯美瑞号"一飞冲天

2006 年 6 月 17 日,这是一个中国车坛足以铭记的日子。

广州白云机场,一架波音 777 腾空而起,机身上巨大的凯美瑞标识格外引人注目,这是中国第一架由汽车品牌命名的航班——"凯美瑞号"。这架航班将完成从广州至北京的首航。

◎ "凯美瑞号"腾空而起

这宣告凯美瑞正式上市和广汽 TOYOTA 渠道正式启动。

在起飞之前,广汽丰田还在白云机场举办了一个简短的新闻发布会。随后,广汽丰田主要管理层乘坐这架航班飞往北京。当晚,在北京还有一个推广活动。

第四章 | 中外联姻获得的"混合动力"

◎ 广州丰田凯美瑞新车下线庆典

随着飞机一起飞往北京的,还有省广服务团队、摄影师、剪辑师等工作人员。

在航班上,省广服务团队和工作人员一直在加班,摄影师在飞机上紧急剪辑在白云机场发布会上拍摄的素材。上午在广州举办的新闻发布会的随机跟拍视频在当晚飞抵北京后,在活动现场就可以播放。对于省广服务团队如此高效的工作方式,广汽丰田高管等现场嘉宾都非常惊讶。

就在"凯美瑞号"飞机从广州腾空而起的时候,当天的《中国经营报》和《21世纪经济报道》的读者们都被震撼了——他们从没有见过这样特别的报纸封面——这是一个名为CAMRY(凯美瑞)的汽车上市的广告,而且这个广告竟然要翻8次,才能完全展开——原来这是一个长达8连版的广告。

这可谓是中国报业历史上最大篇幅的一次广告了。这一极具创新性的媒介形式和出人意料的大手笔投入,一出场就震撼了业界,并引起汽车行业的强烈关注,成为2006年中国汽车营销界争相讨论的焦点。

这个广告背后的操刀人自然来自GDH的专业团队。

"一登场就占据大众传播的制高点",这是客户广汽丰田的要求,也是GDH全体创意人员的奋斗目标。为达到这一目标，不但需要在创意表现上标新立异，同时也需要在媒体运用上求新求变。

经过3个月通宵达旦的努力，GDH团队策划了一种清新高雅的创意表现风格和打破传统报纸广告形式的8连版媒体运用方案。这种突破了中国传统纸媒历史的广告方案，一经提出，就连客户也被这种"异想天开"的推广方法所震慑。

但兴奋之余，GDH创作小组也不忘冷静思考，该媒介形式在我国还是第一次尝试，在实施和执行上，随时都会出现意想不到的困难，他们首先必须解决的就是媒介的选择问题。

最好的想法，也必须通过媒体来传播。一般传统的方式是通过大量的媒介投放来达到覆盖的效果，但对于以挑战为乐趣的凯美瑞创作团队来说，如何使媒介选择更具针对性，以较少的投入影响全局，这无疑是必须达成的目标。

凭借GDH团队多年对中国媒介市场的了解，结合本次8连版广告的特殊形式，首选了阅读群与目标消费者具有高度一致性的《中国经营报》和《21世纪经济报道》。通过极具震撼力的连版广告，影响这一部分意见领袖阶层，以点带面，从而引起整个消费群对凯美瑞的强烈关注。

创新的广告表现形式，精确的媒介选择，成为上市后信息引爆的导火索。事实证明，广告刊登当天，凯美瑞的广告让读者大受"震撼"，大家纷纷争相购买，相互传阅，大大提高了凯美瑞的上市知名度和美誉度。3个多月后，该广告还作为海报收藏在许多读者的办公室和家里。

值得一提的是，时任广汽丰田执行副总经理的袁仲荣深爱创意，亲自参与、共创了一系列丰田汽车的经典广告作品。在凯美瑞广告头脑风暴期间，袁仲荣曾深夜来到GDH参与项目共创，并且反复强调："我们的营销思维是大市场、大制作、一流的产品和一流的营销。"在他的鼓舞下，广汽丰田一改过去丰田汽车在市场上低调的形象，以高调表现登场，在当时一度平淡的汽车市场上演了一场重磅营销战。

飞机机身广告加上8连版纸媒广告，让凯美瑞一登场就占据大众传播的制高点，初步显示出"王者"风范，给竞争对手造成了巨大的心理压力。事实证明，凯美瑞的"奢华"上市也取得了空前的成功，成为2006年汽车营销界的一大创举。上市后3个月，凯美瑞在全国的销售形势可谓"如火如荼"，全国范围内累计收到正式订单超50000份，在很多地区甚至出现加价出售的现象，这在1998年"雅阁车坛神话"以来尚属首次。这一神话的取得，固然跟凯美瑞这款王牌车型的强大实力有关，但GDH团队为其上市、推广所采取的营销策略，也是其成功的重要保证。

2006年11月份开始，广州丰田南沙工厂实行双班制生产，产能大幅度提升，创新的销售服务渠道的优势也开始凸显。

从2006年6月开始，凯美瑞携"全球最畅销中高级轿车"之势，迅速打破雅阁在中高级车市"一家独大"的局面，先后跨越了10万辆、20万辆、30万辆几个销量巅峰后，又以40个月的业界最短时间取得了50万辆的销售成绩，并在2007年和2008年两年蝉联中高级车年度上牌量冠军。这是整个汽车行业中历时最短达到50万辆产销的单一车型，刷新了国内车市纪录。

现任GDH执行副总经理的范泉认为：当年"凯美瑞号"首航，引爆了一次极富创意的事件营销，不仅赚尽消费者的眼球，同时也成为近年汽车最成功的上市案例之一。

● 经典案例二："油电混合"的另类创意

第六代凯美瑞国产以来，迅速占领中高级轿车的霸主地位，并持续引领。而得中高级车者得天下，中高级轿车之争一直是各大车企综合实力的集中体现。为了进一步夯实凯美瑞的领先者地位，丰田决定在凯美瑞身上首次导入油电混合动力系统（那时还没叫双擎）。

时任GDH创意总监的简永志回忆，在当时电动车还没大行其道的时代，油电混合动力就是环保科技的首选，而丰田又是油电混合动力的先行者和统领者。自1997

年第一代 PRUIS 诞生以来，油电混合动力在好莱坞明星的加持下迅速风靡全球，为各国有前瞻性、有环保意识车主所喜爱，可以这样说，拥有一台油电混合动力汽车，就等于给自己贴上环保责任、值得信赖的标签，正如如今的好莱坞明星对特斯拉的推崇一样。

因此，GDH 给油电混合动力系统的凯美瑞拟定了广告语：一台车就是一张名片。

从 1997 年诞生到 2010 年，虽然经过了 10 年的市场教育，但对中国消费者而言，油电混合动力还是一个新鲜事物。让消费者接受并信赖该新技术，需要持续有效的教育和培养。如何迅速让消费者对油电混合动力产生兴趣，并主动前来了解呢？

在广告创意推广上，GDH 团队遇到了空前的难题。

简永志说，因为之前没有先例可循。油电混合动力的工作原理十分复杂，要说清楚十分困难，而教育消费者的成本也十分高昂。如何另辟蹊径呢？

当时广告还没开始露出时，公关软文就已经铺天盖地，通过文章把丰田在油电混合动力方面的技术积累、领先优势、各样数据进行了全面的宣传。就在 GDH 团队苦苦思索广告创意如何突围的时候，一组数据出现在大家的眼里。

动力输出提升 30%、行驶油耗降低 40%、行驶噪声降低 10%、尾气排放降低 40%……

广告最核心原则——USP 至上，如果具有压倒性优势的 USP，那何不把这个压倒性优势直接呈现出来？

所以，GDH 给油电混合动力系统的凯美瑞制订的策略就呼之欲出了——用数字说话：以具有压倒性优势的系列数据，结合高级感、环保先进的画面，理性和感性的结合，展现油电混合动力带来的全新豪华境界。

自 2010 年油电混合动力系统首次搭载在凯美瑞上，通过这款中高级车王者的市场号召力，第一波推广也获得空前成功。

第四章 | 中外联姻获得的"混合动力"

2010年以来，GDH和广汽丰田一起，陆续开展了"双擎计划""凯美瑞·尊瑞上市""第八代凯美瑞双擎上市"等市场推广活动，十多年来为凯美瑞双擎在中国市场保驾护航，今天双擎混合动力已经在中国市场取得了巨大成功。

● 经典案例三：汉兰达的"王者之旅"

一直被挑战，从未被超越，业界有款神车——广汽丰田汉兰达，从开创豪华大七座SUV这一细分市场，到迅速占有领先地位，迄今一直占据中大型SUV的王者地位。

据GDH首任执行副总经理容志光回忆，汉兰达于2007年作为进口车在中国上市，2009年开始的国产化也备受瞩目，从那时起GDH便一路伴随广汽丰田开始了汉兰达大中型SUV的王者之旅。

2009年在汉兰达之前，国内SUV市场刚刚进入起步阶段，大部分主流车企的目光仍停留在轿车产品线上，在SUV产品方面的布局也以紧凑型车为主。彼时，国产化的中大型SUV市场仍处于空窗期，排量大、售价高的进口车型销量不尽如人意。

GDH 将汉兰达的目标受众定位为"25 万到 45 万的高级轿车和 SUV 购买意向者"，打破思维定式，让 SUV 兼具 MPV 的实用和轿车的舒适，开创了国人全新"SUV 生活方式"，汉兰达一举成为国内首款真正意义上的豪华大七座 SUV，并树立了"无界限"的品牌主张。上市伊始，就创新性地登上 26 本汽车专业类杂志封面大图并刊登试车报告，迅速引发强烈关注并形成独特的新车登场感。在汉兰达上市当年，其就被各大强势媒体评为年度风云 SUV、年度终极车王等 80 多个 COTY（CAR OF THE YEAR，年度车型），开启了王者之旅。

2013 年底，GDH 为汉兰达策划了一次精彩的音乐营销。据时任 GDH 汉兰达车型总监的李绍威回忆，他当时也全程参与了汉兰达这首品牌专属广告歌《飞越的心》的打造过程。这首《飞越的心》由中国乐坛一哥孙楠演绎，也创造了一经推出立即横扫国内所有重磅音乐排行榜冠军的业界神话，孙楠也接连问鼎各大音乐颁奖典礼"最受欢迎男歌手"大奖，拿奖拿到手软。在 2014 年 7 月的《最美和声》第二季冠军决赛中，导师孙楠带领其战队 12 强再度全新演绎了这首《飞越的心》，为这场音乐营销再掀新高潮。

GDH 还对汉兰达"无界限"的品牌精神进行了多方位的演绎。通过合作第九届玄奘之路戈壁挑战赛，招募精英车主组成汉兰达队参与"戈九"，传递汉兰达"人生旅途无界限"的品牌理念以及优秀的产品性能，经过这一次戈壁挑战赛，汉兰达的探索领域又有了一次扩展，不断挑战着自己的极限。

2015 年，时任 GDH 执行副总经理的周羽在三方母公司的大力支持下，成功取得第三代汉兰达换代的比稿胜利，和汉兰达继续王者之旅。

第三代汉兰达充分考虑了中国消费者的使用习惯，在动力和设计上迎来全新改革，专门针对中国市场开发了 2.0T 涡轮增压动力系统（与雷克萨斯同款），前脸外观从之前的稳重大气变得更加时尚霸气。同时，通过全新的 2.0T 动力系统的强化传播，扭转了上一代汉兰达动力不足的形象。

换代汉兰达在传播上有了更多的自我超越，结合对"人生纵横派"的洞察，针对目标用户希望拓展人生宽度的内在需求，以"超乎想象的旅程"作为传播口号。同时，联合日本创意团队共同打造了虎、鹰和鲸的"海陆空王者"系列创意，赢得了客户的高度认可。而这"海陆空王者"的形象也成为第三代汉兰达的 icon。

此外，更挑选当期最热门综艺，成为东方卫视《极限挑战》合作"指定用车"，在节目中的多场景以很强的代入感展现第三代汉兰达，让汉兰达的内在张力得到了更好的诠释。

2021 年，GDH 再一次赢得第四代汉兰达比稿胜利，继续在王者之旅的道路上前行致远。

汉兰达作为对广汽丰田和经销商都非常重要的收益车型，要确保其导入混合动力系统后继续保持大中型 SUV 市场的领先地位，第四代汉兰达更提炼出"更高处，尽揽天地"的宣传口号，展开了系列营销活动。

第四代汉兰达于 2021 年 4 月 19 日在上海车展首发亮相，同时播出了该车的全球预热视频及预热亮相 TVC，传递汉兰达源自北美、中国销量达 100 万台的信息，引发了市场的极大期待。

在疫情的特殊时期，第四代汉兰达 2021 年 6 月 25 日的发布会也由原计划的线下发布改为"更高处，尽揽天地"的云上市发布会，主会场于 2021 年设在广州海心沙，以"科技手段 +KOLK 助力 + 户外实景拍摄"的形式贯穿线上线下，覆盖官方自媒体及抖音、视频号、微博等高流量平台。KPI 达成官方自媒体留资 6004 个、官方自媒体曝光量达 15,169 万人次、官方自媒体直播观看 695 万人次。

自上市以来,铁打的汉兰达一直傲居大中型SUV市场王者地位。广汽丰田汉兰达成为同级市场中实至名归的"销量标杆"和用户心中难以替代的"口碑标杆",其本质是汉兰达始终与时代主流价值观同频共振,与主流消费者对幸福的追求方式共鸣。而作为王者之旅上始终并肩前行的战友,GDH也必将和汉兰达一起,持续向前,迈向更高。

经典案例四:威兰达总有惊奇在路上

2009年,GDH赢得汉兰达车型全案代理,现任GDH执行副总经理的范泉介绍,以操盘广汽丰田最重要的两款旗舰车型凯美瑞和汉兰达为基石,GDH一直致力于突破第三款战略车型。

2019年2月,GDH接到威兰达车型的比稿通知,伴随而来的三大课题相当棘手。首先,作为SML-H SUV市场的后发车型,威兰达如何在竞争已白热化的红海中一炮打响、塑造品牌价值?其次,作为在中国享誉盛名的一汽丰田RAV4的姐妹车型,威兰达又将如何实现差异化,打造鲜明的品牌形象?最后,威兰达在国内无实车,如何研究产品并为之企划专属的营销战略?

GDH 从策略端开始下功夫,除了自主安排的定性定量调研,更派专人远赴美国,现地现物走访销售店并实车试驾,获取第一手资料。创意开发上,依托省广集团以及东京博报堂支援,整合东京、上海及 GDH 三方精锐,历经数十个日夜的奋战,终于在同年 4 月初,赢得威兰达车型全案广告代理,十年仅服务 2 款战略车型的魔咒终被打破。属于 GDH 的惊奇之路也由此展开。

赢下比稿后,GDH 就转身投入为上市准备的热战中。GDH 项目组 50 余人,陆续参加了全国六城的市场调研,并结合时代趋势与品牌优势,提出威兰达上市的基本策略:打出"高价值战略"进军市场。

基于上市策略,GDH 抓住目标人群"勇于开拓全新可能性"和"追求生活品质、高品位"的优质特征形象,提炼出目标人群定位——领势开拓者。

在商品特性方面,基于 SUV 硬实力的商品本质,GDH 从威兰达领先于同级竞品的优势和区别于姐妹车的差异两个角度出发,梳理出以三种四驱和双擎为主的精准操控性的产品卖点,并强调有别于 RAV4 粗犷形象的先进优雅的品牌形象,提炼出车型定位——TNGA 领势新驱动 SUV。

面临与荣放近似的外观、同样的产品力,GDH 为威兰达的入市打造了专属的创意和上市营销方案。在创意开发初期,GDH 与母公司共同开发了 10 套 TVC 方案,最终传承兄弟车型汉兰达的王者品牌资产:海陆空的王者——鲸、虎、鹰的印记,以蓝豹的形象诠释威兰达的动感活力、先进优雅。大自然中并没有蓝豹,蓝色的豹子更能彰显威兰达的神秘和高雅;再以更具冲击力的前脸外观,与姐妹车荣放形成了明显的区别。

  在开发车型广告语之际，GDH 提交的上百句广告语都与客户的期待有所差距。在临近上市战略签批的前一晚，"总有惊奇在路上"才横空出世，成为威兰达的车型广告语！紧密围绕这句广告语，GDH 又为之策划了一系列令人惊奇的营销传播动作，为威兰达的入市加注了充沛动力。

第五节： 情定汉威士，省广国际化的加速器

2018年1月9日，在法国总统马克龙与众多联合访华的法国企业家的见证下，陈钿隆代表省广集团与汉威士集团主席兼CEO雅尼克·博洛赫（Yannick Bolloré）签署了"省广翰威广告公司"的合资合同。

雅尼克·博洛赫随后在接受媒体采访的时候说，汉威士集团和省广集团的合资公司得到了法国政府的关注，包括法国外交部部长和法国经济部部长等政府高层也对此有共同见证。"我们也非常荣幸地得到了马克龙总统对汉威士集团与省广合资企业的关注以及良好祝愿，同时我们也有幸向马克龙总统介绍省广集团董事长陈钿隆，这种规格的接见在广告业并不多见。"

虽然中国一直不乏合资广告公司，但当上面的消息报出来时，还是令不少广告圈内的人士有些意外。汉威士是全球六大广告集团之一，拥有庞大的国际知名品牌客户群体。省广是中国广告第一股，也是中国较大的营销传播集团之一，双方合作当然备受业内关注。

2018年5月21日，省广与汉威士合资成立的省广翰威整合营销传播在广州正式揭牌，陈钿隆和汉威士全球董事长雅尼克·博洛赫共同为省广翰威整合营销传播揭幕，标志着两国广告巨头正式携手起航。

🌢 跨越10多年的"恋情"

回顾汉威士与省广的合作，陈钿隆用三个关键词来形容这段"恋情"：一见钟情、念念不忘、旧情复燃。

在省广谋求上市之前，有多家国际4A找到省广洽谈收购事宜，其中就有全球六大广告集团之一的法国汉威士集团（Havas Group）。

时间回溯到2005年，随着当时中国广告业进一步扩大对外开放，中国正式允许

外资设立独资广告公司。同年，汉威士高管团队来到广州，实地考察和了解当时位居本土广告公司第一名的省广，就收购省广问题展开了深度沟通。

2006年，汉威士集团又邀请省广高管到法国巴黎总部参观访问。

当时，省广的高管团队对汉威士集团拥有众多国际化客户的实力，特别是能够服务顶级奢侈品品牌而深感震撼。

陈钿隆回忆当时的场景时表示，省广通过这趟参观，可以说是对汉威士集团一见钟情。无论主色调红色，还是发展历史，双方都有很大的相似之处。

汉威士集团的前身是哈瓦斯通讯社（Agence Havas），于1835年创立，经过"二战"时期的一系列洗礼，最终分为世界六大广告集团之一——汉威士集团，和西方四大世界性通讯社之一的法新社。汉威士总部位于法国巴黎，主要分为创意、媒介及大健康三大业务单元，业务范围及分支机构遍布全球100多个国家和地区，拥有21000余名员工，服务来自世界各地的客户。

当时，省广对于汉威士团队提出的深度合作乃至收购，表现出了浓厚的兴趣，但是因为省广最终决定自主上市，收购谈判也就不了了之。

虽然收购没有最终敲定，但是通过不断互访了解，双方在彼此心中都留下了良好印象，并在之后持续互动，联络从未中断。这一过程中，双方还就媒介业务深度合作进行探讨，彼此始终"念念不忘"。

2016年12月28日，省广在北京举办"大数据时代的营销变革"战略发布会的前一晚，陈钿隆和廖浩与汉威士集团大中华区董事长、CEO伍雷，CFO黄志军相约北京国贸大厦共进晚餐，基于双方前期的良好沟通，交谈的过程中省广与汉威士"旧情复燃"，双方又一次提起了进一步合作的事宜。

在伍雷眼中，省广是"完美合作伙伴"，他说："省广不单在国内市场颇为成功，同时也在帮助中国品牌打开国际市场。在公司文化上，我们也发现了很多一致性。"

对于汉威士集团来说，中国是特别重要的市场。

针对中国市场，汉威士一直在积极寻找合适的中国伙伴。

2018年1月，雅尼克·博洛赫在随同法国总统马克龙访华时接受媒体采访说，"中国已经成为全世界第二大的广告营销国，所以我也是带着很多期许而来。我想进一步了解中国。如今，中国市场发展速度非常快——无论是在科技领域，还是社交媒体、移动支付、共享经济等方面都远超美国及欧洲。我认为我们应该聆听和学习这个市场发生的一切，密切关注这个世界第二大的经济体，以及这里正在不断转型的市场情况"。

这次访华对于雅尼克·博洛赫来说，也是为了进一步深入了解学习中国的"一带一路"。这不但对中国重要，对其他国家来说也同样有重要意义。雅尼克·博洛赫说："作为一个植根于欧洲的国际集团，汉威士集团能够出谋划策，助力中国政府向世界其他国家解读和推广'一带一路'，更好地帮助他们理解其中的精髓，并引起他们自发的响应和支持。"

2018年1月9日，在法国总统马克龙与众多联合访华的法国企业家的见证下，"省广翰威广告公司"合资合同正式签署。

汉威士集团和省广这场跨越十多年的"恋爱"终于修成正果，省广翰威正式诞生。

雅尼克·博洛赫在2018年1月20日接受媒体采访时谈道："如果用婚姻来举例，我认为，两方'新人'最重要的是应该首先了解对方的文化。我们认为，如果想要在中国成功，那就必须按照中国的速度前进。中国市场比包括美国和欧洲的西方市场都发展迅猛，所以对于我们来说，能让汉威士更接地气，掌握正确的行进速度，让双方能够更融洽地配合，为客户提供更高效、更灵活的服务。"

这承载着中法两国经贸合作的美好愿景：合作共赢才能产生一加一大于二的强大合力。合作将加快集团区域和地方业务一体化进程，推动汉威士全球业务增长，并为双方客户的品牌和企业打造非凡的市场影响力，推动中外广告传播事业互相融合、借鉴、学习与共生。

◎ 2018年5月21日 省广翰威揭牌

之前，省广主要是与日系广告公司成立合资公司，与汉威士集团合作是省广历史上第一次与欧美广告公司进行深度合作。

伍雷在接受采访时表示，"汉威士很荣幸能够通过这一合作，搭建两国商贸文化互通有无的桥梁，令'省广翰威'持续助力更多本土品牌企业成为世界级品牌、全球化企业。未来，我们与省广集团仍将加深、加强国际和本土业务合作，为中国企业打造'丝绸之路'提供传播、营销、内容等多领域整合破圈的全球顶尖'混合动力'"。

在伍雷看来，中国拥有广阔的市场空间，充满着无限的前景与希望，庞大的市场潜力正在迎来井喷。

事实也是如此。2016年中国广告市场规模已经突破6400亿元，稳居世界第二。省广作为中国广告业的No.1，能够凭借覆盖全中国的服务网络和产业资源，以及独具优势的媒介实力，与汉威士通力合作，更可以帮助很多国际品牌进入中国市场。

同时，随着中国"一带一路"倡议的全面推进，众多中国本土品牌也正在走出国门，参与国际竞争。省广也需要汉威士这样一个享誉全球的优秀合作伙伴，帮助更多的中国品牌走向世界。

此外，汉威士已与国际娱乐内容集团维旺迪全面整合，拥有更多优质资源和渠道。这意味着省广翰威通过整合营销传播，能够为客户提供全球最为优质的内容，全面满足客户的多元化、国际化的营销需求。共建合资公司不仅可以帮助国际品牌深入中国市场，同时还可以帮助本地品牌走向国际。

省广集团与汉威士的强强联手，不仅为国际品牌进入中国市场以及中国品牌走向海外，提供全方位的支持和保障，还将成为省广加速国际化进程的加速器，为全球营销产业贡献更多的中国智慧与力量。

省广翰威成立后，很快就有了一个重要业务——协助广汽传祺参加法国巴黎国际车展。

助力广汽传祺巴黎车展秀出中国质造"新势力"

2018年，继四度参加北美车展，首次亮相莫斯科车展之后，广汽传祺再次站在国际舞台中央。

2018年欧洲之行，广汽传祺携全新传祺GS5首秀巴黎。参展车辆要从中国经俄罗斯中转运过去；由于欧洲车展的氛围、流程、要求与国内以及亚洲车展都不太一样，展示现场音响、展台设计、展示流程等都要重新规划。

忙乱中，参展车辆在运输中损坏了一个配件，省广翰威服务团队紧急从国内快递配件，配件安装上去之后，还要喷漆。如果在国内就非常简单，直接进厂就可以了。但那是在人生地不熟的巴黎，就比较难办了，且法国人下班都比较早，很少有加班的情况。紧急情况之下，合资方汉威士这时发挥了巨大作用——派出专人到宝马等4S店沟通，终于连夜将油漆喷好，没有耽搁参展。

◎ 广汽集团首登巴黎车展

再次站在国际舞台中央，广汽传祺携全新传祺 GS5 首秀巴黎，给法国乃至全球的媒体留下了深刻的"传祺印象"。

发布会当日，100 余家来自全球各地的媒体聚焦在传祺展台。凭借强大的创新智造实力，广汽传祺的首秀揽获一众国际媒体的热评，"G"字标在短时间内便登上各大媒体版面，以刷屏之势席卷了整个汽车圈。在传祺卓越的品质和丰富的产品矩阵前，各家媒体丝毫不吝赞美之词，高度评价了传祺此次巴黎之行。

在精英人群内具有极大影响力的全球知名财经媒体 CNBC 在巴黎车展期间对广汽集团董事长曾庆洪进行了专访。法国国内发行量最大的综合性日报《费加罗报》也对广汽传祺此次欧洲首秀进行了深度报道："广汽传祺首秀巴黎，秀出的不仅仅是传祺的产品硬实力，更向欧洲乃至全世界秀出了'中国质造'的新势力。"

车展期间，让·托德（Jean Todt）亲临传祺展台，这位法拉利辉煌时代的缔造者，如今的国际汽联主席，面对广汽传祺这个崭新的"中国面孔"，他仔细地欣赏每一款参展的车型。传祺在短短十年内能够取得如此成绩，展现出不凡的品质实力，让这位车界大神大加称赞。

历经十年的高质量发展，广汽传祺已成为"中国制造"与"中国创造"走向世界的崭新代表，推动着中国汽车产业的持续升级。在国际化的道路上，广汽传祺不断开创新的突破。巴黎首秀是广汽传祺开启新十年发展，蜕变新生的一个重要节点，为未来进入欧洲成熟市场打下了品牌基础。

为中外合作搭建国际化桥梁

2018年法国巴黎车展期间，省广团队应邀乘坐汉威士蓝色巴士前往路易威登基金会交流，并参观了汉威士旗下的顶尖奢侈品广告公司BETC创始人Rémi Babinet的办公室，现场考察了汉威士的创业孵化器Havas Station F，访问了维旺迪集团总部。

此次法国之行与巴黎车展的成功，也让省广更加确信，与汉威士强有力的结合，将让双方都拥有非常广阔的前景。

陈钿隆在给汉威士高层的回信中写道："广汽传祺巴黎车展的成功是最值得我们庆贺和高兴的事情！在此，我要感谢您的支持和莅临，感谢汉威士巴黎和中国团队的辛勤付出，你们克服种种挑战，向我们的客户交上了完美的答卷。我们拥有最好的伙伴关系，能够在中国和全球舞台上发展我们的合资企业并赢得更广泛的商业利益。我期待着双方的合作取得更大的成功。"

雅尼克·博洛赫于2006年开始掌管汉威士集团新闻娱乐传媒及互联网业务。雅尼克·博洛赫是Bolloré集团现任掌门人文森特·博洛赫（Vincent Bolloré）的二儿子。2008年世界经济论坛上，雅尼克被选为全球青年领袖，并获得法国艺术与文学骑士勋章。2018年1月，雅尼克作为法国企业领袖代表，随同法国总统马克龙访华。2013年，雅尼克开始担任汉威士集团主席兼CEO。

汉威士集团的控股公司——维旺迪集团是法国著名的企业之一，属于法国商业巨头、百年家族——Bolloré家族。其家族在法国政治和经济界极具影响力。Bolloré家族是目前法国排名前十的家族，其名下的企业也是全球前一百位的家族企业。业务涉及海运、物流、媒体、出版、新能源等行业，拥有环球影视公司、环球音乐集团、维旺迪集团、法国电视4台等多家巨型跨国企业。

在国外，广告人和广告公司的地位和存在意义是很高的，发挥的社会价值和作用也不一般，即便是总统竞选，也离不开广告公司的助力。

车展期间的交流过程中，雅尼克·博洛赫分享给陈钿隆一个汉威士特别的广告案例。

汉威士在服务标致汽车时，曾提出一个大胆的创意——让法国品牌的汽车开上法国的航母。设计的场景需要航母、潜艇、飞机等重要军事资源，但按照普通的商业模式，将无法调集和协调如此庞大的资源。

巧合的是，那一年当选法国总统在竞选期间的宣传由汉威士团队负责执行，于是，汉威士向总统提出请求，希望考虑到这一广告创意对于法国形象和法国品牌的重大意义，能够牵线搭桥，为标致这一法国最为知名的汽车品牌的国际化推广提供帮助。

最终，在多方的沟通和持续努力之下，汉威士成功让法国标致汽车开上了法国航母，因为具有突破性的创意和完美的执行，这一案例也斩获了戛纳国际广告奖。汉威士助力实现总统梦，总统成就了汉威士的戛纳大奖，双方共同携手为法国品牌和法国形象做了正面传播。从中，也能看出广告在国际政治和商业中的重要影响力。

的确，广告是连接信息与人的桥梁，能够发挥重要的社会价值；尤其是在文化传播方面，拥有无穷的可能性。

有一次，汉威士集团邀请省广参与汉威士在新加坡召开的集团全球高管会议，陈钿隆、杨远征、廖浩一同参与。大会上，汉威士特意为重要合作伙伴省广安排了主旨演讲环节，进一步加深双方的交流。

此行，陈钿隆为法国合作伙伴带去了一幅具有东方特色的广绣，上面刺绣着广东的特产荔枝，寓意双方合作硕果累累。主旨演讲时，陈钿隆还为现场的汉威士高管们讲述了"一骑红尘妃子笑"的典故，描绘了中国古代荔枝穿越岭南来到长安的珍贵，通过一份礼物成功地向法国朋友宣传了中国文化。

谈到这段经历时，陈钿隆表示，省广选择汉威士作为战略合作伙伴，其中最重要的原因就是看中了汉威士在欧美和非洲地区拥有领先的营销网络，通过双方的共同携手，将为东西方品牌和文化的交流建设一座绝佳的桥梁。

事实上，在中国改革开放后国际品牌进入中国的过程中，中外广告业更多采用的也是合资的模式，国际4A最为了解国际品牌需求，本土公司最为了解市场规律，这样的合作为国际品牌在中国落地生根做出了重要贡献。面对如今中国品牌和文化的出海需求，同样需要通过这样共生共赢的模式，让彼此的合作走得更远、更顺畅。

"无论是中国进一步扩大对外开放，还是中国品牌文化走出去，都需要一种互补能力，双方都要用彼此听得懂的语言，才能让沟通更加顺畅。"陈钿隆展望双方未来的合作时说道。

汉威士集团董事长兼 CEO 的来函

◎ 法国总统马克龙见证省广翰威合同签署

汉威士集团（Havas Group）与省广的合作，缘于多年来我们全球管理层的前瞻性考量规划。早在 2005 年，汉威士集团就与省广集团就股权合作事宜有过深入沟通，但因当时省广集团选择自主上市，该合作未能达成。2006 年，省广集团管理层飞赴位于巴黎的汉威士集团总部参观访问，双方就行业趋势、业务目标、战略发展等话题展开了富有成效的探讨。虽仍未达成组织层面的战略合作，但我们在业务层面已有了广泛的交集，双方于 2008 年顺利达成媒介领域的合作并从此成为战略合作伙伴。

直至 2017 年，双方合资成立"省广翰威"，才正式确立这一你中有我、我中有你的实质性合作；这一合作呼应"一带一路"倡议，为更多中国品牌走向世界、提升国际竞争力铺平了道路，也为国际品牌在中国市场的本土化深耕提供切实保障。

秉承汉威士"在一起"（Together）战略，我们的合作得到了中法两国政府的大力支持，2018 年恰逢法国总统马克龙与众多法国企业家联合访华，在北京访问期间，马克龙总统见证了我和陈钿隆董事长签署"省广翰威广告公司"合资合同的整个过程。这承载着中法两国经贸合作的美好愿景；证明合作共赢才能产生一加一大于二的强大合力，将加快集团区域和地方业务一体化进程，推动汉威士全球业务增长；并为双方客户的品牌和企业打造非凡意义，推动中外广告传播事业互相融合、借鉴、学习与共生共荣。

2018年中国国庆黄金周期间，有一百二十年历史的巴黎国际车展迎来了广汽传祺的首次登场，并面向全球首发全新传祺GS5。这是双方首次合作落地的大型活动，由汉威士与省广的合资公司"省广翰威"精心承办打造。我们十分荣幸，能借力这一强强联手的跨国合作，协助广汽首登巴黎车展，有力展现其作为唯一的中国品牌所代表的品牌力和企业力；我们也满怀信心与决心，让更多中国品牌走向世界。

欲赢在中国，则必以中国时速前进。我们选择与省广携手，除看重其悠久的历史底蕴和扎实的行业沉淀，还有其对中国一、二线城市市场的广泛覆盖和丰富资源，这些都将赋能汉威士以更加开放包容的姿态，更加如鱼得水地徜徉在中国广阔的机遇之海。汉威士很荣幸能够通过这一合作，搭建两国商贸文化互通有无的桥梁，令"省广翰威"持续助力更多本土品牌企业成为世界级品牌、全球化企业。

未来，我们与省广集团仍将加深、加强国际和本土业务合作，为中国企业打造"丝绸之路"提供传播、营销、内容等多领域整合破圈的全球顶尖"混合动力"。

汉威士集团董事长兼CEO

Yannick Bolloré

下篇·壮大

舆舟共赢

要敢于打破传统经营模式的束缚,构建一个"开放、整合、激励、共赢"的平台生态系统,聚合更多的行业精英及产业资源,将省广打造成为国际化营销集团。

——摘自陈钿隆首届 GIMC 创业节讲话

第五章

实施多方共生共赢的平台战略

平台，是势能，也是动能，更是聚能。

省广全面实施"平台战略"，就是要以互联网思维，不断唤醒公司积淀多年的品牌资产和智力资产，也是推动数字化转型，连接市场、技术、人才、资本的最佳战略模式。

通过实施"平台战略"，省广将从以往垂直方向的专业发展模式，逐渐演变为平行、横向和纵向的产业生态发展模式。无论是个人还是企业，都可以更好地突破传统的行业天花板，聚合更多的社会力量，激发更大的潜能，真正达到"传火于薪"的既定战略目标和效果。

——省广集团副董事长、首席战略官 何滨

第五章 | 实施多方共生共赢的平台战略

◎ 2015年1月22日，平台战略启动

省广的"平台"是省广人共生共赢思路的延续，其核心一是解决省广的业务扩展问题，拓展省广的业务边界，让有能力的核心员工有更大的施展空间、更大的发展平台，能把核心员工留下来，让他们发展得更好；二是解决核心员工的激励机制、工作动力问题，让核心员工能够共享省广的发展红利。总之，省广的"平台战略"是为了解决省广的持续经营问题。

在何滨看来，省广实施平台战略，就是要搭建一个实施全员经营的赋能平台。

第一节：共生共赢，传火于薪

面对当前经济发展新常态，市场环境更加复杂多变，产业发展的生态体系正在面临重构，广告公司等轻资产企业的生存环境受到传统制造业、互联网企业的跨界侵袭，盈利空间被进一步压缩，众多公司呈现出发展停滞甚至是衰落的现象。同时，互联网等信息技术的蓬勃发展，使得客户的需求更加多元化、长尾化，企业越发注重营销实效，这对省广原有的传统服务模式，提出了严峻的挑战。

省广的管理团队很清楚：今天，无论是外资公司还是本土公司，都在奔向一条前无古人的发展大道，没有任何可借鉴、参照的对象。省广必须基于自身的特点，突破传统思维模式的束缚，践行"敢为人先"的广东精神，去谋划新一轮的转型升级，让省广这一面中国广告业的旗帜，继续迎风飘扬！这不仅仅是省广作为行业龙头的天然使命，更是省广作为混合所有制改革探索者的政治责任与社会责任！

省广所处的行业是充分竞争领域，电脑加人脑就是全部资源，而在以人为中心的信息时代，人才是最核心的生产力，也是连接价值的核心。核心人才是企业发展的核心动力。人才是第一推动力，人才战略不仅仅是国家战略，更是省广这样一家创意营销类企业的战略。广告人的创业冲动更强，外部的诱惑也更多，单靠每年增加一点固定工资、奖金，是不可持续的。

平台，是势能，也是动能，更是聚能。

其实，从省广更长的发展周期来看，省广与博报堂、代思、汉威士等集团的合作，都是一种共生思维。或许那个时候，陈钿隆就已经有了一些初步的思考。2014年，陈钿隆出任省广董事长之后，对"共生"的经营理念进行了更加深入系统的思考，最终形成了省广实施"平台战略"的完整思路。

省广从2015年开始全面实施的"平台战略"，就是要以互联网思维，不断唤醒公司积淀多年的品牌资产和智力资产，这也是推动数字化转型，连接市场、技术、人才、资本的最佳战略模式。

正如何滨所说，通过实施"平台战略"，省广将从以往垂直方向的产业发展模式，逐渐演变为平行、横向和纵向的产业生态发展模式。无论是个人还是企业，都可以更好地突破传统的行业天花板，聚合更多的社会力量，激发更大的潜能，真正达到"传火于薪"的既定战略目标和效果。

省广是中国广告业的一面旗帜，也是中国本土最大的综合性广告公司。但是，日趋激烈的市场竞争，客户、行业、员工等各种利益相关方，都对省广提出了更高的期望与要求，所以省广不能止步于综合性广告公司的定位。

省广要想在更加复杂的环境中生存下来，就必须要有更大的发展，变成业界的航母；而要做到这些，就需要更多核心人才。核心人才要能够在省广留下、生根、发芽、茁壮成长，就需要合适的机制。对于这样一个知识密集、智力密集，还是国资背景的广告企业，如何才能留住人才，始终是省广面临的一个巨大挑战。

每次在校招大学生的培训会上，陈钿隆都会对每一位到省广的新人说："省广是你事业的初恋情人，但我希望省广会成为你事业的终身伴侣。"但是，一个尴尬的现实是不断有核心人才从省广流失。

核心人才很看重自我价值包括个人财富的实现。

奈飞（Netflix）的文化手册里说，成年人最渴望的奖励就是成功，包括事业的成就、财富的收益。

星巴克有一个文化就是把员工当成合伙人。

有些员工是因为才华无法在省广得到施展而离开，更多员工是对薪酬不满意、无法抵挡外面的各种诱惑离开；一些核心员工被同行或者新兴的互联网平台挖走；还有一些核心员工离开省广自己出去创业。

遇到员工因为发展问题而辞职的时候，陈钿隆会感到遗憾，他时刻都在思考省广如何留住核心人才。

接任省广董事长之后，陈钿隆就一直想在省广内部营造一个创业、创新、创富的环境。一次中层干部大会，让他更坚信了这个想法。

这一次，陈钿隆在大会上非常兴奋地告诉大家，省广的股价又上涨了。对于这个令人兴奋的好消息，陈钿隆本以为在场的中层干部们同样会感到高兴。结果，现场一片冷清，陈钿隆突然明白了——他本人以及其他少数几个目前持有省广股份的股东，当然非常关注省广的股价、市值。但是，现场绝大多数中层干部、核心员工是没有任何省广股份的，他们自然也对省广的股价、市值不那么关心，因为那与他们无关。有些同事经过几年甚至十几年的努力，已经成长为公司的中高层管理者，但他们的身份或许只是一个为省广工作的"打工人"。

长此以往，省广人的凝聚力会受到挑战、持续发展就会遇到障碍。

这就是真实的人性。

作为省广的带头人，陈钿隆不得不认真思考这个问题。

省广的管理团队也曾针对这个问题进行过深入探讨，究竟如何才能更好地绑定优秀人才，激发他们的创造性与创新能力一直是省广管理团队重点思考的问题，毕竟很大一部分广告人都有着自己创业当老板的梦想。常见的方式无外乎升职加薪，但是这种方式始终存在一定的局限性，无法有效实现人才的深度绑定。

尽管省广已经是中国最大的广告公司，尽管省广已经提供了相对具有竞争力的薪酬，但省广还需要更多制度创新。如果不与核心人才进行利益的深度绑定，就无法形成真正的个人与公司之间的利益共同体，无法真正实现与员工共生。

也就是说，今天的企业必须改变员工只是公司的"打工人"这一认识，要让员工从"打工人""职业经理人"变成公司事业的"合伙人"。

现任省广常务副总裁、首席运营官袁志回忆，前些年，不断有核心员工从省广离职，其中离职员工创办的超过5000万元营收的广告公司就有十多个。

既然想去创业，为什么不选择在省广平台上？省广可以做品牌背书、资金背书、客户背书，在省广这个平台上创业比自己出去单枪匹马地创业更有优势。

既然个别核心员工出去创业的冲动无法阻挡，那么，不如就给他们创业的机会，让他们在省广的平台上创业，而且给他们提供创业的便利条件。

这一举措可谓顺势而为，但对于一家国有控股的上市公司而言，又颇为创新。

因此，一个全新的时代——平台经济时代来临了。

经过长期的酝酿，2015年1月22日，省广在广州正式发布了"平台战略"。该战略响应了国家"大众创业、万众创新"的号召，本质上是通过商业模式的创新，构建一个多方共赢的生态系统，将省广由一个传统企业改造为创新孵化平台，为员工和优秀合作伙伴搭建创业、创新、创富的事业平台。以制度创新为手段，让员工成了省广的事业合伙人，成员公司成为省广这个"营销航母集群"中的一员，最终实现各方共生、共荣、共赢。同时，宣布由"省广股份GDAD"正式升级为"省广股份GIMC"，这也从另外一个侧面说明了"平台战略"对省广的划时代意义。

第二节： 内外并举，转型升级

省广实施"平台战略"，其中一个重要目标是聚合人才资源，占领人才高地，鼓励员工内部创业，自由组建包括设计、文案、策划专业工作室和平台公司等，让员工更便捷地转变为事业合伙人，实现利益共享。

广告业是一个人才高度密集的行业，从不缺乏具有创新基因的优秀人才，但是创业有风险，很多出去闯荡的员工，因为缺乏管理和资金支持，创业过不了两三年又会回来上班，因此省广提倡与员工共同创业、创新、创富。通过实施平台战略，为人才提供管理和资金支持，有好的想法不必去外面闯。让想干事、能干事、干成事的人才成为奋斗者、实干家，在享受职业发展的同时，成为省广的事业合伙人。

"让员工成为精英，让精英成为股东。为精英提供创业的平台，让省广成为行业内最优秀的创业孵化器。"陈钿隆曾在多个场合都这样阐述省广平台战略的内涵。

陈钿隆解释，随着中国市场竞争越发激烈，独享利益的经营模式并不符合未来的发展趋势，"我们必须全面激发人才的创造性和积极性，构建一个全新的、开放的平台。将公司由一个传统企业改造为创业孵化平台，实现企业平台化、员工创客化"。

事实上，对于创业者而言，如果省广给他们提供的条件与直接出去创业相比不是更有优势的话，这些人也不会留在省广体系内创业。省广有规模优势，有品牌效应，有资金和专业优势，具备成功实施平台战略的能力和条件。

一起参与"平台战略"构思的省广董事会办公室主任李佳霖补充提到，省广所实施的"平台战略"，其根本目的就是要以平台战略为抓手，驱动省广由一个广告传播集团转型为多方共赢的全营销产业生态平台。让省广的经营从封闭走向开放，资源从分散走向整合，人才从员工变成股东，利益从独享走向共赢。

因此，省广的"平台战略"从目的来看，至少有如下几个基本特征：

一是弥补省广产业与技术的短板，完善服务链条。

二是实现省广自身向数字化转型。

三是基于省广的品牌、资金、资源基础，给员工提供更好的创新创业创富机会，留下核心员工，形成公司与员工的共生共赢关系。

四是助力省广加速成长为国际化整合营销传播集团。

上面几大目的之间并非严格区分的关系，而是相互交叉、联系的关系。比如，完善省广的产业链条、弥补业务空白点，提升对客户的服务能力这一目标的实现过程，也就是省广自身转型升级的过程。

省广的"平台战略"通过"内部"与"外部"两大方向进行：

对外，省广的平台向产业链全面开放，欢迎全国乃至全世界的优质资源加盟，只要有实力、有资源，大家都可以搭上省广的快车，利用省广的平台迅速做大做强。省广与这些精英合资共同组建一批具有较强竞争力的平台公司，通过省广的工具与方法论去规范这些公司的运作模式，帮助这些资源和人才实现快速发展。这些平台公司更是开创性地采用合伙人制度，通过预留动态激励股份，利用增量进行激励。

对内，一方面，省广全面开放内部创业制度，给予员工全方位的创业支持，鼓励有创业梦想的员工内部创业，实现裂变式的员工创业。另一方面，让员工成为平台的价值接口，所有的业务机会都由员工发起，所有的组织也由员工组建。有好的商业计划首先不是找高管，而是在省广内部寻找最合适的合伙人，结成创业联盟，共同推动项目的立项。

这样一来，有创业梦想的员工，可以在公司内部寻找合伙人，结成创业联盟，还可以借助创业节的舞台，实现内部创业。省广利用自身的龙头地位，打造"产业孵化器"，带动全行业的共同发展，实现作为企业公民的社会责任。针对一批有较强发展潜力的平台公司，省广面向全集团开放这些公司的股权众筹，公开招募精英合伙人，享受平台发展的红利。

"我们就是要通过这种'内外并举'的方式，聚合更多的产业资源，延伸我们的服务链条,进一步盘活存量、做大增量,以创新力量带动省广实现新一轮的转型升级!"陈钿隆说。

◎ 举办首届 GIMC 创业节

2015年12月12日,省广举行了首届 GIMC 创业节,陈钿隆表示:"激励创新、孵化创业将成为省广平台战略的核心任务与制度,未来将通过一系列的制度安排加大员工参与创业、创新、创富的力度,聚合中国营销新力量,共同打造一个国际化整合营销控股集团。"

首届 GIMC 创业节宣传片,陈钿隆亲自上阵演绎,用高昂的激情、铿锵有力的语调,向员工和社会各界正式宣告省广即将全面实施平台战略:

如果你想内部创业,做老板,成为全营销平台的开发者,GIMC 就是独一无二的"梦想孵化器"。我们全面创新"合伙人制度",打造 GIMC 利益共同体。通过创业孵化、IPO 计划、合伙人制度等价值分配体系,不仅让人才从员工变成股东,更让员工成为投资人、创业者和服务者,实现个人角色的三位一体!

在 GIMC 创业,你可以借助省广平台的力量,将自己的梦想变成现实。在 GIMC 创业,你有靠山,你有帮手,你不是一个人在战斗;在 GIMC 创业,可以放大你的成功,降低你的风险！省广不仅可以给你带来资源，带来客户，还可以给你带来创业的经验，因为省广本身就是一个成功的创业者。

省广历史上，已经成功实现了三次重大变革，完成了三次华丽转身，正是有勇敢的昨天，才成就了美好的今天。如今，面对大数据时代的机遇和挑战，我们肩负着转型升级的重任。紧跟时代步伐、掌握趋势、掌握未来，在GIMC平台上创业、创新、创富！省广的平台属于勇于创新、敢于创业的人！我希望大家奋力拼搏，积极拥抱大数据时代的营销变革，成为GIMC梦想合伙人！共同实现省广梦！

这是省广又一次重大的战略性举措，也是对省广创业创新精神的有力践行。

● 历届GIMC创业节活动回顾

◉ 第一届GIMC创业节：升级平台战略　聚合中国营销新力量

2015年12月12日，省广隆重举行首届GIMC创业节，作为省广新一次重大战略性举措，代表了省广36年创业创新精神。

首届创业节上，省广在升级平台战略的基础上，设置了"平台公司股权众筹大会"和"员工创新创业大赛"两大核心环节。省广员工不仅可以自由报名认购旗下七家平台公司股权，还有十大员工创业团队，现场提报创业方案。

自2015年1月，省广启动平台战略以来，已成立了超过十家的平台公司，涵盖影视制作、大数据、体验营销、娱乐营销等各个领域。

创业节现场，陈钿隆董事长表示："升级平台战略，就是打造一种创新的商业模式。激励创新、孵化创业将成为平台战略升级后的核心任务与制度，未来将通过制度加大创新创业的力度，聚合中国营销新力量，共同打造国际化整合营销控股集团。"

纵观当时的整合营销行业，整合产业链的方式大多依靠外延并购的形式。也正是在内生与外延双轮驱动的推动下，省广自上市以来，年复合增长率超过40%，有效地完善了在全营销产业链的布局。而面对未来的发展目标，省广必须通过平台战略2.0

创新机制，全面激活人的力量，聚合更多创业创新力量。

本次活动总策划何滨在接受访谈时谈道："创业大赛是推动员工大创新、大提升，让省广优秀员工自我突破、自我激励的大练兵。经轮番评选出的优秀创业项目，将获得优先投资孵化的机会。"

通过积极探索员工激励措施，在首届创业节上，省广以平台公司股权众筹的形式建立新的员工激励制度。省广影业、省广众烁、省广汽车营销等七家优秀的平台公司登台路演，面向全体省广员工开放股权众筹，让全省广人都有机会分享到平台发展的成果。

自此，省广正式把每年"双十二"定为"GIMC创业节"，将用节日的盛典，助力众星闪耀的创业梦想起航！激励创新，孵化创业，实现创富！

◉ 第二届 GIMC 创业节：拥抱大数据 激励新营销

2016年12月12日，第二届GIMC创业节在广州盛大开幕。

陈钿隆在本届创业节致辞时表示，将加快构建多方共赢的大数据联盟，打造全球领先的大数据营销实力，进一步激活客户资源，全面驱动全营销业务转型升级。省广将通过股权众筹、股权激励、公开竞聘等全方位的人才激励机制，提升员工的创业创新热情，加快推动业务转型升级。

面对当时省广所面临的大数据时代的营销变革，第二届创业节邀请了享誉世界的IMC（整合营销）之父——唐·舒尔茨教授、北京大学新闻与传播学院副院长陈刚教授、爱奇艺数据研究院院长葛承志等专家参与，畅谈对于大数据时代营销变革的现实思考和应对措施。

唐·舒尔茨教授在发言时表示，数字化和交互性已经改变了营销传播。大数据时代的营销公司，必须以消费者需求为中心，围绕大数据驱动的实时规划模型，不断研究和分析消费者的真正痛点。

第二届GIMC创业节上，省广继续面向全体员工开放平台公司股权众筹，省广阳光等平台公司登台路演，面向员工宣讲商业计划。

此外，现场还有 20 名省广新营销业务领军人参加竞聘大会。脱颖而出的业务领军人也正式获颁聘书，签署新营销业绩责任书，肩负新营销业务开拓及转型的重任。

经过两年的进化蜕变，GIMC 创业节已不仅是省广创业创新精神的具象化展现，更是怀着梦想的行业领军者的开放共赢的智慧体现。省广作为产业发展的推出者和见证者，始终与时俱进，进行营销思路的迭代升级。

◉ **第三届 GIMC 创业节：孵化创业　共赢未来**

在 2017 年 12 月 12 日举办的第三届 GIMC 创业节上，上百名广告精英以及 11 个优秀的创业团队齐聚省广新总部大楼，共襄"双创盛会"。

与往届有所不同的是，第三届创业节省广又采取了全新的变革举措，首次面向全社会公开招募创业孵化项目，任何企业、任何团队都可以报名参加本届创业节，借助省广的平台，实现创业创新。

大会上，陈钿隆指出，GIMC 创业节已经不再是省广人自己的节日，而是属于每一个广告人的创业嘉年华。省广将加大平台的开放力度，吸引社会各界以及全球的精英人才加盟省广，从资金、技术、资源等各个方面，帮助人才在省广创业、创新、创富，与省广共生共赢共荣！

第三届创业节上，经过层层筛选的来自省广内部和社会各界的 11 个创业团队共同登上舞台，进行商业计划的路演，展示创业梦想。最终 5 个优秀创业项目脱颖而出，成功纳入省广投资孵化库，进入创业融资的绿色通道。

继续担当本次活动总策划的何滨表示："创业被视为这个时代的红利，无数年轻人有着自主创业的梦想与情怀。但是，创业从来都不是经验主义，创业创富之路也绝非一马平川。省广举办创业节的目的和意义，就是要为精英人才打造一个能够实现创业创富创新梦想的平台。"

得益于外部力量的加入，自此，GIMC 创业节已经不再是一个企业内部的创业大会，而是蜕变成为中国营销产业以及双创领域的重要 IP，正在向全球营销产业昭告中国智慧与中国方案。

◉ **第四届 GIMC 创业节：新整合　新创业**

2018 年 12 月 12 日，第四届 GIMC 创业节盛大开幕。本届创业节上，省广正式启动了组织架构变革，打造"大平台、强中台、小前端"的运营模式，驱动省广快速实现新一轮转型升级。

回顾当时的业务背景，自省广 2016 年全面推动大数据·全营销转型到第四届创业节，省广大数据系统已经完成既定建设目标。创业节现场，省广首次对外发布了大数据·全营销战略的核心成果：成功研发 G-Desk 系列、G-Eagle 监测系列、G-PB HUB 等 10 余个数据产品，数据覆盖 3 亿消费人群，并获得 5 个高新技术认定、超过 30 项相关知识产权。

省广董事长陈钿隆在大会上表示，掌握大数据核心技术，就意味着能够率先完成数字化转型，抢占更大市场份额，赢得更大的发展空间。因此省广必须顺应行业发展趋势，全面启动新一轮的组织变革，让真正有创业梦想、有创业能力的人才，带领大家一起创新、创业、创富。

当时，省广从 2008 年创立事业部制已有十年，随着上市后的持续布局，集团所属业务单元已超过 100 个。为了进一步实现"纵向技术驱动"和"横向资源整合"，第四届创业节上，省广宣布将打破原有的组织架构，构建全新的运营模式，提升数字化转型的执行力。

时任省广 CEO 兼总裁的何滨在创业节现场正式宣布组织变革方案，将原有 100 多个业务单元进行重组，组建 11 个全新、聚焦垂直行业的大事业群，构建"大平台、强中台、小前端"的运营模式。值得一提的是，每个事业群不仅包含本部直属的营销中心，还包括成员企业。同时，各事业群都具备技术及产品研发能力，进而确保集团战略得到有效下沉。

会上，为推动省广的数字化转型以及专业能力的提升，GIMC学院作为省广的专业交流与支持平台，启动了工作室平台运营和行业专家委员会的组建，为各中台在行业扩张的过程中提供专业赋能。时任省广GIMC学院（现GIMC研究院）院长的夏跃分享GIMC学院发展蓝图，将加强对行业资源和人才的整合力度，构建行业精英聚合平台，协助各事业群高效拓展新市场。

◉ **第五届GIMC创业节：省广集团　四十正红**

2019年恰逢省广集团创立四十周年，12月12日，GIMC第五届创业节暨战略发布会在广州开幕。创业节以"省广集团 四十正红"为主题，全面总结省广四十年来的辉煌成就，并就当前数字时代的转型升级做出具体部署和展望。

省广董事长陈钿隆在创业节致辞时表示，四十年来省广取得了令人瞩目的成绩，面对数字化浪潮，省广正通过实施平台战略，加速聚合产业、人才和技术资源，推动全营销业务转型升级。作为混合所有制改革的先行者和中国营销大平台的构建者，省广有着天然的优势，能够把握担当品牌强国重任，整合更多的头部资源，创新产业增长范式，继续领航数字营销新时代。

创业节上，省广发布了新版战略报告，深化创业平台建设，战略携手行业顶尖力量，重塑数字时代的核心竞争力。创业节总策划何滨指出，省广将推出全新的产业增长范式，重塑省广在数字时代的核心竞争力。从国家战略出发，加速构建O2O融媒体数字营销平台、区块链数字广告交易平台，推动大湾区品牌强国计划实施。同时，成立云与全媒介事业群（CMG）、户外数字化事业群（ODG）以及专业灵动组织——品牌营销众创平台（BMG），全面升级公司战略驱动引擎。

这一年，在平台战略的推动下，省广多方共赢的产业生态得到进一步完善，并正式与TalkingData等行业头部企业达成深度战略合作，在现场签署战略协议。未来，将在大数据技术、O2O营销、头部IP资源等方面展开一系列深度合作，跨界整合更多优质产业资源，针对不同行业客户需求，提供"大数据·全营销"一站式解决方案。

⦿ 第六届 GIMC 创业节：一呼百应 智赢未来

2020年12月12日，GIMC第六届创业节开幕。通过招募优质创业项目，汇聚顶尖创业力量，打造了一场精彩绝伦的创业盛宴。

第六届创业节现场有超过150位营销精英和合作企业高管共同担任本次大赛评审。通过聚焦酒饮、服装、农业、食品、美妆、家居六大赛道，联合网红达人共同设计创业方案，打造优品爆品，实现品牌众创，推动实现新兴消费产品业务发展。

与往届不同的是，第六届创业节最终入围决赛的12支战队均以联合组队的形式参赛，通过聚合MCN达人与供应链资源，实现了从供应链端、营销端、渠道端的价值整合。

省广董事长陈钿隆指出，数字技术的高速发展，为省广新一轮的创新发展提出了更高要求。省广持续开展创业节系列活动，就是为有想法、会创新、能拼搏的省广人，构建一个开放、共赢的平台。创业节将通过持续激励创新、孵化创业，成为省广新业务发展的推动引擎和省广人创业、创新、创富的梦想舞台。

何滨在大会上发言时表示，创业节成功聚合了更多社会化营销新力量，真正实现了"一呼百应，智赢未来"的目标，充分激发了全体员工的生产力。创业节的成功举办，将帮助省广在未来不断创新商业模式，以产业价值链整合者的姿态，激活产业互联网时代的生产力。

最终，48个初赛项目，12支决赛战队，6大创业赛道，2轮的激烈角逐，决出了本次创业大赛最终结果。历经6年的持续发展，GIMC创业节已经不仅仅是省广内部创业的一次盛会，通过产业链多方资源与省广创意智慧的精彩碰撞，将聚合成为新的能量，为省广创新业务持续拓展，提供源源不断的内生动力。

第六章
用平台战略思维完善产业布局

在平台战略思维的指引下，省广将借助资本的力量，开始从品牌管理、媒介代理等传统业务跨入数字营销、精准营销、内容营销、大数据等新业务领域。业务版图更是从区域拓展至全国，形成了覆盖全国的服务网络。

未来，省广将顺应行业发展趋势，继续围绕产业链做整合，重点关注具有优势技术、创新能力的优质企业，进一步提升省广的全营销服务能力，打造高速增长的业务板块，创造全新的业绩增长点，加速推进省广全营销全产业链布局。

——省广集团董事、高级副总裁、董事会秘书　廖浩

第一节：旗智公关，打造公关新业务平台

2010年之前，省广一直以品牌管理、媒介代理、自有媒体经营为主，很少做公关业务。但对于更加完整的品牌代理服务商来说，公关业务必不可少。

2010年上市后，省广计划补足公关业务的短板。这时候，一家名叫旗智传播的公关公司进入了省广的视野。

2006年，向寒松从《羊城晚报》专版部汽车周刊主编的位置上辞职，到广州本地的一家大型汽车经销商集团担任营销副总裁。一年后，向寒松与同一年进《羊城晚报》、后去了《南方周末》的栗源一起创立了广州旗智企业管理咨询有限公司（以下简称旗智传播），主要为汽车企业客户提供公关业务。

旗智传播的第一个客户是广汽本田，刚开始加上两位创始人，公司员工才3个人，主要是做咨询业务，后来逐步扩展到公关传播、活动执行等，并先后承接了江淮汽车、东风日产、海马汽车、长城汽车等客户的公关业务。旗智传播的业务发展很快，2009年营业收入就达3000多万元，但也面临一些难题，比如随着员工从几个人迅速膨胀到几十人，内部的管理和培训跟不上，现金流也非常紧张。

此时，刚上市不久的省广向旗智传播伸出了橄榄枝。

省广调研后认为，旗智的股东及管理层在公关行业从业多年，积累了深厚的汽车行业公关资源，具有持续获得公关业务的能力。省广所处行业为广告行业，为公关行业的上游行业，省广与旗智的业务有较强的互补性，省广的庞大客户集群、品牌管理、媒介代理、自有媒体等与旗智的公关业务未来发展具有良好的协同效应。

省广收购旗智，有利于省广股份快速切入公关领域，进一步有效延伸广告业务产业链条，优化业务结构，充分发挥协同效应，培育新的利润增长点，并有效规避省广股份拓展新业务领域所带来的市场风险、经营风险及管理风险，从而实现省广股份股东价值的更大化。

其实，旗智传播并非省广当时的第一收购标的。当时，省广的优先收购标的是同样位于广州的另外一家公关公司。但由于多种原因，双方没有谈成。

在此之前，旗智和省广在业务层面也有过一些合作，所以向寒松对省广还是非常了解、高度认可的，最终，旗智传播接受了省广的收购。关于此次收购，省广对旗智传播创始人、管理层签署了对赌协议。被收购后，旗智传播的营收依旧增长迅速，利润率也持续走高。

五年后，旗智传播顺利完成了对赌。"那个时候不懂，今天回想起来，会吓出一身的冷汗。"2022年5月，当回忆起公司被收购、与省广签署了为期五年的对赌协议时，向寒松说。

的确，当时向寒松和栗源从报社出来创业，一心在业务上，财务知识欠缺，对收购、对赌等投资领域的知识更是知之甚少，对汽车行业可能经历下行周期、公司营收与利润可能无法达到对赌要求等潜在风险了解不多，所谓无知者无畏，就签署了对赌协议。其实，万一无法达到对赌要求，向寒松和栗源财富自由的梦想就可能只是梦想了。

2015年，是旗智传播与省广签署对赌协议的最后一年。当时，按照旗智传播的营收和利润增长趋势，完成对赌是没有任何问题的。对赌完成之后怎么办？不仅向寒松、栗源在思考，省广股份的高层也在思考，行业人士也在猜测、观察中，一时间江湖上什么说法都有。

做公关服务真的很累，向寒松和栗源创业多年，深刻体会到了创业的艰辛。当时很多人劝他们在对赌结束后，就此退休，去过闲云野鹤一样的生活。

退休固然很爽，但向寒松和栗源才刚奔四，现在退休似乎有点太早了。可以说，这段时间是向寒松和栗源颇为迷茫的时候。

2015年，省广适时推出平台战略，鼓励员工创新、创业、创富，陈钿隆董事长提出要对核心人员再绑定、再出发。

因此，在旗智传播的对赌条款结束前，省广有关人士与向寒松和栗源两人进行了多次沟通，重新进行了制度设计，最终达成了新的共识：向寒松、栗源以及旗智核心管理人员与省广一起成立新的平台公司——珠海博纳思品牌管理咨询有限公司（以下简称博纳思），其中，向寒松、栗源等核心管理层持股70%，省广持股30%。显然，这个持股比例参考了省广2010年改制时的股权结构。

从风险控制的角度，对于新兴、初创类项目，省广尽量不追求控股，原因如下：首先，新兴业务，更需要创始团队的创造性劳动，创始团队的股权比例过低，不利于团队的稳定，不利于激发创始团队的工作积极性；其次，新兴业务的风险比较高，股份比例过大，会导致省广承担的潜在风险变高。控股是重资产行为，作为上市公司，要非常慎重。

我们从省广成立的多家平台型公司的股权设置上，可以看出来上述思路。

2018年，博纳思与博报堂广告公司按50：50的比例成立一家新的合资公司——珠海市广纳思博报堂广告有限公司（以下简称纳思博报堂），这标志着博纳思这家在省广平台战略下孵化的平台公司，不仅在市场竞争中站稳了脚跟，同时还具备了自我裂变、自我生长的能力。

由此，向寒松和栗源两人同时身兼三职，既是旗智传播的管理者，又是两家平台合资公司的股东。省广要求他们必须同时对三家企业的经营负责，不能偏颇任何一家公司。为此，省广对向寒松等核心管理层制订了严格的考核政策。

业务层面，向寒松等管理层持股的两家合资公司与旗智的业务进行了区分——前者开拓增量客户，媒介业务全部交由省广总部统一服务，旗智现有客户不得转移至博纳思或纳思博报堂。

平台战略的本意是要激发核心管理团队的创造力和创业精神，而事实上，向寒松、栗源两人也确实迎来了第二次创业的爆发期——2019年，旗智传播的营收达到了10亿元级别，博纳思、纳思博报堂的业务也蒸蒸日上，实现了公司与团队的多赢。

2022年，旗智传播的客户群涵盖汽车、快消、IT、奢侈品、地产等领域。

无论是从经济收益，还是资源整合上，省广收购旗智传播的回报都非常高。

广告营销向寒松说，如果 2015 年完成对赌之后，不加入省广的平台战略计划，不与省广合作成立合资公司，而是选择出去再次创业，很可能没有那么顺利，至少成本会很高、风险会很大。

事实上，合资公司博纳思成立后，就花费了三年时间来培养团队、积累资质，好在有省广这个大平台作为支持，可以借助内部资源，通过服务省广其他部门的客户来度过生存期。而省广雄厚的资本实力、四十多年服务几千个品牌的背书，对于博纳思、纳思博报堂两个合资公司的业务拓展，打造公关新业务平台还是有很大帮助的。

可以说，在省广这个大平台上，可以更高效地进行资源整合，经营单元更加容易相互赋能。省广的平台战略，为省广的创新创业者们提供了更好的创业环境、更加便利的一次创业乃至二次创业的条件。

第二节： 汽车营销，加强后链路营销管理

省广汽车数字营销有限公司，是省广集团实施平台战略的成功个案。

一方面，省广通过平台战略，对省广汽车营销启动全新股权架构，以"员工为主＋省广集团为辅"的全新资本结构，激励员工创新创业。

另一方面，省广汽车营销凭借高效、高质、高能的营销实力，把握汽车后链路营销风口，与省广集团前链路数字营销业务模型形成互补，数字化能力得以充分补强，实现汽车全链路整合营销服务的服务共赢。

省广汽车营销定位汽车新零售整合营销传播始于2015年，为汽车行业品牌主提供效果广告运营、直播电商推广、私域用户运营等汽车后链路营销传播服务。依托于数据中台体系，聚合多元流量、分析多元维度人群、产出多维优质创意内容，同时结合实时数据分析反馈，提升优化投放效果，快速地实现传播高融合、高精准、高转化。

目前，省广汽车营销已在广州、北京、上海、杭州等地设立办公场地及团队服务，聚集350种以上的营销板块，以及策划、运营、创意、拍摄、后期、主播、投手等岗位高精尖新人才，已经成为开拓汽车后链路营销市场的中流砥柱。

● 效果流量运营，始终维稳行业第一

紧抓汽车行业效果营销能力建设。省广汽车营销2019年成为巨量引擎首批"效果通"服务商，快速搭建"策略定制＋流量运营＋创意生产"的效果团队，并不断挑战和创新，持续迭代自身服务领域及专业范畴，深入推动效果营销3.0发展，纵向深挖"不止于线索"确定效果营销全新价值，横向拓宽流量边界，除字节外进军腾讯系、快手系、汽车之家、易车、懂车帝、小红书、B站等效果领域，以先发优势快速奠定国内首屈一指的效果广告领军地位。

铸造汽车行业第一影响力。2022年上半年省广汽车营销在字节系投放体量稳居行

业第一，凭借自身不断研究及创新，保持整体自运营占比超80%，引入千川搜索等新效果产品开拓流量，对应大盘排名均为第一。

营销科学创造第一数据力。汽车效果能力提升亦离不开数据策略引导，省广汽车营销成为行业首个巨量引擎营销科学认证服务商，并成功获得15个汽车品牌授权巨量云图数据策略服务，远超其他代理，在搜索、直播、达人等板块生成数据策略模型20个以上，拥有权威认证的成熟数据策略能力，为践行汽车行业营销科学开辟高效道路。

行业大奖力证第一出圈力。2022年上半年，省广汽车营销凭借在效果领域的出色表现，屡屡斩获行业大奖，助力品牌出圈验证创意实力，荣获IAI国际广告奖一金二银、金投赏金银铜、虎啸奖、金鼠标、Topdigital、共擎奖等行业认可奖项累计30个以上。

电商直播服务，客户生意放在第一

紧跟汽车电商发展态势，坚守为客户创造价值理念融入客户生意。探索汽车云端变现能力，设立汽车电商中心专项开拓，提前布局直播硬件基建。

A.M.A元宇宙基地是省广汽车营销在直播领域的硬核资产。作为华南首个可进车的虚拟绿箱直播基地，以大、多、专的特点快速出圈。具体来讲就是：场地大，3000平方米内容生产基地以及30个以上的直播间满足汽车客户不同营销场景下的需求；设备多，业内直播形式全覆盖，以AR、VR、AI为一体的XR技术提供虚拟形象设计、3D建模及360度智能娱乐交互，带来身临其境的视觉享受，影视级标准U型绿箱、专业演播室灯光/音控/4K超清导播系统等顶级虚拟直播间配置颠覆传统直播模式；团队专，设立独立且稳定的直播服务团队，包括运营、投手、主播、副播、场控、屏控、拍摄剪辑7大阵营近百人服务团队确保整个直播过程有条不紊地进行。在强大硬件及软件加持下，多个汽车直播高光案例应运而生。

顶级虚拟创意实践方向，致力于联动明星、头部达人、品牌日活动引爆品牌大事件，引领年轻化营销新风尚，小鹏 P7 NFT 数字藏品引爆新车上市"品效销"效应，并通过东风日产启辰 X 汽车联合大 V 虎哥，以穿越未来城市为主题，打响新年营销战，业已成为汽车元宇宙玩法范本。

● 私域精细运营，用户中心服务第一

紧追数字营销 3.0 时代步伐，一个所有企业都将是服务型企业的时代。以用户为中心，激发用户深度参与和深度互动，目的是获取以提升交易价值＋挖掘传播价值为核心的生态价值，通过内容、身份、沟通、培育、商品、积分、服务、评价八大体系差异化构筑社区整体运营体系。

真正的用户运营，靠的是"策略运营＋硬核技术"的双重驱动。专业化沉淀，让用户运营策略化而非手段化，找准定位，瞄准方向，方能快速制胜；数智化手段，让用户运营技术化，技术是手段，数据是目的。双重驱动下，对用户获流、用户承接、用户运营、用户培育、用户转化、用户裂变的"产品＋技术"进行精细化管理，助力品牌用户价值利用最大化。同时，基于丰富数据运营经验总结出标准化数据运营流程，通过数据采集、数据处理、数据分析、数据运营等数据处理技术保证用户行为研究成果的质量。

从投放到成交，全链路开发赋能私域高效增长。前链路数据系统基础建设，公域投放工具、数据工具、私域运营工具与数据研发，包括官网/小程序/App 系统定制开发，投放系统承接公域流量，企业微信 SCRM 获得后链路数据的沉淀。省广汽车营销背靠领先能力及技术，成为汽车之家用户运营服务商及懂车帝企业开放平台服务商，用户运营建设得到进一步开拓。

在 GIMC 云平台的赋能下，加强与头部数字媒体平台的合作，省广汽车营销协同省广本部专业服务团队，快速渗透汽车客户的用户运营服务体系。

省广汽车营销总经理章波认为，前有省广集团业务的协同与指引，后形成独立创

新业务可以更深入地提供客户后端链路的融合服务。

随着营销后端效果变现能力越发重要,省广汽车营销将坚定走创造高价值智慧服务之路,现阶段在效果、电商、私域三个营销模块做好能力建设及经验沉淀,未来将推进"效果运营＋直播电商＋用户运营"的整合营销后链路服务,融入客户业务生态,解决销售和传播中间的链路闭环,真正发挥"营销"的效果。

第三节： 省广众烁，提升数字化营销能力

2015年6月25日成立的珠海市省广众烁数字营销有限公司（以下简称省广众烁），也是省广实施平台战略之后成立的。成立这家公司的目的，其一是弥补省广在数字营销领域的短板，完善省广的服务链条；其二是吸纳和留住核心人才，让懂数字营销的核心团队在省广创业，成就自我、成就省广。

省广众烁可谓是省广为吾震飞及其团队量身打造的创业公司。

吾震飞曾出任联想移动华南区终端营销总监。2005年，吾震飞加盟一家国内领先的数字广告公司，正式进入了数字营销领域。十年的磨砺，吾震飞熟悉并实操了品牌整合营销、精准投放、新媒体营销、SCRM等数字营销领域的多个经典案例，服务了包括华为、加多宝、万科、美的、宝洁等50多家各类型的行业顶尖品牌，累计获得国内外数十个各类营销金奖。其间，吾震飞与省广有过一些交集——他曾经受邀到省广讲授线上广告监测业务，对省广数字营销团队也比较熟悉。这为他日后加盟省广、在省广平台创业埋下了伏笔。

2015年，在实施平台战略之前，省广高层找到吾震飞，力邀他加入省广，在省广平台创业。

就省广来说，虽然有一些线上广告业务，但此时的省广尚没有全面进入数字营销领域。要向数字化转型，数字营销是一个大趋势。省广必须引进数字化营销的专业人才、团队。在数字营销领域有丰富经验，又有多年创业经历的吾震飞，当然关心创业团队利益如何与省广的公司利益协调一致，关心省广能够提供哪些支撑资源。

"省广的做事风格，尤其是陈钿隆董事长等省广高层领导的诚意和实干风格打动了我们。"吾震飞这样说道，这是他和团队最终选择与省广合作的重要原因甚至是首要原因。

于是，省广与吾震飞及其团队共同组建了省广众烁，省广占股30%；吾震飞及其

团队占股 70%。

省广众烁最初的核心团队基本都是吾震飞带过来的老部下,背靠省广这个大平台,大家的创业激情高涨,但主要客户仍需吾震飞及其团队自己开发。因为数字化营销本身还是一个比较新的业务,在开发逻辑与服务方式上,与省广原有的业务有很大的不同。省广众烁成立后先后开发了一批金融类大型品牌客户。

由于省广众烁的团队基础较好,再加上省广集团的大力支持,客户颇为信任,省广众烁成立当年的营收就达到了 3000 多万元;2016 年底营收突破 8000 万元;2017 年营收突破 1 亿元,随后接连突破 3 亿、4 亿元。2018 年,省广众烁获得了优客工场给予的 3 亿元估值,并以换股形式投资 1.5 亿元实现控股。

随着业务的拓展,省广众烁从最初的以金融类客户为主,逐步扩展到了快消、家电、美妆等领域;主要业务从最初的品牌全案营销扩展到了效果精准投放,形成了品牌管理、数字营销策划、媒介策划与购买、数字化创意、公关推广、O2O 媒体运营、视频全营销等多领域服务的业务架构。

未来,省广众烁将会持续扩大与文化、体育、艺术、时尚等领域的品牌和 IP 的合作,基于元宇宙生态,为客户提供数字营销服务及对应的技术解决方案;用全新的元宇宙营销逻辑重写数字营销和产业的互联互通关系,以虚拟带动实体深度服务和参与产业数字化的时代进程。

第四节： 省广影业，进军影视娱乐新营销

2015年12月12日"双十二"创业节上，广东省广影业股份有限公司（以下简称省广影业）正式成立。省广原东风本田项目负责人梁毅斌，以平台公司首批创业者身份，从省广本部辞职，成为省广影业股东并担任总经理。

省广影业创立的定位是影视内容与品牌用户的整合营销专家。基于票务平台微影时代以及来自省广内部的92位精英骨干以及外部金融界、投资界、电影界的资深投资者等股东背景，省广影业贯通整合营销传播的价值链，从影视投资制作、影视宣传发行、影院运营管理、整合营销传播四大板块切入影视内容营销业务，构建影视产业闭环，以此打造"内容+场景"的影视整合营销新模式，实现泛娱乐营销全方位布局。

迄今为止，省广影业累计投资出品院线电影15部，网络电影22部，网剧13部，电视剧1部。

其中，网络电影《捉妖大仙》在爱奇艺独家上线十天，平台点击率突破2500万大关，成为2018年4月第一周网络电影播放量榜单第一名，第一部作品上线仅40小时突破1000万点击量，当周突破2000万点击量成为爱奇艺爆款，累计分账票房1126万元。

网络电影《捉妖大仙2》，2019年7月4日在爱奇艺独家上线，上线首日135万票房，上线一周票房突破1000万，最高热度5720，爱奇艺评分8.1分，影片荣登爱奇艺电影热播榜第一，爱奇艺电影华语榜、喜剧榜、魔幻榜、飙升榜第一，荣获二十八届金鸡百花电影节互联网影视文娱盛典"最佳人气网络电影奖"，累计分账票房2184万元。

网络电影《大幻术师》2020年8月在爱奇艺独家上线，上线首日猫眼热度9976+，上线一周票房突破1000万，抖音播放量破3亿，累计分账票房2600万元。

省广影业的网络电影《巨鳄》2019年8月在优酷视频独家上线，开播36小时热度破7700，上线9天分账票房超1000万元，荣登优酷电影热播榜、网大榜第一，累计票房1536万元。

网络电影《镇魔司2：苍龙觉醒》2019年6月腾讯视频独家上线，项目荣获三声中国新文娱峰会2019年度最佳网络电影奖项，上映12小时播放破1500万次，上线7天播放破1亿次，累计分账票房1200万元。网络电影《牧野诡事之寻龙》2021年11月腾讯视频独家上线，荣登猫眼网络电影热度榜第一，累计分账票房1265万元。

第五节： 省广星美达，加强央媒战略合作

省广作为营收超百亿的行业龙头，在媒体资源整合上有着强大的能力和丰富的经验，截至目前，连续多年荣膺中央广播电视总台最高信用等级代理公司。所以，如何继续深挖媒体价值是省广媒体板块需要重点考虑的问题。

省广星美达作为省广"平台战略"的一员，紧贴中国最具权威和影响力的头部媒体平台，专注打造能为客户带来更高传播价值的服务；同时拓宽央媒营销、数字营销、直播运营等服务职能，为客户提供更加全方位的深度服务，帮助客户获得品牌与市场双向成功。

在央媒营销板块，省广星美达整合中央广播电视总台／央视频、新华社／新华网、人民日报／人民网，这三大党和国家宣传思想战线的主要阵地，依据需求为客户提供媒介、广告投放、整合营销、内容策划、节目合作等层级服务，充分发挥战略升级、高端站位、政策扶持、策略引领的特殊使命性作用，助推品牌升级；数字营销板块主要为客户提供视频多屏、跨频的投放优化，对广告频次和到达率实现优化，提升客户广告投入的产出效率；直播运营板块链接顶级平台资源并通过强大技术优势，为品牌提供运营流程、营销策略、运营执行等一体化电商运营服务，为品牌营销赋能，快速提升知名度和市场份额，助力终端市场销售迅速提升。

省广星美达协同省广本部先后达成了与北汽绅宝、一汽奔腾、北京现代、华强方特、九牧厨卫、惠达卫浴等国内一线品牌客户的良好合作，通过精准锁定头部大IP，为客户提供更加全面的整合内容营销服务，如：

成功携手北汽绅宝冠名央视CCTV-3《中国好歌曲》综艺大IP，开启北汽娱乐营销新纪元。

成功协助九牧厨卫作为中国卫浴第一品牌，以全新的品牌形象亮相"央视春晚"及央视"两会报道"。2022年北京冬奥会，协助九牧冠名央视频道冬奥栏目《冰雪健

儿向前冲》，为企业提出"千亿九牧 百年九牧"战略提供有效品牌助力。

紧抓中央广播电视总台重磅推出的顶级核心项目，助力华强方特入选"CCTV国家品牌计划"领跑品牌，彰显了国家品牌的使命与担当，通过国家品牌影响力让华强方特这一品牌进入国际视野，践行"让世界更欢乐"的企业使命，成为具备国际市场竞争力的中国文旅品牌。

第七章
建设行业领先的数字营销平台

约翰·沃纳梅克说过：我知道我的广告费有一半被浪费了，但我不知道是哪一半。营销的数字化时代让这个问题得到解答，大数据对消费者的精准触达，大大提高了营销的效率。平台战略的持续深化，数字化转型势在必行。因此，2016年省广集团全面启动大数据全营销的业务转型，通过联动多渠道数据、完善消费者洞察来优化营销策略与效果，升级全营销服务体系，助力广告主实现品效合一的增长。

——省广集团首席执行官、总裁　杨远征

第一节： 陈钿隆董事长的一封公开信

这是一个机遇与挑战并存的变革时代，移动互联网已经进入了下半场，大数据、物联网、人工智能技术日新月异，正在深刻地影响和重塑整个营销产业——越来越多"以数字为先的消费者"，正在倒逼众多企业进行数字化转型。

GIMC 对此感同身受，我们深知仅仅依靠过去的成功案例，无法帮助客户推动数字时代的营销革命，更无法怀抱过去的光荣与梦想，描绘 GIMC 未来发展的新蓝图！因此，省广必须在技术与专业的双轮驱动下，传承一以贯之的变革精神，开启一段"新整合、新创业"的新旅程，重塑 GIMC 数字时代的光荣与梦想！

上面两段话是 2018 年 12 月 12 日，省广发表的一封致全体员工的公开信，这封公开信的标题是《新整合 新创业 推动 GIMC 数字时代的组织变革》。

这封激情澎湃、信心十足，又充满了深深忧虑的公开信，充分表达了省广高层此刻复杂的心态。

传统纸媒、电视媒体时代，媒体资源被高度垄断，消费者的触媒渠道也极其有限。某种程度上，媒体单位就是权力高度集中的单位。这个时候，传播其实很简单——抓住少数主流媒体做大曝光就可以了——尽管可能存在浪费，但整体投放资源可控，到达率也比较高。

数字化时代，媒体发生了质的变化——不仅有掌握大流量或大消费群体的头部媒体平台，还有众多腰部的新兴媒体不断涌现，当然还包括近些年不断兴起的自媒体。人人皆媒体、人人皆记者，这意味着内容的生产方式、传播渠道都极度分散。另外，数字媒体时代，互动性很强，内容消费者与内容生产者可以随时沟通、反馈。此外，内容消费者同时也可能是内容生产者，传统媒体时代，内容消费者与内容生产者是有严格界限的，但数字化时代，大家的身份界限极度模糊。依靠数字技术，内容及商品消费者等一切人的一切行为都可以被记录、被标签化、被分析。对于平台方来说，这就可以实现终端的智能化——根据用户的需求、喜好等过去的行为习惯，更加精准地推送更适合他的内容、商品等。由此可以看出，董事长公开信中思危思变的复杂心态背后是有着深层次思考的。

在过去，很多人对省广的第一印象是一家传统的老牌广告公司，事实上，省广始终保持着四十多年来一以贯之的创新变革精神，不断探寻着下一次的"华丽转身"。

早在2008年，省广就关注数字化的发展，先后成立了数字传媒事业部与网络互动局，开始尝试数字业务的探索与实践，但受限于彼时移动互联网技术发展的限制，并未开展全面的转型实践。

上市后，省广再次加大资源投入，加快了在数字化布局上的步伐。省广上市招股书中写道：省广管理层预测，随着新技术的引入，广告业的发展空间将被大大拓展，互动营销正逐步成为广告市场的主要传播形态之一，传统媒体正在向数字化转型，依靠数字化媒体和传统媒体的联动拓宽市场空间。省广上市招股说明书关于募集资金的使用中，就有一项是进行数字化建设——"广告数字化运营系统"项目，该项目于2012年验收，在省广正式投入使用，整合效果显著。

2012年7月18日，广东赛铂互动传媒广告有限公司在广州成立。这是省广为顺应数字时代的发展趋势成立的全资子公司。

◎ 2014年与腾讯举行战略会议

数年间，省广在数字营销的布局上举措频频，我们不难看出其对数字化转型的坚定信念。2013 年，省广在数字营销领域的营业额已达 10 亿元，位居国内数字营销领域前列。但对于在数字化转型上有更长远目标的省广来说，显然还远远不够。很快，省广再次用行动证明了这一决心。

平台战略为省广未来的发展勾画了蓝图，更为数字化转型提供了可靠的保障。正因如此，2016 年 12 月 29 日省广在北京举行主题为"大数据时代的营销变革"的战略发布会，正式吹响了全面数字化转型的号角。

◎ 2016 年 12 月 29 日在北京举行"大数据时代的营销变革"战略发布会，G-NOVA 大数据平台正式启动

大数据时代，新营销之变，中国营销产业正在迈向产业发展的无人区，没有经验及规则可循。面对变局，省广不是选择忽视，而是以先行者的姿态直面挑战、抓住机遇。

第二节：拥抱大数据时代的营销变革

大数据时代，以数据为基础的数字化广告技术的应用变得越发重要，以广告主满意度为核心，构建自身的知识平台、数据平台和服务体系，是大多数国际 4A 广告公司获得成功的关键要素之一。Omnicom、WPP、Publicis 等大型跨国广告集团，早就通过设立数字部门、并购科技公司等方式，获得广告数字化的核心技术。谷歌等拥有具备广告数字化技术的技术公司，也试图通过收购广告公司的方式形成自身的整合能力。

◎ 第二届 GIMC 创业节：拥抱大数据，激励新营销

因此，推进数字化转型的实施，不仅将传统广告业务面向未来的竞争力极大提高，也将是广告公司在互联网时代寻求盈利模式进行创新的基础工程。

◎ 2016年第二届GIMC创业节，"IMC之父"唐·舒尔茨做专题演讲

享誉世界的"IMC之父"——唐·舒尔茨教授曾在2016年第二届GIMC创业节上表示："在数据驱动的大数据时代，传统的'广告传播'规划方案和模型被彻底摧毁，企业营销传播要从消费者真正的'痛点'下手。"

掌握大数据的管理、分析、应用能力，就意味着掌握新营销时代的核心生产要素。

早在纸媒时代，省广就在国内同行中率先成立了市场调研局，进行定量定性的市场研究，为品牌与营销提供决策依据。限于当时的技术条件有限，调研的样本相对较少。但在当时的市场环境中，也基本够用了。随着电视媒体崛起，省广与央视CTR合作，央视CTR拥有当时国内规模最大的同源连续性研究项目，样本量相对较大，算是当时国内最先进的市场调研方式了。

这一时期，外资广告公司在品牌与营销理念、工具等领域相对比较先进，在持续的竞争与合作过程中，省广从中学到了很多。

再后来，省广与市场上一些主流数据公司合作，通过购买等方式，弥补省广自身数据方面的不足，从而指导品牌与营销工作形成闭环。为了让媒介策略更加清晰，省广几乎购买了当时市场上所有第三方机构的数据，对媒介策略起到了一定的指导意义。

但是，这一时期的数据还是相对模糊的，更缺乏及时性、互动性，对消费者做基本分析是够用的。但数字时代到来后，消费者的消费行为发生了变化，对消费行为的洞察方法也发生了质的变化，大数据技术之下，数据更具流动性、场景性、精准性，对用户画像和用户行为的描绘更加精准、更加全面，为了更好地洞察消费者，大数据的核心是尽可能多地收集消费者的行为特征，然后对消费者进行数字化研究，赋予标签，让投放行为更加精准、提升转化的效果，好的创意不再只是传统的一句广告语、一条广告片，唯有打通创意、策划、媒介等岗位，整合最新的资源和玩法，才能诞生最适合客户的创意。显然，这一过程中，营销方式变得更加多元化，展示端需做到千人千面，这必然要求消费者数据的颗粒度越细越好，要做到这一点，省广才有可能比客户更懂消费者。

在这一营销模式的质变之下，省广开始布局大数据营销。

2015年，在平台战略启动后半年不到，同年7月7日省广发布公告，因拟筹划再融资事项，公司股票自2015年7月8日开市起临时停牌。9月14日，省广召开第三届董事会第十六次会议，审议通过了《2015年度非公开发行A股股票预案》，拟通过非公开发行股票的方式募集不超过24.9亿元的资金总额，投入大数据营销系统项目、收购股权项目等。

很快，一年后的5月6日，也是省广上市六周年的这一天，其非公开发行的A股股票，共计22.39亿元的募投项目获证监会审核通过。根据其公告方案显示，仅大数据营销系统项目就高达近5.3亿元，预计建设周期36个月。自此，省广数字化转型的序幕正式拉开。

其力度手笔之大，让人为之惊叹。正如陈钿隆所说："省广做大数据，不是做概念、忽悠市场、闭门造车、小打小闹！"纵观中国广告行业，迄今为止在大数据投入、数字化转型方面投入如省广这样的，可以说是凤毛麟角。

随着数字化进程加深,现代营销体系越发以消费者为中心,不仅强调资源的整合与打通,更注重对消费者的洞察与分析,信息化、数字化、智能化已经成为营销行业的共识。但是这个市场从来不缺少观察者与提问者,需要的是能够将大数据用于实践的整合者。

2016年12月29日的战略发布会上,在中国广告协会会长张国华、阳光媒体集团主席杨澜、微软大中华区副总裁冯国华、浪潮集团执行总裁袁谊生、IBM大中华区副总裁吴立东等众多嘉宾的共同见证下,省广正式公布了其大数据计划,并宣布与微软中国达成战略合作,携手54家行业的顶级企业,共同打造全球领先的大数据系统。

◎ 微软代表来访省广

2017年5月23日,微软全球企业服务部销售副总裁Allison Corley带领微软全球及大中华区服务团队到访省广时表示:"省广的大数据战略,在与微软的技术进行深度融合后,将为中国市场带来具有突破性的创新。"

省广通过打造领先的大数据系统,全面提升对消费者的洞察能力,驱动全营销业务的转型升级。

第三节： 建在云端的数字营销武器库

过去，我们从中国市场的众多商业案例中，发现国内企业往往倾向自主探索与自主研发。但是从省广身上，我们似乎又看到了不同之处。

在顶层设计上省广与微软进行深度战略合作，聘请微软负责其大数据系统的顶层设计工作。这种合作方式非常具有省广特色，正如在业务层面，省广通过中外联姻获得"混合动力"，十多年后的今天，省广重新演绎这种中外联姻。一个懂技术，一个懂营销，可以说是珠联璧合，这也为省广的数字化转型奠定了良好的开端。

一、行业领先的 GIMC 云正式上线

2018 年 8 月 28 日，由省广自主研发打造的大数据产品与服务平台——GIMC 云正式上线启用。GIMC 云包括 G-Desk 内部协同产品、G-PB Hub 程序化智能投放平台、G-Radar 线下大数据营销解决方案、G-Eagle 线上智能流量监测系统等十余个省广自主研发的大数据营销产品，GIMC 云一系列战略级的标准化产品陆续投入商业运营。

◎ GIMC 云上线

其中，G-Desk 系列产品以人群洞察系统为核心，以全媒介资源库、视频优选工具、明星资源库等模块共同组成的内部协同系统，可以全面提高内部协同效率，形成一个高效整体的大数据全营销数字化工作平台。G-PB Hub 作为省广程序化智能投放平台，具备一系列行业独有的先进功能，可以帮助客户实现线上广告千人千面的精准投放，提升数字广告的转化率和投资回报率。G-Radar 作为省广线下大数据营销解决方案，G-Eagle 则是线上智能流量监测系统。这些产品看似各自独立，但又互为补充，均属于营销传播链条上的一环。

杨远征表示，省广将持续加快大数据平台的投入与完善，逐步实现从 IaaS-SaaS-PaaS 的发展路径，为客户提供更加科学、专业的全营销解决方案，推动全营销业务数字化转型，最终实现消费者全生命周期管理。

对于客户而言，GIMC 云有利于企业营销数据的回收、存储和再利用，结合省广大数据标签和几十亿人群数据，真正实现数字资产的增值管理；对于营销传播项目而言，借助 GIMC 云所集成的多项数据工具，可以做到决策科学化、执行数据化、结果可视化，实现每一笔营销投入都清晰透明可把控。

GIMC 云的上线，标志着省广数字化转型取得具有里程碑意义的重大突破，成功实现了大数据营销向专业化、体系化、集成化的跨越，推动了省广大数据的应用实践。

二、整合并购夯实数字营销能力

关于 GIMC 云及一系列大数据战略级的标准化产品对省广的价值，陈钿隆用了一个形象的比喻："相当于我们在各种激烈的营销战役中，拥有了一个威力无穷的数字化武器库。我们在帮助客户做营销方案的时候，可以随时获得不同维度的消费洞察，帮助我们高效赢得更多的客户！"

有了这个大数据武器库的支持，省广更有信心全面提升自己的核心竞争力，推动全营销业务的转型升级，进一步帮助省广摆脱低层次、同质化的市场竞争，让省广这一面旗帜，在移动互联网时代继续迎风高高飘扬。

但如何才能切实装备上这款先进的"大数据武器库"呢？

当然除了技术和产品的研发外，省广也不断借助资本的力量，夯实其数字化能力。在数字化转型课题面前，需要弥补的不仅仅是数字化营销经验，更在于数字化产业链的布局。"整合并购"，顾名思义，即借助资本的力量补齐数字化营销产业缺口，这种方式，最大的好处在于收效快，整合并购无疑是快速补强能力、加速自身转型的有效方式。

2014年，省广先投资深圳尚道（现钛铂新媒体，新三板挂牌838835），后收购上海恺达布局社会化营销和泛互联网营销。

2015年3月，省广收购传漾科技、投资深圳东信，布局精准营销。同年9月，宣布收购蓝门数字以及上海晋拓，补强数字营销与效果营销能力。

2016年3月，投资凯淳股份（2021年上市，股票代码301001）。

2017年5月，省广收购上海拓畅，进一步增强在移动营销领域的产业布局。

通过这一系列的整合并购，有力丰富了省广的数字化业务产业，夯实了在数字营销领域的布局。此时，省广业务范围已经覆盖营销产业链的各个环节，能够满足客户全部的营销需求。结合大数据平台GIMC云这一内生武器，以及持续投资并购所获得的外延数字能力，省广成功装备了威力无穷的数字化武器库，成为能够提供全营销服务的平台型企业。

三、数字化赋能客户提升营销实效

在省广看来，必须掌握更全面的消费者大数据，帮助企业分析和洞察消费者需求，有效配置并整合优质的资源，为客户度身定制营销产品和内容，才能获得客户的信任。只有用科学理性的数据，把结果摆在客户的面前，客户才会为其创意、产品，以及全营销解决方案买单。

据省广云与全媒介事业群智慧营销中心总经理杨孜介绍，随着 GIMC 云的正式投入，在客户的营销传播服务中，也取得了积极的进展和助力。省广通过大数据为营销赋能，可以更好地找到目标消费者，制定合理的媒介传播策略，提升客户的整体传播效果。

在实际的营销工作开展中，省广发现随着市场的竞争越发激烈，客户不仅仅关注自己的目标消费者画像，还开始关注竞争品牌的消费者画像，但在没有大数据加持的情况下，竞品的消费者画像只能从产品定位来推测，且既然是竞品，那产品定位肯定与客户几乎一致，因此竞品的消费者画像就显得没有任何参考意义。

在发现客户的这一诉求后，省广基于全域营销平台进行 LBS 定位（利用各类型定位技术获取定位设备当前的所在位置）来做竞品消费者画像的还原，更精准地达成消费者分析。

2021 年，在一个汽车客户的比稿中，客户明确要求分析部分指定车企的消费者画像，在抢占自身区段的市场之余，还要有针对性地切其他品牌的蛋糕。对此，省广通过 LBS 地理围栏的方法，以品牌的 4S 店为圆心，抓取了最近 3 个月内到过该区域的人群，再排除掉常常在此场所出没的非目标人群，从而得出该品牌的到店人群，且对这些人群画像进行分析，完美地解决了客户所提出的需求，也得到了客户的高度认可。

在了解了目标消费者后，客户在媒介策略的制定上，希望选择的媒体能更好地覆盖目标消费者，尽量减少同时投放接近两个人群的媒体，减少投放的重合与浪费。以某母婴客户为例，客户除了常规的母婴类 APP 和网站外，还希望开拓更多的传播阵地。那么，什么样的媒体中包含大量的母婴类人群或准妈妈人群呢？

省广依托 GIMC 云的标签体系，在其 DMP 数据库中将母婴类人群和准妈妈人群生成人群包，再将其人群包与不同的 APP 人群包进行匹配，重合度高则说明该 APP 的用户群体中，包含大量的目标人群；同时，再使用不同 APP 的人群包进行匹配，看不同媒体的人群重合度高低，进行更合理的媒体组合推荐。

对于消费者画像分析和媒体组合都给予明确的指引之后，在投放过程中也会通过大数据，基于目标人群在广告点击上的反馈、兴趣爱好等，进行有针对性的差异化传播。

从投放的优化角度来说，省广的大数据系统会根据广告投放所产生的所有数据进行分析，在AI（人工智能）的辅助下，进行快速归类与总结，在素材、人群、时段、频控、重定向、手机型号等多个维度进行优化。

2019年7月，省广所服务的一个合资日系品牌的主要量产车型即将换代上市，同年5月，其主要竞品上市，同年8月，有另外一个竞品上市。对于该品牌车型来说，前有围堵，后有追兵，如何突围就成了关键。

省广协助客户，从前期对消费者进行了深度分析，在媒体选择上做出了建议。此外，更针对新车型的不同卖点，将目标人群的人群包进一步细化。除了所有消费者第一次看到的广告是上市宣传稿外，第二次看到的广告将会针对不同人群的性格和爱好，推送他们关注的卖点稿件，提升广告点击率。截至项目投放结束，整体广告点击率比常规广告投放提升超过100%。

在投放的过程中，根据省广多年累积的行业标签和消费者的互动程度，进行客户意向的深度分析，针对这部分高意向人群，加强广告的曝光和推送，促进留资。甚至基于目标人群对汽车的关注和了解阶段，有针对性地推送素材，让广告更加容易占领消费者的心智。

最终，此次整体投放传播让新车型一炮而红，在8月份坐上了销量冠军的宝座，并且一直持续到年底，此后该案例获得了金投赏和TMA等多个数字营销领域的奖项。

● 案例一：赛马胜出华为智选汽车效果投放

在数字营销3.0的时代，专注于汽车营销业务的第一事业群，希望在汽车行业营销领域有更多元化的发展以及在营销手段上有更多新颖的尝试。

2021年10月初，省广正式接到华为智选车的招标通知，邀请省广参与华为智选车2022年效果类投放服务商招标项目，共7家服务商参与此次招标。

据省广第一事业群第六汽车营销中心副总经理傅建安介绍，省广当时从7家服务商中成功进入了第二轮的筛选。进入第二轮实操赛马的共有4家服务商，华为智选车会提供每家服务商一定金额的预算，4家服务商同时开展投放，最后综合线索成本、有效转化、配合度等指标，最终从4家服务商中选择2家成为华为智选车2022效果类投放年度服务商。

第二轮赛马从2月28日至3月20日共21日，开启投放前期，省广团队做了一系列完整的规划，包括相关人员的配置、投放规划、创意产出等。其中在投放渠道上，主要分为腾讯与字节这两个主流量媒体，后续还扩充了快手、百度等渠道。在人员的配置上，腾讯和字节也各配置了充足、优质的优化师以及素材团队，力争赢得2022年广告服务机会。在整个赛马期间，省广华为项目组成员每天至少工作15~17个小时，周末也无法休息，最终省广成功拿下了华为智选车业务，成为华为智选车2022效果类投放年度服务商之一。

相较于传统汽车企业，华为智选汽车客户对于效果类投放有十分成熟的机制，所有投放平台的投放系统均需要完全对接客户的CRM系统，从用户留下电话号码开始，电话邀约、到店试驾、成交，客户都可以统一使用系统去管理，完成了从前段广告曝光到成交整条数据链路的闭环。而且，为了让服务商及时了解投放效果并做出相对应的运用优化，在签署保密协议的情况下，客户每天反馈后端效果数据，让服务商根据每天的数据变化进行精细优化。

客户对数据的解读也非常的透彻，定期复盘，从素材、落地页、人群包、城市等多方面数据进行对比解读，总结出做得好的部分，要求服务商在保持的同时再进行发散性尝试，不断进步。做得不好的部分，则会要求服务商总结问题点并提供优化方案，不能懈怠。

为了让两家服务商能认真地对项目负责,华为智选汽车定制了一套赛马规则,每月根据销售部门对线索量的需求,设定主要 KPI 和次要 KPI,再综合素材产出及日常运营工作为两家服务商评分,优胜者会在次月获得份额占比较大的费用。另外,如果一家服务商连续三次失利,则会被淘汰,华为智选车则启用备选服务商。在以上赛马规则的约束下,两家服务商无论是在素材产出还是精细化运营上都十分用心,形成你追我赶之势,这就是客户要两家服务商进行赛马的目的。

在日常的工作执行中,华为智选汽车也有着一套十分严谨的审核流程。首先是素材及文案的审核,需整理成指定的送审模板,每周在固定的时间安排素材评审会,所有素材必须通过审核之后才能用于投放。其次是计划上线前的审核,为保证露出的素材及文案是完全合规的,虽然前期素材及文案已经过评审会的审核,但在上线前,需把后台计划截图整理成文档,通过客户的运营担当及素材内容担当审核后方能上线。

华为智选汽车效果类投放项目对数据要求之细致,对审核流程之严谨,在广告行业中很罕见,这是省广服务华为智选汽车以来最深刻的体会。

傅建安认为,随着营销行业数字化营销技术的普及,GIMC 云的数据能力日趋完善,将为服务华为智选汽车这样的新锐客户提供更好的技术及专业赋能。

第七章 | 建设行业领先的数字营销平台

● 案例二：助力北汽极狐打开认知流量入口

省广合众依托省广集团在汽车行业的影响力，以及 GIMC 云平台的数据及精准投放技术支持，积极拓展新能源汽车的数字营销业务，从 2021 年 4 月与北汽集团的 ARCFOX 极狐开始合作，服务该品牌的全媒体广告及效果广告代理业务。

极狐是一个新的品牌，因此省广合众服务的首要任务就是打开认知流量入口，让人们知道极狐汽车，识别极狐的品牌性格。在流量分布碎片化的传播背景下、在极狐传播预算相较于其他友商不够充盈的基础上，如何完成目标是巨大考验。

近年来，数字媒体一直在颠覆式更迭发展，短视频、直播、社交电商、种草转化……每一次更迭之初，总会有一些企业和品牌抓住时代红利，完成自身的快速生长。省广作为企业品牌的服务商，始终要保持对趋势的深刻洞察，陪伴客户抓紧市场升级机

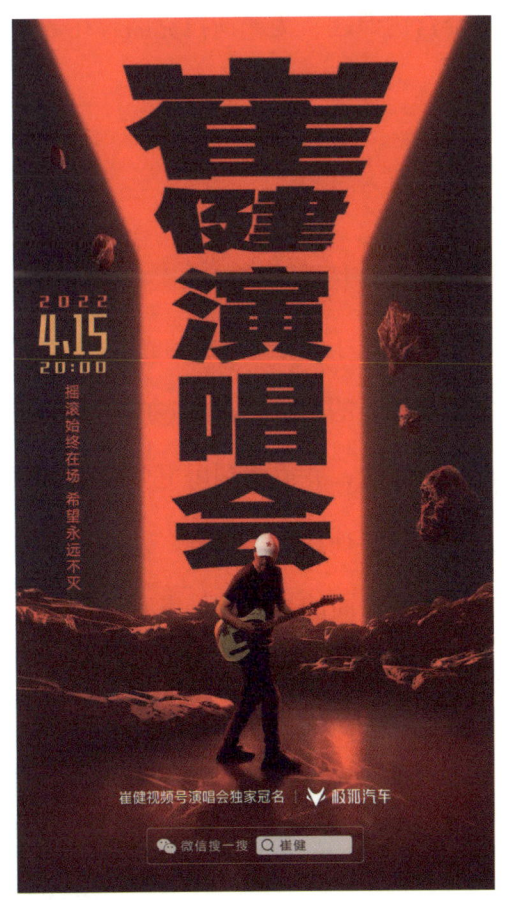

会。在服务极狐的第二年，省广合众把握住了腾讯视频号商业化的第一波传播机会，为 ARCFOX 执行了视频号第一场商业演唱会。崔健的《继续撒点野》视频号演唱会大获成功，超 4600 万人次观看、超 12 亿次曝光，一举打开极狐认知流量入口的同时，成功实现了品牌性格沉淀。

本次传播除了传播数据量级的历史性突破之外，更是一次对于腾讯生态服务于品牌传播的穿透性使用。以公私域联动为指导，在直播前通过充足的预热蓄水积累流量，在直播中通过优质的内容进行传播，在直播后通过现场 CUT 和二创引发第二次传播，最终实现了线上线下、域内域外"所见之处皆

极狐"。

在随后的第二场罗大佑《童年》视频号演唱会执行上,省广合众的服务进一步突破。除了保有之前所长,进一步完成全域链路流量沉淀,形成 ARCFOX 的传播品效闭环和数据资产沉淀。

对于极狐的年度服务,省广合众受到了客户和各大媒体平台的一致好评,也成了行业的经典案例。省广第六事业群总经理王超表示,接下来团队将会结合 GIMC 云数据基础以及品牌营销各阶段数据反馈,继续为客户提供领先于行业的专业服务。

● **案例三:提升凯迪拉克情感营销的转化率**

作为上汽通用的豪华车品牌,凯迪拉克品牌以其胆识、格调、创新作为核心要素。省广在数字营销端不断挑战自我,突破一个又一个营销课题,为凯迪拉克品牌在数字营销端贡献智慧与服务。

◉ **你是我特别的光——情感营销从心出发**

2021 年伊始,凯迪拉克就用情感营销进行开年宣传。核心主题是"你是我特别的光"——人潮汹涌,人群中,为什么我能一眼看到你,因为你是我特别的光。

温情动人的画面与情绪,在春节前后这个中国最重要的节点,需要省广通过媒体以及内容营销将用户的视野聚焦,引发用户的转发与讨论,并需要利用更多的营销手段,将这条温情动人片子下面隐含的勇敢、创新的品牌精神让用户理解,且最终能引起用户的喜爱。凯迪拉克这条广告片,除了品牌的感性方面的显性线,更有一条隐形的产品线——凯迪拉克是最早体系性运用直列式车灯的豪华品牌,这种大胆前卫的设计理念与风格,正是凯迪拉克勇敢、创新的一贯坚持,而这种直列式的大灯,同样凝聚了汽车行业顶尖的科技实力与成就。

面临这样的核心课题,省广首先需要完成的是传播方面的任务,使信息有效地触达用户。上汽通用客户有一句格言——"买广告是最没有技术含量的事情"。如何使曝光能够准确触达用户，且能在曝光的平台形成讨论与转发，这是省广面临的第一个课题。

省广仔细研究了微信春节期间的生态，结合凯迪拉克的核心信息。创新地将内容与媒介触点以及载体结合在一起进行思考。

首先，聚焦了关键词"特别的光"——这是在春节这个环境中，能被一眼看到的原因和可以讨论的话题。

其次，在汽车行业首次运用"搜一搜"这个新的流量入口，通过"#特别的光"关键词，从朋友圈广告为官方小程序导流，同步引导用户通过微信"搜一搜"进入官方小程序，拓宽流量入口。首次上线微信"搜一搜"A级专区，承接页集合"特别的光"活动小程序、各车型小程序、相关文章等板块，在微信生态中沉淀了大量的核心曝光资产与优质用户。

最后，所有的广告节点都围绕这个核心课题，选择合适的节点，使广告、内容、热点形成三位一体的共振与放大。

春节红包——除夕前发布十二万份凯迪拉克限量红包1小时秒光，以"你会发光"等吸睛字眼作为封面，通过红包分享实现品牌大曝光。

元宵灯会——元宵节发布线上灯谜小游戏，吸引用户参与，精准传播集客，提高留资效果。

感性线一炮而响，那么理性线如何到达正确的用户。很明显，理性线所针对的人群，与感性线所针对的人群并不一样。这是一群意见领袖，需要在各自的专业领域解析与传播理想的诉求点——创新的设计、尖端的科技。

省广通过微博、微信及抖音等平台传播，内容方向结合"你是我特别的光"从情感、时尚、设计、历史、科技角度深化演绎凯迪拉克直列式闪电车灯的FBI，提升凯迪拉克在用户心中的品牌好感度——形成了广泛的认知与讨论。

⦿ 微博电影之夜——明星粉丝的狂欢出圈

凯迪拉克是一个具有时尚基因的品牌，与大量的明星合作，紧贴当下最热的剧集、IP。而电影作为娱乐营销中的皇冠，提供了大量的话语流量，吸引了无数粉丝的目光与讨论。

凯迪拉克2021年继续作为主赞助商冠名微博电影之夜。作为时尚圈的顶流活动，省广面临的挑战是如何能有效地借助这个IP的流量，形成对品牌资产的正向沉淀，最终不光达成好感度的提升，并能在整个品牌层面，提供有益的帮助。

首先，用足曝光，IP的曝光权益最大化的运用。本次微博电影之夜盛典首次全程在央视6套节目直播，直播收视率0.56%。盛典网络播放总量：1.24亿，全网直播观看人数：超过1亿（2019年直播观看人数为2200万），相关微博话题总阅读增量91.3亿（2019年为20亿），相关微博话题总讨论量695万，#微博电影之夜#热搜上榜次数50+，省广不满足于硬广层面的曝光与露出，明星海报露出、明星接送用车、明星车内采访、指定论坛深度植入等多种方式，保证了凯迪拉克从品牌logo、品牌TVC、车型产品到品牌精神的全方位曝光，真正将IP的曝光权益最大化运用。

其次，用足明星，省广从参加电影之夜的众多明星中推荐了黄景瑜，由黄景瑜拍摄定制大片，将凯迪拉克CT5与明星本身的流量做了最大化的借势与运用。明星大片的播放量，仅次于倪妮以及OPPO巨资定制的大片，排名第三，力压黄晓明的定制大片，成为粉丝以及用户津津乐道的重要话题核心。

再次，凯迪拉克赞助了微博电影之夜盛典分论坛——新浪潮论坛：看见大荧幕的女性力量。将活动搬到了上海凯迪拉克品牌空间举行，微博直播呈现。力邀李少红等知名女性导演、制片人、演员参与畅谈，其中，谈话话题"#陈冲看易烊千玺表演哭了#"一度冲上热搜榜第二位。这一系列动作将凯迪拉克一贯重视的女性力量做了一个完美的演绎与阐述。

最后，这次电影之夜的IP合作，省广产出了大量的素材，在凯迪拉克的品牌私域，形成了一场明星的狂欢。充分利用凯迪拉克成体系的论坛力量、经销商私域、车主私域等，将明星的流量，转化为凯迪拉克的品牌力量。

⊙ 奥运枪响，以小博大——让内容与平台共振

2021年是奥运年，而凯迪拉克并非赞助商，如何从奥运期间各个品牌的宣传中脱颖而出，这是服务凯迪拉克的一次重大考试，而省广交出了完美的答卷。

从资源角度，凯迪拉克本身在豪华车里面并不占据优势，更不要说奥运期间的快消等产品的海量投放。所以资源聚焦是凯迪拉克以及省广面临的核心课题。

聚焦CT5这个重点车型，制定营销策略的方向，省广通过详细分析对比车型与竞争车型的优劣势，建议将MRC电磁感应悬挂作为传播的核心抓手，而这个核心抓手，在用户感知层面，会带给用户一个非常直给的体验——稳。

这个稳，首先是一个悬挂系统的优势，凯迪拉克CT5不惜工本地使用电磁感应悬挂，这套悬挂系统，以每秒1000次的频率，扫描路况，实时调整悬挂的阻尼情况，将车身的稳定做到极致，从而最终能被用户感知到的，就是一个"稳"字。

回过头来，奥运选手出色发挥夺取金牌，其核心不正是千锤百炼下的稳定发挥与实力的展现吗？所以这个"稳"字，更是奥运优势项目下，带给中国广大消费者受众的感知与体验，省广洞察的"稳赢"这个核心概念得以贯彻传播。

而接下来，该用什么平台来传播呢？奥运期间，主流的媒介平台是兵家必争之地，有没有一个平台，能够聚焦足够的用户关注，并且其产生的内容，足够优质而且能够形成话题与讨论？

省广经过仔细地对比筛选，建议凯迪拉克运用"知乎·新奇实验室"作为内容产出的核心阵地。因为CT5产品本身除了具有能被显著感知的优点外，下面隐藏着的不计成本的投入、高科技的研发体系，以及整体车辆设计的理念，这些都足以支撑一段时间的传播话题与内容。而有了优秀的内容产出，再将这条内容放诸主流平台传播，

才有脱颖而出的可能。

省广与知乎共同策划，历时近3个月，最终呈现了一场别开生面的"车上运动会"。主流的运动项目——射击、鞍马，高格调的运动项目——高尔夫，这些全部都能体现车型"稳"的特点，而且这些项目，将全部在车顶进行。

吸引用户关注的明星选择——凯迪拉克需要在奥运期间发布这一串内容，那么第一枪必须具有足够的话题以及用户关注度，必须被用户广为认知，而且这个明星，还要能够为凯迪拉克"稳"的核心诉求背书。省广经过仔细研究奥运赛程，发现多届奥运赛事，中国队的首金都是射击金牌。最终，上一届奥运射击冠军易思玲进入了视野。

最终省广规划了总计4波的传播节点、3套车上运动会视频广告片、一条产品深度解析视频，以及以微博作为内容传播平台的整体传播打法。

2021年7月23日，日本东京奥运会开幕，知乎与朋友圈首支视频放出——预祝中国首金稳赢。

7月24日，准备2套素材，分别对应首金拿下与首金未获得的情况。最终运气站在了实力身边。

7月25日，"伟大瞬间的背后"——借比赛首日夺金热情发布奥运视频，传播勇敢精神，提升品牌好感度。

7月29日至30日车顶运动会系列完整视频。陆续发布《车顶运动会》完整视频、《实验视频》深度解读MRC电磁感应悬挂。

内容层面，考虑到奥运金牌具有极强的时效性，省广建议集中在微博平台宣传，紧随首日夺金结果，迅速跟进传播。其中，大嘴韩乔生以及击剑运动员孙伟的账号，获得了极大的溢出效应，引发了网民的大量讨论与转发，有效地助推了凯迪拉克首金传播。

而在知乎平台，召集了大量PU，发布了关于MRC的深度解析文章，伴随着"毫秒世界"深度解析视频的发布，引发了大量用户的讨论。同时，省广也第一时间对知乎搜索进行布局与优化，保证能够将用户对MRC的搜索流量，承接到凯迪拉克相关的内容沉淀之中，形成持续的正向反馈。

知乎的奥运项目，获得了极大的成功，本轮传播之后，整体各平台指数，CT5都获得了极大的提升，在知乎、微博等社交平台，引发了大量的讨论，同时"垂媒"的关注指数，也获得了大幅提升，并最终在销售端达成年度最高峰。

⊙ 由植入引发的代言——IP资源的价值深挖

凯迪拉克作为上汽通用的豪华品牌，其在华东市场具有深厚的市场积累与销售优势，而华南市场作为日系品牌的大本营，历来是凯迪拉克希望攻克的核心堡垒。凯迪拉克希望省广利用华南市场的本地化优势，提升凯迪拉克在华南区域的影响力与销售量。

而《大湾仔的夜》植入项目，是省广通过洞察粤语文化圈层特点，交出的答卷。

合作的起始源于一个热门的综艺节目，《披荆斩棘的哥哥》——凯迪拉克与节目的明星李承铉进行了深度的合作，针对XT6的家庭用户，进行了一轮传播，获得了极大的成功。

而李承铉之后，XT6 需要继续深化其"座座皆平等"的核心理念，将 XT6 的 7 座大空间豪华车这个定位进一步做全面传播，进入大型豪华 SUV 市场销售主流市场。

省广通过分析众多的媒介传播资源，建议选择《大湾仔的夜》作为该项目的合作 IP。无论是传播的延续性，还是众多港星在华南地区极大的话题性和认知度以及芒果 TV 优良的节目制作能力与平台传播能力，《大湾仔的夜》最终被客户选定进行指定用车的合作。

而这时，明星阵容中的一个身影进入了客户的视野。客户希望能够选定张智霖作为产品代言人，产出视频以及平面素材——利用代言人的合作，最大化地放大节目本身的影响力。

省广通过艰难的谈判与争取，最终将明星的代言费用，全部以硬广资源进行了核销与购买，也就意味着，通过媒介采买硬广的形式，获得了明星代言以及素材制作的免费权益。

有了核心的传播点以及传播素材，那么如何最大化地利用明星的传播力呢，特别是利用张智霖在华南市场的号召力，引导用户参与话题讨论与厂商活动，沉淀能持续在华南发挥影响力的用户呢？

省广通过将明星与节目的核心内容——美食，作为传播的核心。广东作为中国著名的美食之乡，广东人历来以会吃、好吃闻名，美食的相关话题，在华南具有极大的影响力。那么如何将美食与凯迪拉克进行关联呢？省广策划了抖音的大型活动"晒晒你的家香"，由张智霖拍摄美食，作为活动传播的原点，利用抖音大量的 KOL 产出活动相关的素材，最终引导用户利用模板化的素材，产出大量的原生素材，在全网形成有效的传播热度与话题讨论。

活动期间，凯迪拉克此前赞助的腾讯美食 IP《风味人间》上市，而 IP 定制的车型视频在节目上映期间重磅推出，在品牌与格调上，将凯迪拉克 XT6 与美食成功地捆绑在一起，再次对凯迪拉克的品牌，在高度上进行了拔高。

整个项目传播之后，凯迪拉克在广东乃至华南区域的影响力获得了大幅提升。

● 案例四：联手华帝首创短视频平台新玩法

"省广服务华帝得益于一次机缘巧合"，省广第五事业群副总经理王宇惠接受采访时说，当时华帝旗下的家居子品牌，苦于没有大明星做代言人而难以在家居市场中脱颖而出。因此她组织策划创意团队，巧妙运用人人都喜欢的猫咪作为主 KV 里的代言大明星，在一众供应商中以"趣味"取胜，并从邀标比稿中胜出，从 2018 年一直服务华帝至今，并打造出多个获奖案例。

王宇惠谈到，通过 GIMC 云平台捕捉事件数据，制定应对措施和营销响应方案，有助于满足华帝品牌年轻化的需求。在 2019 年华帝洗碗机新品发布期正遇上主打"乐队文化"和摇滚乐的热门综艺《乐队的夏天》的决赛期。《乐队的夏天》掀起了一股通过摇滚乐表达自我、解放自我的热潮。在《乐队的夏天》节目播出期间，导师乔杉其音乐人身份备受质疑，在节目后期，更因"#乔杉退出录制#"话题进一步发酵而引起热议。

看准这个机会，省广团队策划联合明星乔杉推出"华帝洗碗机乐队"，重新改编经典歌曲，并在北京街区举行巡回演唱会，并发布 MV《对不起我来晚了》，"#《乐

队的夏天》线下演出#"为噱头吸引各界关注，整合多方资源造话题、炒 MV、曝新品。

在抖音挑战赛流行 2D 贴纸的时候，又首创了自编音乐入库，以"与乐队合作演绎"为创意撬动点，举行了乐队挑战赛，以小成本达成大曝光，最终单平台曝光达成 20 亿以上。

省广团队还将此成功的营销模式，复刻到 2020 年华帝《我和我的家乡味》项目中，此项目在快手单平台 7 天内曝光量达到 26 亿，并获得了当年的"虎啸奖"。

随着国风歌曲、汉服文化等国潮文化在年轻人的群体中越来越受欢迎，秉着"推广优秀传统文化"的理念，省广为华帝打造了首届"国风仙乐"音乐会，以时尚的国风演绎方式发布新品，以传承与弘扬国风文化为主旋律，让更多人看见中国至美文化。

为了展示原汁原味的传统文化，省广团队把华帝发布会搬到敦煌鸣沙山，以黄沙为背景设置国风演出舞台，打造"华帝 × 快手平台 × 仙乐云游记"音乐会，华帝化身中华文化传承的推手——集各方有识之士，展现传奇文化的魅力。此盛会包含古风和现代妙音相融的惊艳合奏、演绎壁画下的传奇敦煌舞蹈，整合快手国风文化资源，展示不断提升的文化自信。在直播文化盛行的今天，一次"全开麦"的实况直播发布会，盘活快手"仙乐" IP 国风音乐人，从粉丝、国风爱好者到直播粉丝等层层破圈，最终引起广泛关注。

王宇惠认为，整合营销顾名思义就是整合各方资源打造一个盛势，一个好的创意活动除了要给品牌带来真真切切的品牌效应之外，它的能量应该是更丰沛的，应该为社会带来更多正向能量。

与创维共同打造的一个关注贫困山区儿童的项目就是这样一个代表作。

省广团队策划了在六一儿童节之际，以创维"为创造发声"为主题，发起相关公益行动，致力于帮助山区开展艺术课程，呼吁大众利用接力 H5 为山区孩子捐赠 1 分钟艺术课程，并为山区孩子办了画展，接力"广美毕业展"事件。在 GIMC 云平台的技术支持下，整体项目收获全网总曝光 3 亿 +。通过创意与公益同行，促进了越来多的公益课程走进山区，艺术网课逐步普及。

● 案例五：打造正官庄品牌本土化营销场景

正官庄是韩国人参公社旗下较重要的品牌之一。2016年，正官庄与省广沟通，尝试将品牌营销活动整体委托给省广，但在此之前，正官庄仅委托过省广策划执行当年的一个中秋节活动。对于省广这样的大型品牌营销集团来说，虽然项目不大，但专业、用心、对得起客户的信任，都是其一直坚持的原则。

省广大快消事业群副总经理魏伟文回忆说，决定协助正官庄品牌建设的第一阶段是在区域市场深耕：深耕一个区域就是深耕人心。省广为正官庄策划、执行了"百年'参'情'抱'答深恩"的中秋主题活动。活动以日常化的"拥抱"动作为创意点，结合品牌百年历史背书，进行传播主题开发。以拥抱感恩父母，使其品牌成为触动消费者的"钥匙"。以百年之参孝敬父母，让消费者对品牌产生"场景刚需"。

除了抓住消费者的关注点，让渠道上下一致关注、助力品牌更是转化销售的重点。2016年12月31日，正官庄携手东莞国药在东莞寮步开展大型路演活动。路演活动当天，跳水界的"难度王"、2008年奥运跳水冠军何冲到现场跟大家进行互动和分享。"冠军品质"吸引消费者，"冠军颁奖"大大激励了经销商、渠道商的积极性，"冠军证言"对品牌、对产品效果有力背书，此次活动一举三得，以小成本带来效果非常明显的转变。

再大的公司也要能深入市场、细致入微深耕区域，才能切切实实为客户带来更好的效益。省广通过认真对待一次次小又难的任务证明了自己的实力。此后，正官庄将中国区的品牌与营销方案全交给了省广。

从省广与正官庄合作以来，一致倡导客户积极参与中国的公益活动项目，让外资品牌从心到品都更关注本土化。省广协助正官庄策划执行了到敬老院慰问老人的公益活动，针对重点市场定点进行媒体传播，建立具备高度社会责任感的品牌形象。

同时，针对不同区域市场的特点，深耕区域的持续传播，为正官庄带来品牌认知与销量全面增长。

2018年，省广大快消群吴文丽及其团队通过GIMC云分析消费者数据，结合市场调研测试。发现营养保健人群年轻化、需求细分化、场景多样化趋势明显，并及时与正官庄沟通了针对年轻化市场的传播策略，深度契合了正官庄品牌推出国产版"红参石榴汁饮品"明星单品的产品战略。这款产品以正官庄在韩国大热的红参石榴汁饮品为原型，在国内上市后也非常受欢迎！

针对这款国产版红参石榴汁饮品，除了传统的年轻女性市场的切入，省广团队更洞察到越来越多年轻消费者与母亲"闺蜜化"的相处模式，聚焦新型家庭化服用场景，推出"家庭观影会"主题事件，搭建家庭月主题影厅，从里到外，多位一体，打造全新体验营销原生场景。创造年轻消费者与母亲"破次元"体验，拓宽家庭用户，提振品牌声量。针对国人常见的"夏季不能吃参"的认知误区，通过多样的场景化素材开发，进行服用教育，拓宽夏季服参人群。

但现场的影响总是有限的。为此，省广团队通过联合平面媒体、网络新闻媒体及SNS平台回顾活动，进行二次传播，联合KOL组建品牌蓝V联盟，延展发酵活动话题，上线表白H5、宣言海报等，进一步拉高话题声量，深度发酵话题，并斩获业内营销

传播奖项。

在社交媒体上,针对新代言人国内活动的契机,省广团队协助正官庄策划打造全网"最响情话""#满分情话大赛#""#丁海寅的满分情话#""#跨越879公里的情话#"社会化传播话题,影响力巨大,阅读总量2000万+,对比往年上涨百倍声量。

针对家庭用户,母亲节期间,省广团队协助正官庄策划了话题#更好的礼物是陪伴的时光#,从情感角度出发与粉丝产生共鸣吸引互动传播,协助品牌提升了天猫站内引流效果。

在省广的助力下,正官庄一直在中国市场保持领先行业的增长速度,2016—2021年的五年合作,让年销售额增长近3倍。

第八章
升级平台组织架构与管控模式

为确保平台战略更好地落实,提升数字化转型的执行力,2018年12月12日,省广启动了新一轮的组织变革,把业务部门及支持中心的经营管理架构升级为平台型组织——其目的就是要打破集团本部业务单元和并购企业间的合作壁垒,让真正有创业梦想、有创业能力、有责任、有担当、具备成功创业经验的牛人,带领大家一起创新、创业、创富,一起描绘未来发展的全新蓝图。

省广管理层希望通过这次组织变革,加强集团的战略管控能力,进一步推动人才、技术、客户资源的有效整合,构建"大平台·强中台·小前端"的全新运营管理模式,加速大数据技术的商业变现,提升公司整体盈利能力,并形成区别于竞争对手的核心竞争力。

第一节：每个事业群都是平台型组织

陈钿隆认为：像省广这样规模的营销集团，不仅要给客户提供营销服务，更要帮客户解决生意问题。要想实现更好的转型升级，必然要基于实际，依托于业务。过去由于缺少推动数字化转型的中间环节，难以打破各业务单元之间的壁垒，无法实现客户资源与营销资源的高效整合，集团大平台最新的技术成果，难以及时转化成为创新的行业解决方案，并通过业务前端快速实现商业变现。与此同时，省广各业务单元在创新业务盈利模式的过程中，缺乏有效的机制保障和试错空间，整体的盈利能力难以大幅提升。

因此，为打破各事业部与各成员企业之间的壁垒，加强客户资源与数字营销资源高效整合，省广管理层经过研究，决定进行组织变革，取消原先经营架构下所有事业部番号，重新按照业务专业化、行业垂直化原则，重组事业集群，构建推动数字化转型的业务强中台。新成立的事业群，整合了若干行业营销中心、分公司、子公司、合资公司、平台型公司。

这次变革规定，事业群总经理兼任集团总裁助理级别，他们当中既有原事业部总经理，也有创业经验丰富的并购公司总经理，以及外部聘任的行业营销专家，肩负着推动公司未来发展的重任。

与此同时，在集团大平台层面，将原数字传媒中心、大众传媒中心、内容产品中心、全媒介策划中心、体育营销中心，全部并入新组建的三赢公司，打造省广全营销价值链的整合与支持平台，加强对全营销资源的跨界整合，帮助各业务单元全面提升盈利能力。重组后的三赢公司，和大数据中心、GIMC学院（现更名为GIMC研究院），构成省广集团三位一体的"大数据·全营销"支持平台。

2019年，在此基础上组建的省广云与全媒介事业群，整合了三赢公司与大数据中心，升级了省广全营销价值链的整合与支持平台，不断加强对优质营销资源的跨界整合，进一步提升了对各事业群数字营销业务的支持力度。

云与全媒介事业群总经理于皓表示，这一举措非常符合业务实际，有效地避免了业务与技术"两张皮"的风险。在大平台的支持下，业务单元可以轻装上阵，将省广的专业能力与技术成果进一步融合，共同为客户提供"品、效、销合一"的全营销解决方案。

在云与全媒介事业群之下，分为大数据、媒介谈判与购买、全营销策划、品效运营、新模式与新业态探索以及竞价广告等支持与业务板块。这种T字形的业务架构，有助于数字业务的做深做专和服务的做细做透，可以更好地适应省广数字化转型的需要。通过以上"基础设施"的架构调整举措，构筑了业务护城河，实现了大数据·全媒介业务的闭环运营，切实推动了数字生态建设和利润水平的双提升，成功加速了数字化转型。

经过这次的组织变革，各事业群在集团大平台的赋能下，都具备了更强大的数字技术运营能力，可以针对不同企业客户的需求，研发更具行业针对性的数字营销产品及专业解决方案，可以更好地赋能各业务前端，高效敏捷地实现营销技术及盈利模式创新，成为名副其实的平台型组织架构，有助于提升省广平台战略的执行力，加速集团的数字化转型的进程。

第二节： 提升企业平台战略管控能力

陈钿隆表示："对于企业而言，发展既是一次拼搏，更是一场长跑。要更好地推动平台战略的实施，不断提升公司的经营规模和盈利能力，就必须真正做到强化管控、优化管理，方能长治久安、行稳致远。"

一、丰富行业类型，优化客户结构

回顾省广的历史不难发现，面对中国经济的高速发展和一次又一次的行业革新，省广的管理层始终密切关注国家发展方向，不断分析、预测行业发展趋势，提前布局发展前景较好的朝阳行业。即使对于目前规模尚小的朝阳行业，省广也通过对个别品牌的提前介入，储备相关行业领域的人才，在该行业领域提前布局，伴随着朝阳行业共同成长，由此省广业务能够始终在景气行业中保持领先地位。

20世纪90年代，省广业务主要集中在家电行业；2010年上市的时候，在汽车、通信IT与快速消费品行业，省广与同行相比具有较大的优势。省广在招股说明书中表示，今后省广将密切关注行业发展趋势，集中资源大力开拓金融、航空、旅游等行业内客户，确保公司业务的持续发展能力。

自从赢得第一个汽车客户后，省广陆续在汽车行业攻城略地，获得了众多客户。上市后，最高峰时汽车客户的应收收入在公司销售总额的占比达到了75%左右，这样的行业领先优势当然值得省广人骄傲和自豪。

但是，省广管理团队也敏感地发现了潜藏的风险——由于行业都有一定的周期性，单一行业客户占比过大，会导致省广的经营风险加大。于是，省广管理团队开始有意识地开拓更多其他行业客户，以此降低汽车客户的比重。

近年来，省广在互联网、快消、出海等业务开拓方面持续发力，接连斩获了快消品牌美赞臣、蒙牛，新生代品牌美团、唯品会，游戏品牌三七互娱、莉莉丝等优质客户，出海业务规模也突破20亿元，累计海外客户数量超200家，成功实现了汽车与非车业务占比1：1。

通过持续优化客户结构布局，省广服务国际化、年轻化品牌的经验更加丰富，为稳定大盘、开拓增量、海外布局打下了坚实的基础。

二、强化风险管控，提升资产质量

近年来，国内外宏观环境变化较大，黑天鹅、灰犀牛事件频出，给企业的经营管理带来了更多不确定因素。以前，像广告公司这样的乙方公司由于信息不对称性，风控主要是凭感觉，缺乏系统性，更缺乏运用各种工具对各种信息进行综合分析的能力。

客观来说，广告公司要实现精准避雷，比银行困难得多。因为银行在批出贷款的时候，处于强势方，银行有权全面查看申请方的财务资料和单据、员工辞职率，甚至可以要求给出抵押。但广告公司对于广告主是弱势方，广告公司无权要求查看很多资料。在这种情况下，省广的风控部门只能通过自己的经验和完善风控系统来判断。

省广及旗下分公司、子公司有多达2000个客户，几乎涉及所有行业，如果仅仅依赖"乙方"的风控模式，显然存在重大漏洞，必须有更好的风险控制方法。这种方法，省广很快就找到了。

为了更好地防范风险，2022年3月起，省广的风控管理进一步升级，正式成立了由公司法务部、财务部、风控部、媒介部共同组成的风控小组，由胡镇南担任组长，对新客户进行风险评估，对存量客户进行风险排查。这意味着风控问题被省广提到了很高的位置。在日益复杂的经济环境里，省广管理团队坚定地认为，稳健发展是第一位的，宁可牺牲一点速度，也要将风险拒之门外。

监事会主席胡镇南，1987年入职省广，从出口部业务员脚踏实地晋升到管理层，业务能力强、懂经营、善管理、责任心强，胡主席最重要的工作就是全面负责集团的风控。

对于一个大型广告公司而言，风控水平的高低不但决定了利润的高低，更直接关系到生死存亡。在胡镇南的主导下，省广风控的第一步就是统计分类。为确保做到"事前监督"，省广将全部客户分为ABCD四个等级。如果是A类客户，那就是基本正常做。B类客户，在做业务时可以做，但不能做很多，而且只要回款超过期限的就不做。C类客户，要受到比B类更严格的管制。而D类的单，就不能做。在评级时，除了通过填表咨询，省广还借助当下流行的技术手段、咨询公司的报告，以多维度方式衡量风险水平。风控措施在集团层面成功实施后，又被推动到各个子公司、分公司层面，取得了系统性的成果。

尽管风控对于省广整体运营不可或缺，但跟任何改革一样，推动的难度不少，如果一线部门的业务经理千辛万苦抢回来的新客户，因为可能出现的经营风险，就被风控部门一笔否决，业务部门自然会有很大的怨气，士气也会因此而受到打击，这时候就需要胡镇南这样的元老出面进行协调。

风控对于一线人员业绩而言意味着业务的收紧和个人收入的损失，因此在操作上必须非常严谨。

胡镇南承担责任如此重大的工作，更多是基于对省广的热爱。正是这份真挚的感情，让他可以最大限度地基于公司的整体利益，"刚柔相济"地把握好风险评判的尺度。

风控措施在省广集团层面实施后，从2022年开始，被推动到各个子公司、分公司层面。省广集团的分公司、子公司，很多原来都是"老板说了算"的民营企业，与国企基因、行事相对保守的省广集团在文化上有很大的不同，行之有效的风控制度更能协助这些分子公司规范经营、防范风险。

与此同时，降低公司风险的另一项重要工作就是优化资产质量，对分子公司中与省广发展节奏不一致的成员企业进行分类处理，对于有机会扩大规模的小散弱成员企业给予集团层面的支持，对于掉队成员企业及时进行清退。

2021年以来，省广开始推动对未达标的小散弱成员企业出清工作，通过铁腕清理，确保省广行稳致远。省广总法律顾问吕亚飞表示，截至目前，已基本完成了全部小散弱成员企业的出清工作，有效地提升了省广集团的资产质量。

胡镇南表示，清退小散弱成员企业工作，对于省广未来的高质量、可持续发展意义重大。省广的平台战略构建的是一个生态系统，它不仅仅有能力和资源的聚合，还有自我的新陈代谢和进化，只有这样才能保持平台的动态平衡与不断发展壮大。

三、提升财务管控，助力经营发展

省广集团首席财务官周旭介绍，省广主要围绕效率、成本及风控等举措，通过以下三大方式进行公司财务管理能力的提升：

● 加强授权管理，推进财务管理精细化

一是推行财务精细化管理，为资金、应收、税收、核算和财务管理各条线都指定了条线负责人，让总部财务部可以更深入地介入子公司财务管理，更全面了解子公司经营状况，防范子公司运营风险。

二是为配合公司事业群组织架构改革，为每个事业群指派兼职财务总监，打通业务与财务的壁垒，促进业财融合，可以全面了解各事业群运作情况，及时发现问题，为公司管理层深入有效管理提供决策基础。

● 升级集中管控系统，推动企业数字化管理转型

为保障和支持公司制定的管理和经营目标有效落地，公司推动集中管控系统升级工作，优化了办公一体化、财务管理、业务管理和人力资源管理体系，以加强行业财资税深度融合、流程制度、资金管理体系、税务管理、决策支持等方面的管理，实现业财一体化智能化管理，从而支撑企业各方面的协同发展，以促进新时期的战略变革，最终实现企业向智能化、自动化、数字化管理转型。

一是定制开发项目管理系统，以业务项目为统计单元，在业务执行过程中通过立项、合同订立审批流、财务收付款等环节归集相应的收入成本数据、收发票数据、收付款数据。项目管理系统可以实现从立项、合同签订到结案收付款的业务全生命周期管理，能够做到紧密跟踪项目执行情况，及时调整各项经营政策，为业务发展提供有效支持。

二是升级开发资金管理系统，实现资金成本的内部考核及资金监控管理。系统支持从项目、营销中心（最小独立核算业务经营单位）、事业群（最大独立核算业务经营单位）等多维度计算资金贡献，实现内部计息，从而凸显资金价值，进一步提高公司的资金效率。系统可以实时获取全集团资金全貌，集中管控全集团资金流动，动态管理资金存量与流量，在全集团层面实现资金的降本增效和风险防控。

三是升级完善财务管理系统，实现关联交易自动对账、自动合并报表等功能，解决现行合并报表中账务处理规则不一、数据提交滞后、人工合并程度高等痛点，提高合并报表报出的效率和准确性。

四是新增实施费用控制系统，实现费用的预算控制、发票智能验证、供应商黑名单拦截，大大提高报销效率，降低公司运营的税务风险，加强日常报销管理。

加强资金管理，节省经营成本

一是通过开展内部调剂业务，盘活子公司存量备付资金，从而降低对外借款规模，避免利息支出；二是加强资金管理，做好资金计划和应收账款催收工作，将日均存款余额控制在较低水平，通过压缩备付资金规模降低融资规模；三是积极尝试市场创新融资方式和融资品种，提高公司融资方式组合的灵活性，避免资金闲置。提高公司融资方式组合的灵活性，从而减少了公司日常备付资金规模，减少利息支出。

第九章
重塑数字时代的业务竞争优势

近年来,内外部环境的变化加速了广告行业的自我革新进程。数字技术的发展,让一切有据可依,为广告带来了更多的创意表达方式和更丰富的媒介传播手段,必将驱动广告业不断朝着数字化方向升级提速。

当前营销传播环境已经变得十分复杂,消费环境也是极其碎片化的,新技术层出不穷。面对这种变化,客户需要的不仅仅是创意和策略上的服务。只有打破常规,不断提升自身实力,通过整合各类资源,运用新的营销理念,创新营销的方式和方法,满足客户新营销需求,带来更多价值,才能为广告公司创造更多发展空间。

第一节： 全面迈向大数据 全营销时代

媒介业务是绝大多数广告公司主要的营收来源，而在媒介业务之中，又分为传统媒介与数字营销两类。再进一步细分这些广告公司的业务，可窥见侧重性则各有不同。例如，有从事央视业务的中视金桥、昌荣传播、众成就等，也有从事卫视业务的思美传媒、舜风传播、引力传媒等公司，还有近些年蓬勃增长的信息流领域，从事竞价业务的微盟、云锐传媒、派瑞威行等公司。

有所不同的是，省广是一家综合性的营销集团，其业务范畴涵盖品牌管理、全媒介代理、公关营销等各领域，其媒介业务也覆盖网络、平面、户外、电视、电台等各类媒体类型。

据省广副总裁陈小振回忆，传统媒介时期几乎各大平媒都设有"广州办"，华南唯省广一家独大。许多媒体朋友都戏称，当年各媒体广州办的主要工作职责就是对接省广。由此可见，省广传统媒介之强。

省广 2010 年上市时 30.79 亿的营业收入中，媒介业务占到 89.6%，达 27.58 亿元，其中几乎 100% 来自传统媒介业务。而后，省广不断加强在电视、电台、户外代理等业务的深耕，进一步巩固了在传统媒介上的竞争优势，最终于 2016 年达到高峰，传统媒介代理业务实现营收 66.29 亿，占总营收 60.73%。同时，连年荣获央视 AAAA 级信用广告代理公司，以及各大省市级党媒、卫视品牌及合作伙伴大奖。这些成绩，足以让员工们为之欢呼雀跃，而风光的背后，往往都蕴含着重重危机。

2013 年 12 月 4 日，工信部发布公告，正式向中国移动、中国电信和中国联通三大运营商发布 4G 牌照。这则新闻字数不多，但影响巨大，正是在网络通信技术的推动下，中国广告业也随之进入移动互联网时代。

此时的省广并没有沉浸于传统媒介业务创历史新高时的喜悦，而是借助大数据等数字化能力，全面迈向数字营销。

GIMC 云正式上线启用后的次年，也在云与全媒介事业群深度融合、一体化运营后的当年。即 2019 年，省广实现数字营销业务收入 61.76 亿，传统媒介代理业务收入 44.36 亿，首次实现了数字营销业务对传统媒介代理业务的超越。此后，数字营销业务连年保持高位增长。

与此同时，省广先后在北京、广州等地部署了多个云计算中心，全平台数据总量超过 40 亿，形成了两千多个人群标签，覆盖国内外 7.8 亿人群，各项指标均达到行业领先水平，能够有效满足客户的多元化营销需求，为全集团各业务单元的项目开展提供了有力支持。

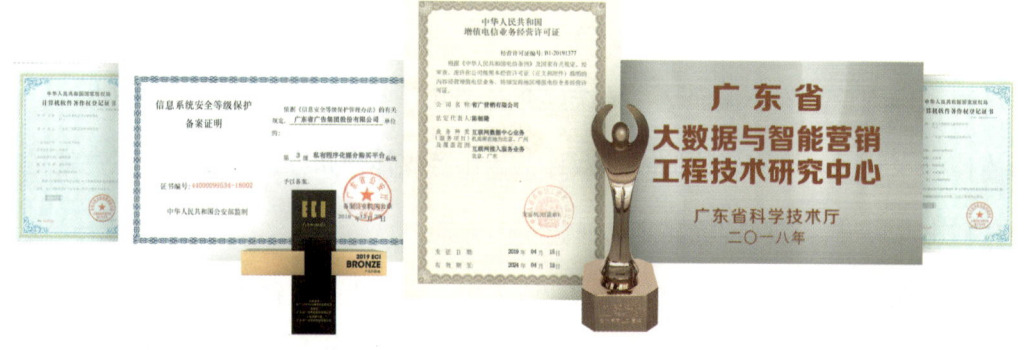

◎ GIMC 云荣誉

凭借领先的技术实力，GIMC 云平台先后获得国家等保三级认证、工信部云服务牌照等行业核心资质，并被认定为广东省大数据与智能营销工程技术研究中心，正式获批成为省级研究平台。

据省广 2021 年年报显示，全年数字营销业务占总营收的 71%，达到 92 亿元。2022 年半年报其占比又实现大步提升，达到 76.2%，这些数字上的成果对一家百亿营收的公司尤为不易。对比 2014 年平台战略实施之初的 10 亿数字营销业务，可以说是脱胎换骨。

而省广的目标显然不止于此。

数字媒体的竞争，是流量的竞争。而用户流量的竞争，本质上就是用户注意力时长的竞争。有人说移动互联网时代，要靠跑马圈地，以速度制胜。但当移动互联网进入下半场，互联网流量红利见顶，已是各个相关行业不得不面对的现实，显然已经不能跑马圈地，只能攻城略地，如何占据更多的用户注意力时长是各大互联网平台的核心目标。在这种形势下，移动互联网行业的马太效应更为显著，二八定律已成事实——少数核心媒体掌握着 80% 的客户预算和用户流量。

为此，省广在组建云与全媒介事业群之后，持续加大在腾讯、巨量引擎（抖音旗下营销平台）等高增长性媒体平台上的布局，经过持续的深耕，已经形成了以腾讯、字节为核心，百度、微博、快手以及汽车垂直（汽车之家、易车）为双翼的优势数字媒体矩阵。

以腾讯为例，相关资料显示省广 2019 年到 2021 年在其平台就实现了超 5 倍的增长。自 2020 年与快手合作以来，次年即实现本土第一，成为快手首个"超级合作伙伴"。

◎ 省广与腾讯联合成立首家"公私域实验室"

现在数字化渠道多样，媒体渠道和信息碎片化，为了获得更长远发展的核心竞争力，助力品牌实现全域增长，建立全域数字生态势在必行。省广于2021年正式与腾讯联合成立首家"公私域实验室"，同年先后荣获快手汽车行业核心代理、易车效易达产品核心代理、腾讯广告互选平台官方合作伙伴牌照，进一步巩固了在汽车行业的竞争优势。得益于媒体合作优势的不断提升，也先后荣获巨量引擎2021年度服务突破合作伙伴、腾讯2021年度最佳品效增长奖、快手2022年度最佳合作伙伴等荣誉。这些成果都进一步推动了省广数字生态的打造。

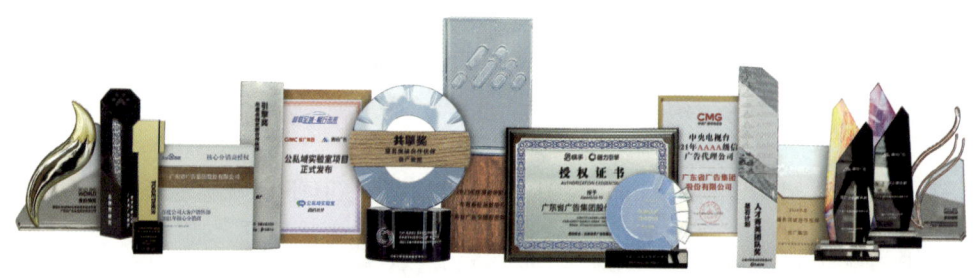

◎ 省广数字媒介荣誉

在出海业务上，成绩同样喜人。

为了更好地服务中国品牌全球化，省广由过去的本土营销迈向出海营销，帮助中国品牌走出国门。2015年，省广就在中国香港设立了出入海业务窗口，并以在中国香港成立的"国际整合营销集团控股公司"为统一窗口，加快布局出海业务。同时，HAVAS、博报堂等国际公司的全球资源，也为省广的出海业务提供了更加完备的支撑。

省广制定的出海战略目标是，伴随中国企业在中国品牌全球化上升趋势中，省广向国际化营销集团的公司愿景迈出实质性的一步，打造品牌全球化的战略增长与整合营销平台。

省广曾在各类公开场合表示，不仅仅要帮助中国企业创立品牌，更要为众多中国品牌实现品牌全球化。

2018年，省广成功帮助广汽传祺登陆世界五大车展的巴黎车展，先后服务长城汽车在俄罗斯、东南亚的出海营销，并成功成为谷歌等海外优质媒体的核心代理。

2021年，省广整体出海业务达到20亿，2022年上半年出海业务规模再次提升，折合人民币已超过12亿元。

在其目标的指引下，省广出海业务形成了3步走的五年战略规划：

2019—2021年基础建设。通过省广本部业务团队的建立，及对收购公司、团队的业务整合，建立省广集团基础的出海业务实力。

2022年出海业务实力完善。拓展海外全渠道资源网络，形成集主流社交媒体、传统/户外媒体、本土媒体、IP资源、KOL/KOC网络红人全覆盖的海外媒体矩阵。客户类型拓展，全面对接服务品牌、电商、游戏、App泛娱乐4大类出海客户类型。

2023年全链路出海业务生态建成。以省广集团品牌基因、整合营销实力为基础，国际整合营销公司为业务出口，全面整合省广集团内外客户的出海业务需求，打造成全链路出海营销服务生态。

据预测，2022年省广传统媒介业务和数字营销业务的占比会转为"二八开"，这种变化既符合市场的发展，更契合消费者的触媒习惯。深度数字化、移动互联网是必然的趋势，省广必然会加大在数字营销上的深耕力度，为客户提供更具品效销合一的营销服务，实现数字化转型升级。

● 案例一：广汽新能源埃安（AION）的数字营销之旅

2021年至今，全球范围内的疫情仍然处在一个需要紧急控制的阶段，病毒的不断升级和肆虐让更多的企业面临着品牌和销售的双重考验，以汽车行业为例，疫情带来的营销挑战是消费者短期消费需求的疲软，线下营销活动被迫暂停，以及更激烈的竞争。

面对这些挑战，省广持续为广汽埃安营销赋能，颠覆了过往的营销法则，在品牌及车型两大层面不断打造创新性营销，取得了一定的成果。

◉ 亮相纳斯达克广告牌　打造全球热议话题

经过三年的运营，2020年，广汽埃安实现从车型系列到高端品牌的全面升级，正式宣告广汽埃安品牌独立运营。但在疫情环境下，广汽埃安品牌发布后，如何引起全民关注？

省广团队基于对行业、媒体、消费者及政府四大领域的研究洞察，发现打造极致话题大事件能有效引发社会话题，其中点亮世界城市地标，能打造国际性话题引发热议，而身处纽约时代广场中央，纳斯达克交易中心大屏具有极高的识别度、曝光度，不仅频繁在各大电视节目的片头出现，也经常成为财经新闻现成的背景，拥有着"世界第一屏""矗立在世界十字路口的潮流风向标"等称号，选择在纳斯达克亮屏，足以让广汽埃安"燃"爆海内外。

美国当地时间2020年12月23日晚，广汽埃安品牌广告成功出现在了纽约时代广场的电子广告牌上，并配上了"AION IS COMING"的英文。这次埃安品牌独立运营后在全球的首次发声，足以让人浮想联翩，成功地引发全球性热议，让中国新能源的新生品牌广汽埃安成功走出国门。

◉ 首家品牌直营体验中心开业爆燃全网

2021年广汽埃安全面开启线下直营店布局，加速建设创新营销服务新生态，首家直营店于7月在广州网红打卡地正佳广场正式开业。

如何将"广汽埃安直营店首秀"打造成品牌大事件，塑造为全城轰动的网红打卡点，引发年轻群体、形成"炸街"式自发裂变传播，也就成为这次传播的关键课题。

省广团队通过大数据发现，线上新闻平台与短视频是年轻群体获取资讯的主要途径，同时随着广州疫情暂缓，线下活动开始活跃，因地制宜策划线上线下传播组合。利用头部新闻、短视频平台和户外地标，动静组合营造大湾区最火网红打卡点，为直营店赋能，传递品牌价值。内容上，线上头部创意内容产生高流量+线下巨幅地标创意吸睛，覆盖受众场景多渠道进行引流，引爆线下围观。

在省广团队的策动下，"广汽埃安直营店首秀"通过一系列饱和式营销传播，最终达成网络总曝光量超3085万，网络总点击量超63万，带动品牌关注度提升。

⦿ 埃安"超充之都"的品牌爆破

随着电池技术的突破性发展，安全、续航痛点已初步得到解决，充电成为当下影响用户新能源体验的最大痛点。2022年初，广汽埃安在广州建立大规模的超级充换电中心。

为了强化广汽埃安对广州便利出行的影响力，放大事件带来的社会级影响，省广团队将广汽埃安此举创新性定义为：将广州打造成"超充之都"，将一次充电技术的发布活动提升为城市级大话题，同时通过洞察新能源消费者购车关注点，将活动传播进行话题标签化包装，创作#让充电比加油更方便#传播标签。

在活动执行期间，省广在内容通过创意模拟整个充电过程，以更多充电网络的加持、充电效率的提升、更节省费用的出行，将超充之都的出行便利性充分展现出来，提升传播话题性。传播上，利用头部媒体集中爆破扩散信息，四大平台均完成预期目标，实现总曝光量7964万，总点击量350万，其中：腾讯新闻在投放结束前，信息流比2021年均值已经提升683%。百度搜索、《南方日报》《广州日报》App三媒体开屏投放CPM达成预期KPI，有效提升了广汽埃安的品牌关注度，提升了品牌的高价值感。

⦿ 首场新车元宇宙上市发布 引爆互联网新年青一代

2022年，作为广汽埃安家族的最新旗舰力作AION LX Plus于1月5日上市。此时，新冠肺炎疫情防控形势依然严峻，传统的线下发布会难以实现，而普通的线上发布会缺乏特色，难以引起消费者的关注。

省广团队通过对社会趋势洞察，结合 AION LX Plus 的核心产品卖点思考，大胆创新，策划与虚拟偶像"度晓晓"共同打造 2022 年的首场汽车元宇宙线上发布会。在发布会上，围绕"智行千里"的主题，度晓晓对埃安各项性能亮点逐一解读，让原本枯燥的参数讲解变得生动有趣，AION LX Plus 1000 公里续航的性能里程碑式突破，也和元宇宙联系在一起。

自预热至上市，广汽埃安通过官微隔空互动，"剧透"一些发布会和产品的细节，吸引粉丝关注。正式上市当天，利用信息流广告爆发性引流，成功引爆了互联网新年青一代的关注，诠释了品牌先进、好玩、新潮、高品质的基因，让广汽埃安 AION LX Plus 的新车发布会大获成功。

◉ 携手中国光绘第一人 跨界营销的光影之约

AION LX Plus 于 2021 年在广州车展亮相。为更好传递 AION LX Plus 星海方舟设计理念，凸显全新的朔风破浪造型，省广团队通过市场洞察发现，目标新贵人群核心关注四大高端社群，其中时尚名人社群对外观造型的关注度最高。

省广团队策划并邀请国内光绘艺术第一人"Roy Wong"王思博进行"波段式"高端名人跨界推广。

第一波推广，利用艺术家与消费者在广州车展现场互动创作，锁定高意向消费者，成功将 AION LX Plus 打造成车展焦点。

2022年第二波推广，邀请王思博驾驶 AION LX Plus 穿越祖国1000公里壮美河山，与星辰银河、红岩戈壁共赴一场突破想象的光影之约。其间，王思博将山河之美、光影之美、科技之美熔于一炉，而 AION LX Plus 前卫时尚的"星海方舟"设计语言与明亮炫酷的光绘艺术相得益彰，成为"千里江山"光绘作品的点睛之笔。合作期间，团队创作出大量震撼的光绘视觉大片，获得全网的一致好评。

⦿ 邀请埃安车主上大屏　圈层营销雄霸珠江

AION LX Plus 上市后，除产品核心高价值卖点传播外，更需要进一步加强圈层高端感的塑造，提升产品高价值感。

此时，各大竞品加大了传播声量，而广汽埃安自身的媒体投放体量相对较小。就媒体投放来说，品牌传播面临不小的困境。省广团队基于对广汽埃安品牌资源的重新梳理，发现广汽埃安位于广州的华南大厦临江户外大屏是独有的资源。结合华南地区是广汽埃安品牌主场的优势，可将华南大厦打造成车主风采展示或心愿墙。通过 AION LX Plus 邀请车主上大屏，打造有炫耀感、强传播性的 #AION LX Plus 车主雄霸珠江# 车主互动大事件。一场轰动华南的营销事件就此展开。

在传播上，广汽埃安利用官方矩阵+全网扩散的组合拳，刺激了圈层车主参与及网络热议，成功引起了"中国新贵人群"的价值共鸣，让他们更加热爱这个品牌，从而通过他们去影响更多的人，既实现了对车主的维系，也实现了口碑的扩散，为 AION LX Plus 销售拓维打下了坚实的基础。

⦿ 高颜值"冰玫粉"出街 小红书一车封神

AION S Plus 作为广汽埃安的热销车型，仅用了两年时间累计销量就突破了 10 万+，获得纯电 A 级行业与零售"双料冠军"。

AION S Plus 虽取得销量冠军，但在零售市场仍有巨大的提升空间。过往的产品力传播成功塑造了 AION S Plus "中高级智能轿车引领者"的形象，但难以满足互联网时代细分化的用户需求。在传播上，AION S Plus 亟须打破以往的产品传播思维，以用户思维开启"去工具化"传播，并将时尚女性群体作为 AION S Plus 第二大目标人群。

省广团队通过人群洞察，发现她们享受自成焦点，对颜值有更高要求，一旦被种草吸粉，即会自发晒圈、分享，成为品牌的忠实拥趸，AION S Plus 首次推出的高颜值"冰玫粉"车身色完美契合了女性用户需求。

省广团队基于大数据精准分析，锁定目标人群频繁使用的 App "小红书"作为主阵地，在上市之初通过结合车型冰玫粉等卖点与女性用户驾驶中的痛点，运用小红书红人矩阵产出优质笔记全面种草，成功打造了"AION S Plus 冰玫粉的"潮品标签。

⦿ 年轻顶流 KOL 助阵 AION V Plus 抖音抢镜

2021 年 9 月，广汽埃安 AION V Plus 发布会邀请了马丽等开心麻花团队及文松作为嘉宾出演舞台剧。省广团队通过大数据洞察，锁定目标人群最高频使用的 App "抖音"进行新媒体创新上市营销推广，通过整合抖音平台硬广推送与专题页创意开发，精准筛选出年轻顶流 KOL 全力助阵，发散邀请更多网友参与互动，令 AION V Plus 上市初期即获得了极高的关注度与好感度。

● 案例二：深度参与吉利品牌的重塑与创新

2015 年开始，省广协助吉利，开始了这一场非常大胆的"自信"比拼。当年，吉利旗下的博瑞品牌汽车即将上市，作为一辆 B 级轿车，博瑞的对手，都是非常强悍的合资品牌车型，且 B 级车销售榜单上，也是常年由合资品牌车型霸榜，自主品牌的车型从未跻身过前十名。

据省广第八事业群总经理王险峰介绍：省广协助吉利博瑞策划了"敢与世界竞速"的"大美中国车"定位。博瑞凭借过硬的产品力，以及掷地有声的传播和推广，强势打破了合资汽车品牌的垄断，冲进了 B 级车销售榜单的前十，成为自主品牌车企的榜样，吹响了自主品牌汽车逆袭反攻的号角。从此，吉利汽车在省广团队的帮助下，找到了市场逆袭的"密码"，揭开了"自信营销"一路走高的序幕。

有了"自信"的加持，吉利也开启了"自信模式"。

2017 年，吉利创造了全新的品牌"Lynk & Co 领克"。"Lynk"与英文中"Link"发音一样，本意是"连接"，中文"领克"则意味着克服一切不可能。省广参与了领克从 0 到 1 发展的全过程，单单"领克"这个品牌名字就磨了长达一年的时间。

此时，中国的汽车市场已趋于饱和，市场一片红海，品牌众多，竞争异常激烈。在这种情况下，吉利推出全新品牌"Lynk & Co 领克"可谓自信心十足。但业界都捏了一把汗。

领克是吉利与沃尔沃合资的一个全新品牌，沃尔沃汽车给人的第一印象就是安全，领克可谓"生而全球"。这款车彻底改变了吉利低端车的形象。领克方面希望从品牌、价值感上获得比较大的提升。

对于省广服务团队来说，这又是一场"硬仗"。

汽车属于耐用消费品，属于家庭"大件"，购买的时候消费者都比较理性。常用的手段已经很难让消费者产生购买冲动。省广服务团队研究之后，决定抓住"技术"这个理性点，打技术牌，突出消费者对于安全、放心的诉求，最终确定了"生而全球，开放互联"的口号，颠覆传统汽车营销生态，构建了"技术自信"的推广主题。

领克的运营团队是全新组建的高度全球化的团队，核心成员来自沃尔沃、Smart、福特汽车等，既有国际化视野，又熟悉中国市场。

对于省广来说，服务领克这样特殊的品牌，也是一个很大的挑战。省广对此高度重视、配备了豪华的服务团队，可谓土洋结合、精英汇聚、云集各种不安于现状、思想超前的创意人、策划人，与领克这个品牌可谓"一拍即合"。双方聚在一起产生了非常有趣的化学反应，有效地保证了服务质量。

⊙ 重新定义消费人群

但此时，一个问题横亘在省广人的面前——中国消费者对汽车品牌的忠诚度弱化了，不再迷信所谓的豪车、知名品牌，而是更关注品牌内涵、品牌与自己的互动关系，以及产品本身。

传统汽车品牌与营销策划是先研究车型，然后进行价格对标、技术对标，再研究用户画像。省广服务团队划分领克消费人群时抛弃了传统车企的分类方法，不按年龄划分、不按收入划分，从刚毕业的年轻人到中年大叔，甚至退休的老爷爷都可以开。一句话，领克的消费人群只有两种：喜欢领克、不喜欢领克。

领克有一个 Co-club，如果你认为这只是一个传统的车友会，那就大错特错了！这不仅仅是一个公众号、小程序、App，还是一个线下互动组织，是一个车友 + 品牌热爱者的开放式俱乐部！会员们可以自发地组织各种活动，比如大家可以自己报名参加 Co-talk，通过演讲和分享来展示自己。除了汽车之外，Co-club 还链接到领克的精品商城，里面售卖的也并非只是传统的汽车周边产品，而是大量与领克跨界合作的品牌联名潮品，让人目不暇接秒变领克的粉丝！Co-club 的会员们，还可以通过分享和完成任务，获得 Co 币，并且可以用 Co 币在精品商城平台上换取潮品、服务甚至折算成购车优惠金。这种突破了传统汽车销售方式的玩法，让 Co-club 积累了数百万粉丝，具备了私域流量运营的基础。

Co-club 聚集了大量领克玩家之后，领克的功能不再仅仅局限于出行等实用功能，而是成为一种"玩具"。由此，领克从一款小众车型变成了大众化的车型。

传统的企业营销是经营思维，但这个时代需要的是运营思维。前者只是卖车，后者则是以用户为王，进行用户运营，让用户更深入地参与进来，且卖车只是服务的开始，最终要成为覆盖衣食住行、购物、娱乐的全服务，汽车厂商从传统意义上的硬件制造商，变成综合服务提供商。在这种思维之下，领克的4S店，不是传统意义上的4S店面，而是6S。领克的品牌与营销由此有了重大突破，不只是品牌推广，而是进行用户运营。

有了上述基础，领克02上市后，在35秒内就被抢完了2000台。随后，领克又推出了领克03。这款车的技术指标更好，其中，0.27的风阻系数，在匀速120公里/小时的时候还能减少0.4升的百公里油耗。领克方面想将上市发布会的传播重点放到风阻系数、加速时间等技术指标上。

省广团队认为这种传播方式太专业了，消费者看不懂，无法理解风阻系数低到0.27与定价30万元之间的关联性。由于领克03有赛车基因，省广团队就建议突出这款车在竞赛上的表现，以更加直观形象的传播提升用户的观感。其实，对于这款车如何传播，省广团队内部也有分歧。欧系、日系车很多时候就是在速度上竞争的，比如思域就曾经做过有关速度的传播。领克03如果再将传播点聚焦到速度上，是否会导致被动？

但是，省广的基因就是不服！

省广服务领克的团队第一次提交的方案，领克方面觉得太传统了，要求要新、新到"炸裂"，要足够另类。最终，省广团队与客户一起确定了走竞速的路子，最终确定的传播主题是"人生处处是赛场"。

过去，新车发布会一般选择北京奥林匹克体育场，即在"鸟巢"举办，或者是其他的体育场馆，但这种操作花费巨大。省广策划的领克的发布会也要与众不同，成为热点事件、引发讨论。当时省广服务团队内部有一个建议是包下明斯克航母，在航母的甲板上与战斗机比速度。这个创意脑洞开得很大，但也需要大笔花费，且操作性不强。

省广大胆提议挑战赛车的鼻祖。日本是一个有进行改装车比赛传统的国家。一部描写赛车手的电影《头文字D》，让很多人认识了赛车。这部影片中很多场景都是在日本秋名山拍摄的,如果领克03在日本秋名山与日本顶级赛车来一次类似《头文字D》的竞赛,岂不是更有传播价值?

这个操作性比较强的方案立即获得了客户的高度认可,但也遇到了一个重大难题——日本法律规定,没有在日本销售的汽车,不能在日本上路。要完善手续,至少需要一年的时间。领克03当然还没有在日本销售,此时距离上市发布会只有一个月左右,时间紧迫,更不可能等一年的时间。在日本秋名山赛车的计划自然无法落地了。

最后,方案改成在东京F1赛道上实施,挑战极限速度。

2019年10月19日晚,领克秋冬发布会在日本富士赛道举办,现场接近500人,中国性能车的旗帜飘扬在东瀛赛道上空。

发布会现场除公布了领克03的价格外,还宣布领克将携手Cyan Racing(前身为沃尔沃汽车集团旗下的Polestar Racing赛车部门)出征2019年的国际汽联世界房车赛(WTCR)比赛,这是中国品牌第一次踏足国际汽车运动大舞台。随后的国际汽联世界房车赛,领克车队连续三年夺得总冠军,让全世界看到赛道上不仅有了冠军中国车,更有了冠军中国人!

这就是"技术自信"!"品牌自信"!更是"民族自信"!

当领克05上市的时候，领克已经把"极以为常"玩到极致。

中国品牌真正的自信，就是敢于为小众群体的情怀买单，将信仰落地。在省广策划下，领克五周年的时候，制定了"谁在装睡"这一振聋发聩的传播主题，为中国车企自信发声，跟世界强手交手。这一主题可谓见格局见魄力，该活动仅在抖音平台就获得7000万+曝光量。

王险峰表示，省广服务领克的五年，是中国品牌高端化勠力前行的五年，也是对中国车市和中国消费者来说，耳目一新的五年。

◉ 吉利母品牌年轻化

这些年来，吉利董事局主席李书福放手让年轻人去尝试，吉利从当年的工厂思维，转变为了用户思维。

长期服务吉利的省广第八事业群副总经理彭晓表示，这种思路下，吉利相信专业、相信年轻人，省广团队也有了大量跨界思维、破局思维。

除了领克品牌，省广团队近三年来也协助吉利母品牌致力于品牌年轻化，推出了"中国星""中国潮"系列。其中，作为销量担当的年轻化系列"中国潮"，也交由省广团队主理。

上市已久的国产轿跑吉利缤瑞COOL X，在省广整体操盘打造下，和"山鸡哥"合作，以一波"狠角"的精准概念痛快来袭，助怀旧港星陈小春迎来事业第二春。

吉利ICON巧克力上市也大放异彩。"潮流"是ICON的基因，"巧克力"是ICON的昵称，两者碰撞，会焕发出怎样的光彩？ICON巧克力新品上市，省广以"大放异彩"为核心概念，精准把握ICON车型DNA里的时尚感和科技感，让ICON真正大放异彩，迎来新生。

如果说星系代表吉利的硬气，缤系代表吉利的洋气，那么历久弥坚的远景系产品就代表吉利的接地气。在产品无特别突出优势的情况下，省广摒弃华而不实的传播手法，立足三、四线城市小镇青年，基于真实消费者的心理预期，省广提炼出"幸福"的核心主旨，基于让终端销售人员的沟通更为简便的想法，提出"6万~7万级超值精品SUV"的核心概念，并在传播中提出符合产品特征、符合买车需求的策略，更容易上口传播的"易行、易停、易购"的三大独特销售主张（USP），轻广告投放，重区域活动发声，拉新老车主共玩，快速扭转销量颓势，稳居市场占有率前茅。

这是省广携手吉利，带给全中国老百姓的"幸福自信"。

长期服务吉利的省广第八事业群第二综合营销中心总经理麦智彬表示，十余年服务吉利的历程收获甚丰，通过坚持不懈的努力和专业的服务，赢得了行业无数大奖，获得了行业的肯定，成功助力客户在口碑和销量上实现双赢，自身团队也得到了迅速的成长。

● 案例三：与比亚迪品牌一路同行做大做强

回首十年前，纵观中国街头的豪华品牌车型，无论是经商还是从政，开着国外品牌都被当时的人们认为是既有面子又有里子的选择。同时国家也出台相关政策推进新能源汽车和自主品牌的发展，然而我国汽车行业刚刚由产品竞争时代转入品牌竞争时代，多数车企存在品牌意识淡漠，品牌定位模糊，品牌口碑问题。

省广第八事业群副总经理谭文堂回忆，2012年省广成为比亚迪汽车品牌代理合作伙伴，经过与比亚迪品牌部的共同努力制定品牌重塑计划并提出品牌核心：技术、品质、责任，还创作出一系列好评如潮的品牌形象创意广告，提升了比亚迪品牌形象。

第九章 | 重塑数字时代的业务竞争优势

技术篇：一个能让飞船上天的民族，怎能没有民族汽车技术狂！

品质篇：假如"瑕疵"有天敌的话，那就是我！

责任篇：将未来装在心里的人，才能把责任扛在肩上！

2019年是比亚迪全擎发力的一年，也是电动化转型的关键之年，双网齐整，新品频出。而统筹比亚迪双网全产品线也给省广服务提出了不小的挑战。

元系列，作为年轻人的第一部SUV，一直是细分市场的No.1，如何夯实市场地位和销量成了首要任务。省广团队洞察了年轻群体价值升级的需求，即使是小型SUV，依然要求长续航电能和高智能娱乐的全需求，定位超长续航智趣纯电SUV，摆脱了市场常规的低价竞争格局，并通过社交化病毒内容和活动形式赋予元系列更高的社交价值，让其成为年轻人的社交利器。同时制定了高低两款车型传播合力、营销分线的打法，两款车双向赋能，共赢市场。

秦系列作为e网的销量支柱，承担着盘活整个销售网络的重任，而营销费用有限。省广团队经过对市场和人群的精准化分析，圈定了直接对标竞品和人群核心差异的需求，以贴打策略和聚焦颜值优势开展营销，使得秦系各新品上市即热销，成为当时车市中最靓的仔。

宋系列是比亚迪王朝系列的销量担当。省广团队开展品牌诊断，发现宋系各车型之间形象模糊，使得全系价值无法统一，传播没有合力。针对问题，省广团队制定了营销资源及形象整合、焕新市场竞争力赋能销售的策略，凝练出子品牌的统一核心价值：国际工艺、智能互联、领先技术，提出了"高智感新主流用车"的定位，并以"在一起，让更好发生"，成功地唤醒了家庭群体对美好生活的向往，带动家族整体销量提升。

王朝EV作为整个品牌的形象担当，需要展示比亚迪大品牌的专业性能和引领地位。因此省广团队通过技术平台—e平台的包装和整合发布，为产品定下技术引领的基调，同时围绕比来迪全系的销量达成事件开展整合营销传播，进一步巩固了市场的领导地位，助力比亚迪王朝系列二次腾飞。

宋max通过国际设计大师的形象背书，深化产品强实力认知，以攻为守，聚焦销售，通过多维度、多频次的店面活动、促销政策，进行终端抢夺，强势收割市场。

之后，以"大师智造"为数字化营销亮点，省广团队意识到比亚迪将开始从"产品"到"品牌"到"用户"的蝶变营销。

省广团队大胆提出营销更应该像一个汽车界的"华为＋小米"营销，直接拥抱"用户"，得粉丝得天下成为省广的策划真谛。

在这种思路下，省广团队围绕"用户在哪，用户喜欢什么，用户在什么圈层"，成了省广团队赢取潜在用户的关键词。首先，策划实施了当时还为数不多的汽车抖音挑战赛"BYD不要抖"，吸纳了海量的年轻人粉丝，成就了又一个汽车行业经典案例。接着，配合品牌赞助国家宝藏IP，创新打造"硬核出行·宝藏好车"系列穿越短剧，播放率点击量至今还是比亚迪官方网站的TOP5内容之一，夯实了品牌官方抖音的粉丝基础。之后，承接上一波"国潮"流量带动的内容标签红利，省广服务团队又快速开拓了年轻人的另外一个平台："B站"，并打造出"盛世传承，汉为观止 比亚迪 × B站整合营销"案例，该案例也斩获TMA、虎啸奖等行业大奖，并荣获广州4A干货大会全场最佳人气案例等诸多奖项。

面对新冠肺炎疫情带来的不利因素，省广团队用电视直播转互联网直播的方式，成功实现当时第一批比亚迪刀片电池的"直播上线活动"，化不利为有利。

从整合出发，以创新内容赢得用户口碑，省广团队在比亚迪服务中还推动了各种跨界品牌合作：华为、时装周，创下多个为比亚迪增加粉丝的机会，同时将"明星流＋直播流＋种草流"做了完美结合。

● 案例四：携手民族品牌长城汽车破圈出海

这些年来，响应"一带一路"倡议，中国企业更加重视出口业务，纷纷拓展海外市场。

省广也在助力长城汽车这样的民族品牌客户实施中国品牌破圈出海方面取得了良好的成绩。

⊙ 成功破圈 出道即巅峰的哈弗大狗

2020年长城汽车旗下的哈弗品牌，凭借哈弗H6等车型在中国SUV市场连续多年成为销量冠军。但哈弗品牌销量过于集中于H6，急需拓展全新的市场空间，为此他们打造了一款代号为B06的SUV车型，该款车拥有城市SUV的承载式车型，同时拥有差速锁、四驱等越野能力，是一款介于城市SUV与越野车之间的跨界车型。

上市之前，哈弗大狗进入的10万~15万元的紧凑型SUV价格区间是中国SUV市场竞争最激烈的价格区间，占整体销量的25%，市场饱和且产品迭代速度快，面临着合资品牌下压的巨大压力。同时，哈弗大狗与哈弗H6虽然外形差异明显，但属于同平台产品，发动机、变速箱等车型的核心配置相差不大，且价格高于H6，彼时，哈弗的营销投入费用体量也远低于吉利、长安等竞争对手，这些都增加了大狗上市的挑战，都需要通过创意和策略的创新来实现突破。

省广团队在前期制定策略的阶段，敏感地发现处在"城市与越野"之间的轻越野车型，市场上并不少见，而定位"轻越野"，用户将会不可避免地把大狗局限在"越野"

的认知中。而越野品类在中国汽车市场中仅占不足 2% 的市场，这无疑会极大地压缩哈弗大狗市场用户基盘。如何让哈弗大狗既展现出超越一般城市 SUV 的越野性能，又让哈弗大狗跳出越野的小众认知是破解哈弗大狗市场的困局的关键。为此，省广团队从四大方面进行了营销创新。

第一，必须进行定位重构，省广团队创造性地提出了 "3/4 刻度座驾" 的概念，重新定义了哈弗大狗的品类，让哈弗大狗成为 "3/4 刻度座驾" 的代名词，在乘用车市场中开辟了一块专属的领域。从乘用车发展史的角度，SUV 的出现是越野车与轿车之间的 1/2 刻度，而哈弗大狗介于 SUV 与越野之间，故定义为 "3/4 刻度座驾"——"比城市 SUV 多一刻度野趣，比越野少一刻度粗糙"。定位精准描述了在日常通勤、假期外出轻度越野潮玩的用户需求。新颖的定位概念让人眼前一亮，激发了用户和媒体解读的兴趣，为沉闷已久的 SUV 市场带来了惊喜，迅速冲破汽车圈向外扩散。

第二，脑洞大开地为车型创意了 "大狗" 的名称，一改汽车行业机器代号和音译的命名习惯，话题十足的同时赋予了宠物般的性格和情感。为用户呈现了一个鲜活、有生命力的汽车形象，成为用户的伙伴，如同一股清流席卷了中国车市，让 "大狗" 在众多竞品中脱颖而出。为了让用户深度卷入，发了全网的命名共创活动，"大狗" 不负众望地在 10 多万网友的投票中高票当选。"网友敢选，哈弗就敢用"，在这种和用户的高互动性中，让哈弗大狗的横空出世，成了惊爆全网的网红事件。

第三，借势 "全网网友共创命名" 的事件出圈，乘胜追击，开创了行业第一个 "大狗养成模式" 的创新营销模式，省广将产品话语权交给用户，从车型配置命名，汽车配色，甚至是 "哈狗邦" 的车友会的命名，都是在网友们天马行空的想象力下贡献的，将哈弗大狗的传播演变成了一种 "全民参与的养成游戏"，与用户建立了亲密的情感链接。

第四，和年轻用户一起 freestyle，与顶流网综《中国新说唱》合作，发布了汽车圈的首个厂牌计划。通过签约当季总冠军李佳隆为潮创主理人，"潮流秋拍" 上市会、发布嘻哈单曲《大狗时代》等操作花式出圈，将哈弗大狗身上的潮流属性提升到极致。

第二事业群第五汽车营销中心总经理许茗表示，在这种大胆、潮玩、用户共创的氛围中，让哈弗大狗成了2020年度的车圈第一网红，也由此引领了汽车行业用户共创的风潮。

哈弗大狗上市后，销量迅速突破18000辆，成为当年度的销售黑马。将一个小众的个性车型彻底变成了全网追捧的网红顶流，完成了连广告主都没有想过的目标，这款车型定位最初是一款小众车型，不承担太多哈弗品牌的销量，但在哈弗大狗上市后的持续高歌猛进，让广告主喜见哈弗大狗身上罕有的爆款特质，现已将其定位成哈弗品牌主力产品。

◉ 欧拉泰国闺蜜养成记——泰国出海营销案例

2021年长城全面布局东盟市场，欧拉作为首个长城出海的纯电品牌，肩负着长城品牌向上及销量突破的双重使命，而上市的首款好猫车型定位高端市场，相较于国内入门级的定位进一步提升，且泰国新能源市场尚未完善，如何打好泰国出海战？

省广在代理欧拉品牌后针对泰国市场进行大量市场调研，发现泰国政府将于2022年开启新能源整车与零部件补贴，单车约15万泰铢，且政府大力推动充电设施普及，新能源车型潜力大，且女性社会地位高，泰国女性高管占比37%，高于欧洲的21%，女性群体收入高，经济独立，女性在汽车市场影响力不断提升，欧拉品牌市场潜力大，但面临很多挑战，如日系品牌市场占有率达80%以上，处于绝对垄断地位，市场存量高、口碑好，市场存在壁垒；而现有纯电车型多为低端代步车和BBA的油改电产品，溢价高、口碑差，且泰国新能源基础设施不完善、新能源产品存量低，用户存在补能和保值焦虑，纯电产品存在天然的负面标签，如果欧拉继续沿用长城产品制胜的思路，将无法绕开与日系品牌碰撞以及纯电的负面标签，因此欧拉必须转换思维换道竞争。

省广团队在制定策略阶段通过对泰国市场的进一步洞察后敏锐地发现，泰国女性十分信任自己的闺蜜，于是决定以闺蜜为突破口深耕女性消费者赛道，将欧拉打造成如用户闺蜜一般，入局泰国市场，绕过品牌正面碰撞，直接建立与用户间的情感纽带，快速拉近产品距离，解决产品信任及品牌溢价问题，进一步夯实欧拉更爱女人的品牌标签。

围绕将欧拉打造成为泰国女性用户闺蜜的核心策略，省广团队为欧拉品牌制定了三条突围路径，解决负面标签与产品信任的问题。

首先，在产品上市时进行突围，建立欧拉独特品牌调性，快速吸引关注，省广团队为此策划打造了泰国首场虚拟全景发布会，背书高端科技品牌调性，同时通过全网猫咪互动拍照、全民加电、梦幻浪漫的欧拉星球等闺蜜活动，成功吸引全泰女性，赋能欧拉时尚、高端形象，为欧拉打上女性、高端、科技的品牌形象。

其次，聚焦产品体验，围绕泰国用户对BEV产品的焦虑点，欧拉率先打造公、私、专三位一体的补能体系，彻底打消对泰国不完善充电设施所产生的里程焦虑，且为女性用户提供女性专属补能服务，打造无忧用车体验，赢得女性用户的信任。

最后，通过用户运营建立深度链接，打造欧拉品牌的价值壁垒，为此创新打造"SHE"女性闺蜜运营深度链接，构建以女性为主体的用户体系，聚焦精神、玩乐以及价值层面，打造"她"系列、"快乐"系列和"惊喜"系列三大运营板块，放大女性价值标签，打透女性圈层，其中围绕欧拉品牌定位与用户触媒习惯，在社会化运营方面，联动抖音平台，打造强互动的病毒式营销挑战活动——猫舞挑战，通过KOL模仿带动全民关注模仿，快速裂变，官方账号8天吸粉6.8万，日均增长680%，话题更是冲上泰国热榜，上线24小时观看人数超2500万人，观看量达3.22亿，实现品牌大曝光，一度成为泰国热门话题，成为现象级的营销事件，获得市场和用户的一致肯定。

随着欧拉品牌项目的逐步落地，欧拉品牌声量逐步攀升，在谷歌指数竞品排名中，欧拉长期霸榜，相较于日系品牌声量持续领先，用户口碑也集中在高端、纯电、智能、颜值高等品牌印象，品牌打造取得初步成功，在销量端欧拉好猫也实现突破，以做闺蜜的方式绕过日系品牌，成功甩掉了纯电的负面标签，以泰国用户闺蜜的形象提高产品溢价，快速抢占市场，仅半月，订单就超过原BEV市场整年销量，市场占有率一度超过70%，短短数月将好猫打造成为泰国市场的爆款产品，欧拉也成为泰国BEV市场的领导者。

本次省广与欧拉品牌的大胆尝试，初步建立了"更爱女人全球品牌"的形象，实现品牌口碑与销量双增长，为自主品牌的出海之路开辟了全新的路径。

● 案例五：全国布局的中国移动集群化运营

省广开始大范围参与中国移动项目是在2008年，那个时候"一个企业品牌"加"三大客户品牌"的总体架构已经基本完成，所以，省广的核心工作就是如何根据属地市场的特点和环境变化去做好落地执行和品牌微创新——因为中国移动对供应商的响应效率要求比例比较高，一向要求驻地服务，有的甚至要求供应商团队在移动公司和他们一起办公！

因此，第五事业群的移动板块，成了整个省广外地项目组最多的业务板块。根据统计，第五事业群在全国各地建立的项目组数量达34个，外地团队人员数量超过180人。

"我们群的两个副总经理彭旭知和代笑颜，以及很多骨干人员都有过外派做组长的经历。"第五事业群总经理于华这样介绍道。

于华认为："要服务好中国移动这个客户，不提供驻地服务几乎是做不到的，就算是总部的支撑人员，我们也鼓励他们多跑一线、多听'炮声'，多跟客户交流，这样才能做出有执行力的好方案。"

正是有这样一群遍布全国的省广"移动人"，他们用专注与执着一路陪伴他们的客户；正是因为他们有庞大的驻地团队，才能深入了解不同的市场，服务不同的客户，协助客户解决一个又一个的难题——17年来，省广"移动人"已经成为中国移动最忠实的合作伙伴,优秀案例也是遍地开花。

2008年广州,省广为广东移动策划执行"我爱广东"社会责任营销整合传播活动,凭借"滴水精神"的理念和"众人成粤"对社会舆论的正向助力,荣获《广州日报》"华文杯中国十大营销案例"称号。

2009年武汉,为顺应湖北高层"致省外、海外湖北儿女的一封信"活动,鼓励荆楚儿女回家创业发展的主流舆论,省广协助湖北移动策划执行"湖北慧更好"大市场整合传播运动,本次主题活动持续了3年,创造了省级公司同一主题下整合传播持续时间的最长纪录。

2011年郑州,为了集中展现领先优势,展现国企成绩、鼓舞员工士气,省广协助河南移动策划执行"超越5000万,有你更精彩"的整合传播运动,以"基础传播做广、活动传播做细、内部传播做深"为核心传播策略,统一主题、统一模板、统一演绎,全方位打造一场覆盖全省的营销传播运动。

2012年西安,省广协助陕西移动包装打造神州行自选套餐,引领了行业发展,开创了客户自主选择资费的消费新模式,具有划时代意义,自选套餐的模式后来在移动集团公司的主导下推广到全国,虽然已经过去近10年了,但当年担任项目负责人的代笑颜对这个项目记忆犹新。

2013年北京,省广协助移动集团公司开展"要闯,就在非常假期"的暑期传播项目,创意拍摄了周杰伦作为动感地带品牌代言人的最后一条广告片,"周杰伦为动感地带品牌的助力无人可比,并让品牌始终领先竞争对手,如今想再找个能一统天下的周杰伦几乎已经不可能了",当时负责项目统筹的第五事业群总经理于华感叹道。

2016年济南,省广作为媒介策划服务商首次与山东移动相遇,针对媒介管理上的薄弱情况,省广用成熟的媒介策划理论和宣传费用分配模型协助山东移动制定和梳理了媒介资源和流程体系,形成了《山东移动媒体宣传管理办法》,让其宣传管理有据可依、有理可循,逐渐走向成熟和规范。

2017年广州，针对公司名称缺少识别度、产品数量多、传播声量难以集中的情况，省广协助中移互联网打造"小和玛"IP，并策划了"小和玛、大链接"的跨界整合营销项目。"一年时间我们联手20多个超级IP，开展了20多场线下活动，和30多场线上互动，为客户打造了一次真正意义上的整合营销。"当年负责项目策划的第二通信营销中心总经理钟伟山回忆道。

2018年中国香港，省广为中移国际公司策划了"冲呀！虢国夫人"的H5，成为当年中国移动火爆全集团朋友圈的刷屏级案例，这个项目也帮助省广获得了中国移动国际公司和香港公司联合颁发的"卓越创新奖"。

2018年上海，在魔都开学季的节点，省广协助上海移动策划推出"魔魔哒卡"，赋予用户"移动魔系青年"的身份，并创造了一组表情包式魔系青年IP形象。以独特的性格、态度为"00后"代言，在校园迎新活动中获得新生们的火热欢迎，让上海移动当年的校园营销业绩远超竞争对手，2019年持续沿用该魔系卡品和形象，引起了全国范围内同行及海外公司的赞扬。

2019年广州，中国移动家庭宽带用户首次超越电信，"4G用移动，宽带免费用"的低价进攻模式需要转换成高质量发展的模式，省广协助广东移动打造"移动爱家"品牌，为智慧家庭产品注入更多情感元素，后来被升格为集团家庭市场品牌。

2019年北京，省广从各条战线全面参与了中国移动三大客户品牌的重塑工作，专业负责人彭旭知曾多次获邀参与集团三大品牌重塑的研讨会；为"全球通星动日"的品牌运营传播做支撑工作；协助集团公司打造一支以《欢乐颂》为主体背景音乐的开场片，撩动起移动人对青春的记忆和对品牌的情怀，让品牌重塑升级项目在全球合作伙伴大会上一炮而红。

据省广云与全媒介事业群智慧营销三中心总经理潘菁菁介绍，2020年广州，省广协助广东移动策划执行了"动感5G，不潮不玩"的品牌文化活动，成为疫情后全国首个成规模的品牌活动，助力三大客户品牌在一线市场全面打响品牌重塑之战。该案例还获得了"移动集团总部 2020 年度客户品牌运营优秀案例评选活动一等奖""第 21 届 IAI 传鉴国际广告奖""中国国际广告节广告主金奖"等奖项。

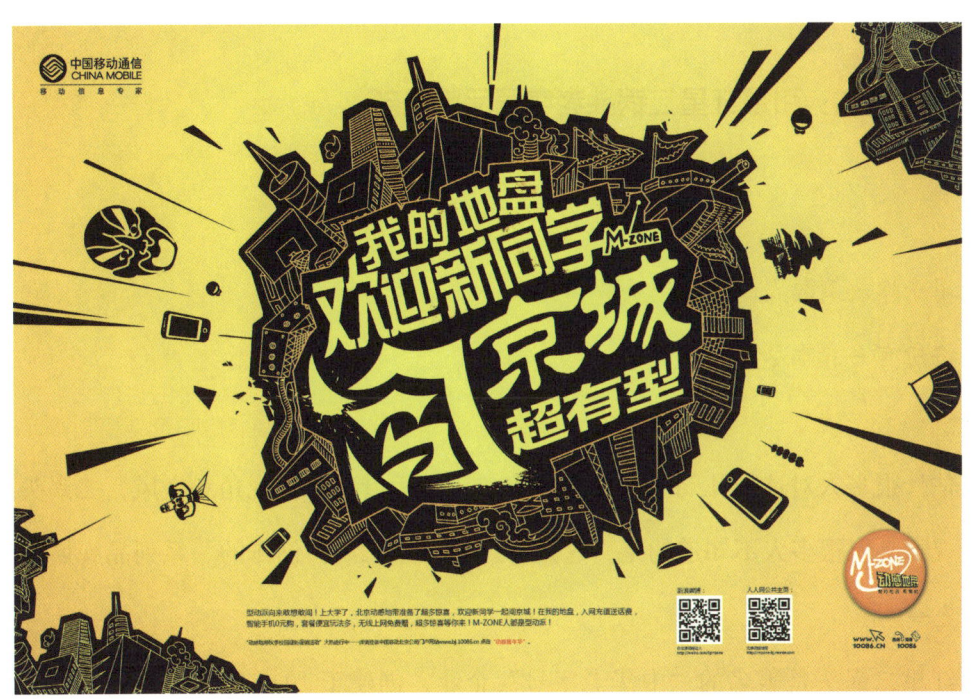

2021 年东京奥运会期间,省广在北京为中国移动咪咕公司创作了《汉服萌娃运动会》创意视频,帮助咪咕公司在奥运的白热竞争中俘获了品牌好感,并荣获"TMA 移动营销节金奖""虎啸奖""IAI 传鉴国际广告奖"等五大权威专业奖项。

2022 年在杭州"世界阅读日"期间省广为中国移动咪咕数媒公司创作了《他们为什么不说话》TVC 视频,并于 4 月 23 日登陆央视《中国好书盛典》,同时视频在互联网平台发布后也好评如潮,收获千万次播放和近亿次话题曝光。

……

可以说,除了以上城市,贵阳、福州、海口、兰州、呼和浩特、拉萨等全国各地都有省广"移动人"奋斗的身影,也都有省广"移动人"出品的案例!"从最开始的招人做项目,到后面的为了团队找项目;从一开始的满足客户需求,到后来追求为客户做出影响市场的案例,从 2G/3G/4G/5G,我们始终相信,只要我们紧跟客户,紧跟市场,紧跟用户,我们就能够找到广告人自己的价值。"于华如此说,如此做,可以看出,他对省广移动业务板块的进一步发展,充满了必胜的信心!

案例六:引爆红星二锅头老字号品牌焕新

用子弹放倒敌人,用二锅头放倒兄弟
将所有一言难尽,一饮而尽

估计很多人对这样几句文案都有印象,正是凭借独特的视角和文风,二锅头重回大众视野。但很多人不知道的是,这是省广为红星二锅头创作的一系列品牌焕新广告文案之一。

红星二锅头是著名的"中华老字号"企业,创建于1949年5月6日。作为与新中国同龄的白酒品牌,红星二锅头曾一度火遍大江南北,被誉为老百姓餐桌上的当家酒。但是,随着市场竞争的变化,盒装酒兴起和白酒低度化趋势,红星二锅头的市场份额开始出现下滑。

在此情况下,2008年底,红星找到省广,希望能从品牌着手,一改颓势。

当时负责红星二锅头项目的是省广第五事业部。时任省广五部总经理、现任省广大快消事业群副总经理的彭涛,与现任省广第四快消营销中心总经理的吴家敏作为项目的重要参与者,亲历了红星二锅头品牌焕新的全过程。经过市场调研,省广团队发现此时红星二锅头的整体品牌、产品形象老化,消费人群断层,老龄化现象严重,"老字号"真的"老了"。

如何抓住年轻主流消费群体,让"老字号"重获新生,是红星面临的最大挑战。通过系统地梳理和诊断,省广提出了红星二锅头品牌全面焕新方案。

在品牌上，提炼出新的广告语——"八百年的传承，二锅头的宗师"，正本清源，树立了红星在二锅头品类中的正统地位，一度迫使竞品频换口号。

在产品上，一方面针对低度化、绵柔化的消费趋势，省广提出打造"蓝瓶大单品"的策略，围绕"红星蓝瓶二锅头，超越经典有点柔"的主题，制定了整套市场推广方案，通过"管控先行，餐饮发力，引爆流行"，让"蓝瓶"实现快速增长，成为红星三大支柱产品之一。另一方面，积极研发新品，推动产品的年轻化。

以邹颖辉、丁剑为核心的省广创意团队结合红星二锅头浓郁的红色文化底蕴，设计出一款"复古、流行、时尚"的新产品——红星苏扁二锅头，其造型参考苏式小钢壶，正面印制大红五角星，略带弧度整体前挺的硬朗外观，个性十足，颇为吸睛。

在省广看来，产品不只是包装设计，还有对品牌价值的重新塑造。省广为红星苏扁制定了全新的传播策略：创造网络互动话题，颠覆传统形象认知。

2010年，省广创意团队结合年轻消费群体的精神需求和消费场景，创作出第一套稿件，发出豪迈的消费主张：如"有兄弟才有阵营""让干杯成为周末的解放宣言""人手一支是个好主义"。该系列一改传统白酒的含蓄稳重风格，以时尚复古的产品形象，贴近年轻消费者的沟通语言，获得2010年"长城奖"平面类银奖。

红星管理层对这套产品及海报非常满意。但在当时，这些创意显得过于"前卫"。苏扁产品很快上市了，但海报并没有进行推广。可喜的是，《年轻就要红系列》在微博上吸引了不少博友的认可和转发。

正是受到这一波网上传播效果的鼓舞，2011年，省广团队延续该风格，继续创作了第二波作品，共5张平面海报，一句句经典的广告语喷薄而出：

将所有一言难尽，一饮而尽

把激情燃烧的岁月，灌进喉咙

……

这套创意把激情燃烧的岁月、肝胆相照的兄弟情义，用平面视觉表现得淋漓尽致，以更加年轻的心态和态度，改变了红星"老了"的印象。在第21届广日华文广告奖上，《红星二锅头时代经典系列》作品成了当晚的最大赢家，独获"最佳标题文案""最佳系列广告""最佳综合表现"三项大奖，在网络上迅速掀起了一股红色复古风潮，其中有两条微博更是被转发了5万多次。

主创团队坦言："看到网友的积极评论，大家心情都很激动。虽然没能一一回复，但创意永远是共同的语言，正如美酒，正如兄弟，正如每一个人对各种信念和理想的追求。真正好的广告是可以影响人的生活甚至方方面面的，我们也一直希望能在广告中传递一种情怀，因为'情怀'这种东西在当今社会越来越稀缺。"

这次在网络引发的轰动效应，大大提升了红星管理层的信心，客户当即决定增加广告预算。

2013年4月中旬，红星苏扁二锅头一系列以青春、怀旧为主题的平面广告被投放在了北京各大地铁站。此时，距离创意设计出来已经过去了近4年。

地铁、微博的系列传播，引爆了苏扁广告的评论高潮，一度在北京甚至全国形成话题效应，吸引了央视经济频道、央广经济之声、网易、广告门网站头条、新食品周刊、

新浪、中国广播网等20多个媒体的主动报道，全面引爆了红星二锅头品牌焕新计划，提升了红星二锅头在年轻消费群体中的品牌影响力。该案例也荣获了"第一财经年度营销大奖""金魔方整合创新大奖""艾菲入围奖"等奖项。

其实，苏扁这套平面广告曲折的出街经历，也恰巧反映了当时广告行业的变化趋势，相较于传统媒体的单向传播，创意人员和广告主在网络中更能及时得到受众的反馈，作品在线上的表现完全可以影响到其在线下的投放力度。

⊙ 零预算玩转世界杯

时间来到2014年，这一年体育界的重大事件是巴西世界杯。红星二锅头与世界杯没有合作关系，没有预算，怎么玩世界杯？

因苏扁天然的扁平造型，很好表现"穿球衣"的创意概念。省广服务团队设计、制作了9只种子队的国家球服套装，引导球迷爱好者和有收藏癖好的消费者关注红星二锅头，引发其购买全套苏扁球衣产品的欲望。

配合世界杯赛事的进程，省广团队还策划了开展"寻找章鱼哥"活动，消费者可使用积分竞猜比赛结果，赢取奖品。活动吸引了大量新用户加入，新访客平均占比达到40.51%。世界杯期间，红星官微累计阅读78293次，转发7280次。

可以说，苏扁的上市推广和系列品牌传播运动，为红星品牌注入了活力，有效推进了与年轻消费群体的沟通，加速了红星这一老字号品牌的全面焕新。

⊙ 没有酒，说不好故事

待在北京的不开心，也许只是一阵子，

离开北京的不甘心，却是一辈子

这不是抒情诗，这是省广团队2017年推出的全新红星海报——"#没有酒，说不好故事#"的海报，这次，传播目标瞄准了在一线城市打拼的北漂人群。

网友们的情绪再一次被激发起来了，业内人士评价：这样走心的文案背后必是经过洞察，一定是有情绪的文案。北漂们那种搬来搬去、飘忽不定、心无所依、前途迷茫等种种情绪，在文案中得到了释放，把情绪翻译成了文案语言，把洞察转化为广告。而此前红星二锅头的苏扁系列用情怀激起共鸣，是一组让人血脉偾张的广告文案。

◉ 每个人心中都有一颗红星

红星二锅头历经半个多世纪的发展，从诞生于晋察冀革命老区的红星商标，到迎接新中国诞生而酿造的献礼酒，从家喻户晓的"大小二"到引领潮流的蓝瓶二锅头……红星形成了其独一无二、不可复制的品牌资产。

2016年，省广团队从红星品牌资产中提炼出"心怀梦想、勇敢前行"的品牌精神，创作出"每个人心中都有一颗红星"的品牌口号。通过不断的精彩演绎，传达红星品牌的正能量，让更多的消费者从精神层面认同红星品牌的价值主张。

"每个人心中都有一颗红星"有着丰富的内涵。一方面，"红星"是红星二锅头瓶身上最明显的标识，也是红星二锅头的品牌资产；另一方面，在国人心目中，"红星"代表着新中国，红色文化，代表着一股浓浓的正能量和情怀，具有鲜明的时代感。

2019年，红星建厂70周年之际，省广团队历时两年，协助红星策划了高端品牌红星高照。其核心产品"红星高照——宗师1949"售价近800元，是第一款产地是北京的高端白酒，也成为二锅头品类价值的新标杆。

"红星是千年一遇的好客户。"长期驻点服务红星的吴家敏这样感慨，"要感谢客户对我们工作的包容与支持，要感谢省广平台的赋能，要感谢团队小伙伴们的付出和努力，更要感谢红星市场营销部门和省广团队10多年来如同兄弟般的无间合作，大家相互学习、相互促进、相互成长、相互成就，这些才是创意灵感的源泉，才是我们一路坚持的信心。"

通过服务红星，省广团队得到了学习提升。而省广也陪伴和见证了红星的发展，红星从 2009 年销售额 15 亿元到 2022 年突破 30 亿元，红星二锅头正在复兴的大路上加速前行。

红星二锅头"品牌焕新"案例，在酒类品牌中率先走出以互联网思维、迎合年轻消费群体的解决方案，为推动老字号品牌焕新和产品创新升级提供了全新的思路。

● 案例七：助力屈臣氏全面拥抱新零售时代

自 2011 年起，随着"互联网+"浪潮的来临、支付线上化的普及，以及消费者购物偏好的改变，传统线下实体零售大受打击，进店客流持续走低，大部分百货、超市为主营的零售商业绩持续下滑，甚至关店告终。2016 年在中国，"新零售"概念提出，各路玩家纷纷进行新零售布局，线上电商极力开展对传统线下零售商的收购和整合，传统线下零售商纷纷开始试水线上业务。

站在时代的风口上，在线下有着"逾 4000 家门店"体量的屈臣氏，2018 年携手省广，开始了"数字化转型"的战略布局，进行了"O+O 零售模式"的创新。

面对新零售时代的消费生态变化，负责屈臣氏业务的第七事业群副总经理潘勇认为：粗放和野蛮生长的时代已经成为过去，精耕细作、沙里淘金将成为常态，消费市场如此，代理公司的作业模式也是如此。

⊙ 协助屈臣氏重新构建的数据池、流量池、内容池

商业界有一个术语叫"冰激凌哲学"，用来比喻企业要把握经济不景气时的机会，从冬天开始卖冰激凌。因为顾客少，反而会逼迫你改善产品、服务和供应链；如果啃下这个硬骨头，逆势发展，就能在夏天超过对手。

自 2017 年高宏达接任屈臣氏中国行政总裁，屈臣氏便走上了大刀阔斧的变革之路。在最艰难的时刻坚持在数字化领域创新和投入，在人、货、场的各层面推进全面革新。"O+O 零售模式"和"OPTIMO 品牌创新增长中心"是屈臣氏目前在数字化转型路上

的两项重要成果。

与一般"O2O零售模式"单向地将顾客由一个平台带动到另一个平台不同，作为传统零售巨头，屈臣氏不仅面临着电商平台的用户分流，也面临着自身惯性带来的压力。

屈臣氏"O+O零售模式"的路径是"围绕消费者做增长"，对线上线下进行全面整合。发挥自身存量优势，发展线下"试"、线上"买"的全新模式。

线下，屈臣氏门店从原来聚焦开店规模和开店数量，转向服务升级。屈臣氏借助数字化技术，推出闪电送、门店自提、扫码购、AR试妆、皮肤测试、会员预约免费化妆、"1对1"专属美丽顾问以及SPA体验8大服务。

线上，深刻洞察消费者需求的特点，基于"90后"、Z世代在"懒宅经济"刺激下更偏爱微信小程序、电商等线上购物的特点，打造了云店（屈臣氏小程序）、App、社群、企微等多个触点，将服务从门店延伸到线上，全方位触及消费者。

省广团队作为屈臣氏的长期合作伙伴，积极配合客户的发展需求，在客户各种创新探索环节，推荐"TA匹配度"较高的母婴、女性、校园、运动及健康垂类媒体。通过赛马机制，制订精确的投放计划。将分散在各平台的流量逐步导入集中运营。4年以来，转化效率稳步提升，逐步形成屈臣氏所特有的数据池、流量池、内容池。

◉ 新零售时代下的流量获取与流量运营

在新零售时代，不仅要获取流量，更要留住流量。潘勇与团队一起，协助屈臣氏不断优化媒介转化效率，寻找高价值流量资源，与客户一起探讨如何将获取的流量充分转化为生意。

新零售，自从这个概念被提出之时，就和"社交"有着紧密的联系，社交既是获客的手段，也是促进决策的手段。省广携手屈臣氏，在公域线下户外、线上各大社交平台和垂类平台打造入口，利用用户感兴趣的话题和内容，如年轻人追捧的流量明星、宠物、综艺、游戏、亲子、旅游等，持续地进行沟通，不断拓宽社交的边界，通过与微信、微博、B站、母婴、二次元、音乐、韩剧等垂直平台合作，为私域云店（屈臣氏小程序）获取更多的流量。

在获取流量之后，更重要的是留住流量。消费者在进入屈臣氏的私域生态内沉淀了数据后，便会有更精细化的标签，基于大数据的精准捕捉，就可以针对这些标签，进行更精细的内容运营和社群运营，让购买过的消费者重复购买，并产生口碑，影响更多新用户。

时至2022年，屈臣氏云店（屈臣氏小程序）数据平台拥有逾2亿用户、覆盖了九成以上国内18~45岁的都市女性，屈臣氏云店销售额大幅提升，成为屈臣氏数字化转型的核心负载平台。

经过几年转型，屈臣氏的市场地位得到稳固。和电商比起来，屈臣氏又多了4000多个线下"体验店"；和传统零售店比起来，经过数字化转型的屈臣氏，从时间和空间上已经将零售的"场"拓宽。不再是开门做生意，关门下班停业，而是全天候在线，全域配送。

在客流量成为稀缺资源的当下，屈臣氏数字化转型的底层逻辑非常简单：以线上的效率和线下的体验提供给消费者最好的消费体验，把消费者源源不断地吸引到屈臣氏的私域当中，并建立一个长期的消费者关系，而不只是一次性的购买关系。目前，在屈臣氏线上线下同时购物的消费者购物频率和消费额是纯线下消费者的2.7倍以上。

在2022年上半年如此艰难的环境下，屈臣氏线上销售较同期依然实现30%的增长，"O+O销售模式"参与率则同比增长20%。

与客户共生、与客户共赢是省广团队一直秉承的服务理念，自2018年开始，省广屈臣氏服务团队，由原来的12人扩展到现在40余人，由原来的媒介购买团队，扩大到效果运营支持团队、直播服务团队、内容服务团队、资源售卖团队为一体的综合服务团队，全面配合屈臣氏创新增长需要。潘勇坚信，与优秀的客户一起，只能让团队更加优秀。

⊙ 关注变化的，也要关注不变的

零售行业，越来越多的企业在探索线上线下的融合，也在探索流量的获取与留存，同时，因为新冠肺炎疫情等因素的影响，围绕在消费者身边的消费渠道正在崛起，流量平台都在寻求自我闭环，给零售行业未来的发展提供了新的竞争者。对于用户的争夺战会更加激烈。也许在不久的将来，线上与线下的边界将消失，"新零售"领域也会进入一个更新的周期，面对着市场的急剧变化，不变的只有不断适应变化的能力。省广团队也在不断拓展自身能力边界，持续陪伴客户在新的战场取得新的胜利。

● 案例八：全案代理美赞臣本土化焕新之路

2021年9月，美赞臣在中国宣布正式成为本土持有、本地化管理、服务本土、独立运营的业务集团。如何持续释放美赞臣百年科研的产品实力、结合中国本土化营销的实际情况，推动美赞臣成为中国消费者首选的婴幼儿配方奶粉国际品牌，是新美赞臣的首要传播任务。

据省广第二事业群美赞臣项目中心总经理尹大伟介绍，2021年底，省广集团成功拿下美赞臣以品牌策略创意＋媒介策划与购买＋渠道整合营销等为核心的全案营销代理业务，这是省广集团首次在快消母婴类客户上的全链路营销服务模式。

美赞臣因爱而生，这个拥有百年科研传承和历史积淀的品牌由爱德华·美赞臣创立。品牌始终以"给宝宝一生最好的开始"为使命，坚持以科学为本，在母乳研究、临床试验、防治婴儿牛奶过敏等方面创造了众多"全球领先"。进入中国以来，美赞臣旗下蓝臻、铂睿、亲舒、学优力、阿司咪唑健等多个奶粉品牌，已经临床医学科学验证的产品广受中国消费者欢迎。这个有着117年历史的品牌，进入中国市场29年后，2021年9月"新美赞臣"焕然新生。

在中国消费市场消费升级、"三孩"政策颁布实施等市场机遇面前，奶粉消费年轻化、高端化等人群迭代升级为行业带来了新机遇和新挑战。美赞臣坐拥"百年品牌历史"以及"本地化独立运营"团队双重优势，但如何击中当今中国消费者心智，准确摸索出他们的消费理念与心智认知模型、媒介触点与决策链路、奶粉选择痛点与购买场景并"对症下药"，成为省广提供整合营销策略服务亟须解决的核心问题。

过往美赞臣蓝臻超级单品策略取得了市场成功，随着消费细分市场的竞争加剧，美赞臣母品牌战略重要性日益突出，既要有蓝臻超级单品的品牌纵深发展，也需要母品牌赋能的多细分品类赛道横向拓宽生意边界。

在美赞臣品牌方确定的"国际大品牌＋区域授权产品＋有竞争力的利润＋服务管理体系"的价值链生态背景下如何在营销层面辅助渠道的声量提升、生意提升；在品牌／媒介等消费者漏斗上端确定了大的传播策略及传播阵地之后，如何将线上巨大的传播势能转化为区域线下渠道或者线上电商渠道的生意动能；媒体渠道之外，如何串联更多的品牌跨界渠道或者专业的医务市场渠道，为美赞臣品牌持续打造高端的年轻化形象或输出专业权威口碑。

省广总裁助理兼第二事业群总经理付小亮表示，应对这样的营销挑战，省广团队在品牌信息梳理、年轻用户对话、用户心智影响、渠道共创等方面进行1V1的策略剖析及营销解法建议，逐个击破。

◉ 举措1：品牌统"1"人设 ＋ "1役1策"人设演绎 ＋ "1+1+N"产品矩阵

众所周知，品牌是一个企业的护城河，在营销中品牌溢价更是能否赢得用户选择的第一因素，"新美赞臣"品牌形象的重新梳理是一项艰巨的任务。

省广团队深入剖析竞品传播内容及策略、国内外案例，并快速行动，调集了四个创意团队，两周之内产出了 Power Claim（品牌主张）共 500 多条，提报共 100 多条，进入电商测试共 17 条，进入深访 6 条；一周内完成共 8 个概念和 10 个 RTB 的 Power Claim 测试物输出。随后与调研公司共同完成消费者座谈会 24 组、行业专家访谈 34 组，负责录音和笔录共 35 场，协助输出四大区行业专家调研小结。

最终，在母品牌大方向上，确认了美赞臣将在百年科研的品牌沉淀上进行持续的演绎，并结合当今中国消费者需求丰富新美赞臣科研体系，将更好地演绎"黄金配比成分和临床有效验证"的科研结果，中国宝宝实证的"科学"人设确立，美赞臣将始终致力于"给宝宝一生最好的开始"。

在具体的营销举措上，省广团队同样贯彻对科学实证持续演绎并结合不同的营销平台及内容建议进行定制化的"1役1策"主题化人设强化，以统一的主题内容不断强化科学实证及黄金配比就是给宝宝一生最好开始的品牌宗旨，并以主打超级高端单品"蓝臻"为落地载体。

在2022年3月ELLE项目中，以"顶配保护 悦己而生"为传播主题，借ELLE顶尖时尚女性媒体属性传递高端妈妈的典型用户形象，"锐化"科学实证给宝宝顶配保护是精致妈妈选择的这一产品印记；4月与芒果TV的《声生不息·港乐季》中，以"顶配保护 声生不息"结合声音这一主题演绎保护和发声的关系；7月，湖南卫视《花儿与少年·露营季》中以"顶配保护 一路花开"继续演绎科学打造保护，让宝宝在生命初始一路花开的品牌主张。

产品角色上，面对奶粉市场产品品类众多，消费者在选择时都会陷入不知如何选、什么产品适合什么宝宝的困境这一背景下，省广矩阵化梳理产品特点以及用户痛点并以美赞臣产品优势进行建议，通过"1+1+N"产品矩阵，在满足消费者不同需求的同时，放大不同产品的个性，以区隔同类竞争产品，实现细分赛道的用户心智抢占。

"1+1+N"是在美赞臣公司目标、沟通目标、品牌定位上的演绎。结合美赞臣科研传承以及中国市场用户的育儿需求，以"1+1+N"的产品矩阵顺应需要，为中国消费者提供更加丰富的高质量科学营养产品。"1+1+N"具体为"蓝臻+铂睿+N产品"，蓝臻以其"中国宝宝实证的乳铁蛋白+乳脂球膜给宝宝顶配保护"，持续强化其超高端产品定位，抢占超高端市场份额；铂睿以"17项喂养实证DNA给宝宝顶配脑力"来渗透大众消费用户；此外，N产品则涵盖"微蛋白小10倍，解决吸收问题"的亲舒，覆盖3岁以上少年儿童营养需求的"学优力"、解决敏感的"阿司咪唑键"等，通过丰富的用户痛点解决方案和丰富的产品矩阵来满足用户的不同需求。

其中特别值得一提的是美赞臣全球首款羊奶粉"纯冠"的诞生与登场。这个"纯冠"品牌是省广与客户深度共创的产物，"纯冠"品牌实现了从0到1的战略性胜利，"纯冠"品牌的细分定位，品牌Slogan，传播主视觉，视觉规划设计等都是全新创造出来的，可以说省广又为新美赞臣创造了一个新的品牌，这个新生品牌将在激烈的市场竞争中接受考验。

● 举措2：年轻化、聚焦化、口碑化打造流量生态池

省广团队在用户的喜好上进行了专项研究，分析并针对当今用户的年轻化触媒特点、内容偏好以及在奶粉决策中的关注点进行了平台建议。以视频核心平台大曝光"拉升上端人群认知开口 + 社交媒体内容种草"强化口碑，影响最后购买的"一公里"，打造了"年轻人群对话 + 媒体平台聚焦 + 种草口碑"的生态流量池大传播策略。

认知曝光池，以年轻人群高浓度聚集的热门头部剧集、综艺为核心，侧重腾讯视频、芒果TV、爱奇艺等年轻女性倾向的平台投放。在具体资源选择上，结合省广科学化的评估模型成功借势包括《声生不息·港乐季》《花儿与少年·露营季》《梦华录》《警察荣誉》等在内的热门头部资源拉升产品认知。

《声生不息·港乐季》项目以综艺IP为营销震源，结合社交媒体余波炒作、艺人合作背书、渠道客户卷入，实现了从TO C到TO B、从曝光到种草的双效融合。综艺IP的合作都是体系化高度整合的传播行为，节目本身作为核心串联因子，深度卷入品牌策略创意，媒介资源谈判，渠道整合营销等市场各板块。并将传播的核心主题"顶配保护 声生不息"，通过创意化呈现，在节目内以各种软硬性手段植入创意，规划整体传播信息，节目内选择热度和人群契合度高的杨千嬅、单依纯为组合进行产品交互植入，借助艺人口碑强化蓝臻"中国宝宝实证乳铁蛋白"的科学实证特点。省广团队

的媒介资源谈判能力在此项目中又发挥了重要作用，最终实际执行后的投资回报率远高于计划，共实现 66 亿曝光，整体植入时长超 800 秒，为客户带来大量增值传播。

在《花儿与少年·露营季》综艺 IP 营销中，省广通过内部客户资源整合撮合了美赞臣与文旅客户长隆进行跨界联动传播，美赞臣与长隆的跨界合作涉及面广，除了常规的自媒体资源置换传播，还有门票场地、票务租赁等方面的合作，最为核心的动作是借助珠海长隆海洋王国的场地，邀请浪姐热门女明星张歆艺空降长隆进行花式趣遛娃的互动直播，在京东等电商超品日进行直播引流转化。

心智影响池，考虑到奶粉产品作为非常规的快消品，其在决策链路上的口碑、心智影响成为消费者决策链路的最重要一环，省广聚焦年轻精致妈妈聚集最多的小红书媒体平台进行内容的长效运营，小红书作为决策种草平台其核心在于内容生态流量池的打造，省广在策划时以行业内的成功品牌爱他美为原型，从营销投入、达人矩阵、内容方向、卖点对标等方面进行分析，并把营销重心从站内热度向电商搜索转变，同时在母婴人群容量更多的抖音进行更大流量池的"人群捕捞"。

◉ **举措 3：构建渠道客户营销共创 + 营销闭环**

在渠道营销上，省广团队为美赞臣渠道客户提供流量营销支持升级策划，与用户开启共创时代，携手孩子王、乐友、沃尔玛等渠道客户在流量上进行闭环营销。

在大剧、综艺等营销上，承接 IP 热度，并将热度延续到渠道客户传播。《声生不息·港乐季》项目中，开启用户挑战赛共创，一次性卷入 25 家渠道客户。传播内容上，结合渠道客户户外及朋友圈传播，以 1 渠道 1 素材的规范化内容生产，实现品牌传播的视觉化统一以及产品的矩阵式传播。

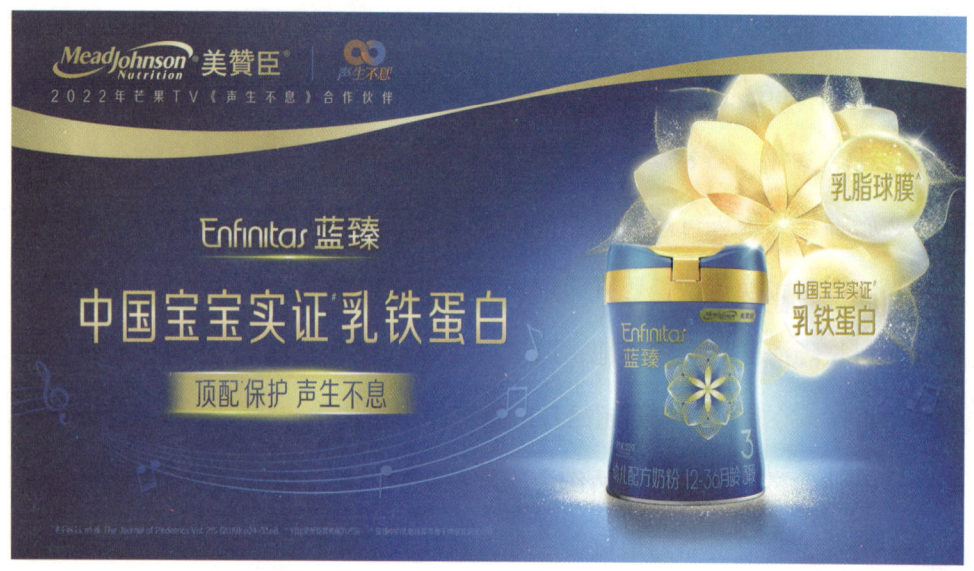

在渠道的联动跨界与创新上，除持续深耕《名师大讲堂》等自有IP栏目资源，为美赞臣打造行业权威口碑，省广也在不断探索更多创新的跨界营销传播，如N产品的"学优力"，针对其青少年儿童奶粉的定位，不断寻找高契合度的IP进行产品形象授权等跨界传播，如"超级飞侠"等。跨界传播除了可以使用形象进行产品传播外，还有更多的可能是串联销售渠道，比如礼品、赠品的开发定制、明星联动直播等。

◉ 提升全球第一母婴品牌中国市场影响力

据省广壹智壹策总经理王蕾介绍，省广的整合营销服务，不仅帮助美赞臣在品牌健康度上得到提升，同时有效助力美赞臣生意上的成功。

品牌认知及形象上，最新的品牌健康度调研显示：美赞臣在整体认知度上位于国际品牌前列，无提示认知上及品牌态度上均超越老牌本土品牌。此外，美赞臣一直以来主打的科学实证、科学配比等差异化品牌形象深入人心，科学人设在消费者心智中进一步锐化。品牌主打的明星品牌蓝臻认知度进一步提升，跃升同类竞品前列。

省广服务期间，美赞臣收入、利润、获客能力等各项指标都达到预期，2022年上半年利润超过预期近三成，经销商平均库存天数只有17天，远低于大部分奶粉品牌。

美赞臣的本土化需求遇上深耕中国本土市场营销公司的结合可谓完美,正如双方红色和蓝色的视觉锤必定将"自古红蓝出CP"的互赢做到更好。

2022年8月初在广州隆重举办的"百年新美赞·聚势新赛道"美赞臣中国合作伙伴大会上,美赞臣发布了未来5年目标,确立了新美赞臣"打造超高端心智占位,成就百亿单品;布局新赛道,实现双位数复合增长;创造持续稳定的合作伙伴收益,实现共生共赢"的三大目标,并形成升级产品、科研、品牌、供应及组织五大引擎。

而省广将继续发挥其整合营销实力及策略大脑的高效、高质输出,在实现美赞臣成为本地化独立运营的中国消费者首选的婴幼儿配方奶粉国际品牌道路上结伴而行。

● 案例九:协同蒙牛开创全媒体营销新局面

蒙牛是中国乳业龙头企业之一,近年在卢敏放总裁的带领下蒙牛冲进了全球乳业20强的第7强。蒙牛在乳制品领域形成了包括液态奶、冰激凌、奶粉、奶酪等品类在内的丰富产品矩阵;拥有特仑苏、纯甄、冠益乳、优益C、每日鲜语、蒂兰圣雪、瑞哺恩、贝拉米、妙可蓝多、爱氏晨曦等明星品牌。在高端纯牛奶、低温酸奶、高端鲜奶、奶酪等领域,市场份额处于领先地位。

除中国本土外,蒙牛产品还进入了东南亚、大洋洲、北美等区域的10余个国家和地区市场。蒙牛也是2018FIFA世界杯全球官方赞助商、中国航天事业战略合作伙伴、金砖国家领导人厦门会晤指定产品、第十四届全国冬运会官方合作伙伴、中国足协中国之队官方合作伙伴、中国足球超级联赛官方合作伙伴、上海迪士尼度假区官方乳品合作伙伴、北京环球度假区官方乳品及冰激凌独家供应商。

蒙牛和省广的合作关系已经有十几年了,一路以来省广参与和见证了蒙牛多个媒介营销案例。2020—2022年参与执行的重点项目就包括:《2020年疫情捐赠项目》、《微博之夜》、《创造营》、《神舟十二号返航直播》、《深圳卫视&得到App知识春晚》、《魔道祖师》、《天官赐福》、《追光吧哥哥》、《2021年东京奥运会》、《2021

年中国冬季奥运会》、冬奥谷爱凌纪录片《我，18》、《开始推理吧》、《跃上高阶职场》、《早餐中国纪录片》、《FIFA世界杯合作伙伴官宣项目》、《2022年卡塔尔世界杯》等。

2021年蒙牛纯甄总冠名了腾讯视频《创造营2021》综艺选秀节目，该综艺节目属于腾讯侧的S+级大项目，体量金额较大，涉及的合作权益和内容较多，比如包装权益、产品形象植入、片头、舞美、花式口播、片尾鸣谢、创意植入、品牌定制时刻，以及线下见面会活动、线上直播活动等广告形式，项目启动紧急，权益沟通、合同签订、下单流程等多项工作多头同步推进。时间紧任务重，秉承理解客户媒体双方公司的客观规定，省广作为代理沟通协调，以顺利推进项目为目标，以维护客户诉求为准

则,也理解媒体侧节目客观状况的前提,经过三方(蒙牛、腾讯和省广)多次沟通协调,最终在要求时间内每一项工作都最大地争取,严格按标准顺利地启动上线。

当时,正值新冠肺炎疫情暴发,节目录制遇到较大挑战,最终腾讯和节目录制团队克服困难如期顺利启动拍摄,蒙牛项目负责人和省广团队人员也都克服困难抵达录制现场,全程跟组拍摄,逐项地核对和落实资源包中的回报。其间由于学员及导师的客观情况,出现在线素材必须临时替换的需求,省广团队第一时间做出响应,认真负责推动落实,最终做到了素材的紧急替换。

省广第三事业群总经理助理梁艳伟回忆当时的情况时谈到,除了现场执行过程每一项的落实跟进,播出后服务团队同样是认认真真以秒为单位的监播,监播工作虽无太高的技术含量,但需要足够的耐心和细致,正是无数个这样细致、重复、不懈怠的工作,才能确保蒙牛客户的每一份权益都得到准确无误的落实。

最终节目深度展示了纯甄系列新产品的新口味,使得品牌形象及新包装镌刻人心,有效提升了品牌好感度。将品牌权益最大化展现在观众面前,节目的整体传播达成了超预期的播放量,成为当时的热门话题并登上了微博热搜榜,从而引发核心粉丝自发式的传播和话题,有效提升了品牌知名度。

省广第三事业群总经理姚汉杰表示,这只是省广服务蒙牛若干个媒介项目中看似平凡的一个案例,但过程中的种种细节并不平凡。时刻保持积极学习的态度,勇于突破自我、提高专业能力,脚踏实地做好每一个项目,不辜负、不懈怠、不骄傲,保持一颗不变的初心,省广团队一直以真诚热忱之情、不断进步之心服务蒙牛的每一个无论大小的项目。可能也正是因此,省广被蒙牛评选为2021年年度优秀代理商之一。

● 案例十:服务桂林三金18年再创黄金单品

省广自从2004年与桂林三金股份有限公司(以下简称桂林三金)结缘,18年来,一直为三金西瓜霜系列产品乃至桂林三金股份有限公司整体提供服务,从品牌创意到终端营销，从线下活动到线上传播，从传统媒体到网络媒体，从产品推广到企业战略规划，品牌推广方式不断创新，服务内容不断丰富，从而协助三金西瓜霜系列始终稳坐品类领导者地位。

⊙ 第一个大单品

廖伟明回忆，当时桂林三金旗下有很多款主治口腔疾病的西瓜霜产品，有含片、喷剂、胶囊三种剂型，其中西瓜霜喷剂只有几千万元的销售额。省广研究之后发现喷剂有很大的潜力：卖点多、效果好、直接给药、剂型新颖。因此建议将喷剂作为主打产品。另外，所有西瓜霜产品都主打祛火、止痒、防止嗓子干等多种功能。

省广建议先把喷剂这一款产品打造成爆品，只主打治疗口腔溃疡这一个功能。因为省广研究后发现，年轻人熬夜多、口腔溃疡发病率比较高，年轻人更喜欢喷剂型。但桂林三金的创始人是技术出身，深知这个产品对很多症状都有效果，如果只主打一个功能，这么好的产品就太浪费了，因此一直不愿意只主打一个功效。省广从2005年左右开始给桂林三金提出上述建议，但一直到2007年才被采纳。

除了主打喷剂这个剂型、治疗口腔溃疡这一个功效之外，省广还在渠道上给了桂林三金一个重要建议——2004年开始服务桂林三金的时候，省广就意识到连锁药店很有可能成为OTC药品的主流销售渠道，因此建议桂林三金要重视医药零售连锁渠道的构建。此后，中国连锁药店发展速度迅猛，行业内整合不断。2021年，中国医药零售总额中，连锁药店所占的比例已经占到了50%。

2006年，桂林三金在省广团队的协助下，面对药店连锁化趋势，进行终端营销布局。由于对这一发展趋势把控较好，桂林三金与众多医药零售连锁企业关系密切，渠道优势明显。

虽然，一开始省广主要是服务桂林三金的品牌战略，但后来，时任省广副董事长的丁邦清带领的省广团队深度参与了产品从定价策略到卖点挖掘再到深入企业的营销,甚至参与了终端动销、培训等庞杂的工作。

2008年,省广团队将桂林西瓜霜喷剂定位"口腔溃疡"市场,当年销售突破亿元,从此走上增长之路。

经过桂林三金与省广团队的共同努力,西瓜霜喷剂这个单品年销售额达到了5亿元,成为桂林三金的龙头产品。

2008年,桂林三金准备上市,邀请省广协助梳理企业文化、战略规划和产品线。2009年,省广进驻桂林三金,进行企业咨询。省广团队给桂林三金制定了全新企业品牌战略及企业文化形象系统,提出"敢为先"的企业价值主张。

⊙ 从产品集群到产品品牌

桂林西瓜霜喷剂成功之后,省广建议三金西瓜霜以针对口喉健康为核心,做产品集群。

廖伟明及服务团队先后服务过汤臣倍健、广药集团、香港幸福伤风素等医疗健康品牌,已经积累了服务医疗健康品牌的丰富经验,对医药市场走势的判断还是相当准确的。桂林三金也通过之前的服务,更加信任省广团队的专业性。

医药行业的传统做法是一个产品一个产品地打,突出产品品牌,但这种做法需要大量资源支持,包括要投放大量广告费用。在广告预算不多,资源投入很有限的情况下,只能采取以品类代替产品的做法,让消费者产生产品等于品类的感觉。省广建议桂林三金主打西瓜霜这个品类,而不是打单品,要逐步构建西瓜霜产品家族。

2012年,桂林三金从单品轮动传播到西瓜霜品类家族品牌概念,以面带点,以品牌拉产品,全面覆盖市场需求;2013年,省广提出桂林三金企业集群式发展战略和实施路径。

这个策略实行了几年,市场上基本形成了西瓜霜产品集群的概念。

⦿ 再造黄金单品

这几年，随着药品零售市场环境的变化，消费者购买药品的习惯发生了很大的转变，很多消费者喜欢通过自我诊断、自己在网络上购买药品治疗，这种情况下，消费者对产品的诉求重心也发生了变化，更关注消除症状的效果，希望所见即所得，要求产品的药性更强，对症状的改善更为明显。

2015年，针对新人群、新媒体，桂林三金开始了西瓜霜的数字整合营销传播。

彼时，西瓜霜已成为口腔疾病用药的第一品牌，产品品牌的构建也就被提到了日程上。西瓜霜产品方面则配合这个策略进行升级，从含片的服用便利性到主打治疗的功效。2017年，省广协助桂林三金营销结构升位，产品结构升级，开始从老三品到新三品的进化，将桂林西瓜霜含片定位在缓解治疗"喉咙肿痛"这一症状的药品市场，再造黄金单品。

廖伟明介绍，2019年，随着系列产品各自市场影响力的不断上升，省广及时提出桂林三金从品类打法回归到产品打法，采用以产品为王，提高单品变现能力的营销策略，确定了"口喉健康，信赖三金西瓜霜"的核心价值，打造多维度的品牌金字塔，夯实品牌基础，以品牌带动产品，完善三金西瓜霜整体品牌价值体系。

⦿ 年轻化营销推广

年轻人为主，尤其是"90后""95后"，经常熬夜，宜上火，深受口腔溃疡等各种口腔问题的困扰。因此，这部分人群是桂林三金的重点用户。

三金西瓜霜紧跟时代潮流，2019—2021年，三金西瓜霜借助抖音等大流量平台，进行全方位的互联网传播，向年轻消费者群体传达品牌信息，提高三金西瓜霜品牌在年青一代消费者中的认知度，国民老品牌开辟了年轻新阵地。

2021年，三金西瓜霜联合三星堆IP，三金牌西瓜霜润喉片（昵称：黄色小方砖）邀请Z世代年轻人为国潮文化花式打call；联合年轻人以多元化、有趣的传播方式为以三金西瓜霜为代表的中医药品牌和优秀传统文化联合发声,呼吁大众关注国粹中医药文化,深度触达民族文化自信。

在省广的全程助力下,从 2015 年开始,三金西瓜霜成为全国口喉用药第一品牌,桂林西瓜霜喷剂始终稳居口腔溃疡市场第一。

第二节： 永不停步的数字化新征程

数字化革命催生了一大批以技术和数据为核心业务的独立数字代理公司，在一定程度上对传统的广告营销公司造成了冲击。但是长期来看，随着数字技术的不断发展与冲击，广告主营销需求也在进行全链路拓展，广告行业的核心竞争力已经聚焦在新数字整合营销能力上，适应市场变革，拥有创意、资金以及客户优势的大型综合性广告集团能更好地为客户服务，他们将成为营销数字化的最大受益者。

数字技术的蓬勃发展，正在颠覆营销生态，而传统广告投放秉持从项目承接、策略制定再到资源采购、效果交付的线性推进流程，已难以适应当前触点多元、媒介分散、营销与销售交易深度融合的业务环境。当前营销行业中各参与主体纷纷驶入变革"快车道"，营销代理公司之间的马太效应已经显现。省广认识到，只有对业务进行全链路、多产品、智能化拓展，打造在营销领域的全面数字化能力，才能在激烈竞争中存续优势。省广作为中国本土最大的营销集团，在变革浪潮中持续积极开展数字化转型，对营销行业数字化、程序化、智能化演变进行精准洞察，引领营销领域的数字化能力与业务革新。

2022年1月初，陈钿隆在省广年终会上报告的主题是《深化改革创新，推动数字生态建设，筑牢核心业务护城河》。

"数字"依旧是陈钿隆关注的重点。面对数字经济崛起和营销技术发展，省广通过深化实施平台战略，以大数据为核心驱动力，持续加强数字生态建设，建立行业竞争优势，筑牢核心业务护城河。

省广通过实施平台战略，以大数据为核心驱动力，围绕产业链空白领域进行资源和技术整合，完成了数字化基础设施的布局建设，实现营收增长近40%。数字营销业务占比由2015年底的24.11%提升至2022年上半年的近80%，营销数字化转型开花结果，为下一个五年的跨越提升打下了坚实的基础。省广完成了从一家综合性广告公司到整合营销传播集团的蜕变，数字化转型取得了可喜的成果。

但在发展壮大的过程中，省广也面临着平台技术、媒介生态、营销玩法、客户需求等一系列变化，管理层深刻认识到，数字化转型创新始终是不变的营销引擎，要在未来继续领航时代，就必须要传承省广的创新变革精神，不断深化改革，推动数字生态建设，挖掘开发新数字产品，持续构建实效运营矩阵，提升省广在营销领域的核心竞争力，为更多企业提供整合的数字智能营销解决方案，创造更多的商业价值。

我们有理由相信，也万分期待，随着省广数字化转型的不断加速，在为企业实现创新变革、为投资者创造价值回报的同时，也将为中国广告业带来新的思考和启发。

第十章
打造匹配平台战略的企业文化

企业文化是企业的灵魂，是根植于员工内心的信仰和行为准则，更是实现高质量、可持续发展的精神动力。通过企业文化，能够用更加立体、更加有血有肉的方式，展现企业精神和价值，让企业思想能够深入基层、传递到社会，继往开来、生生不息。

陈钿隆表示："文化是战略的战略，好的企业文化就如同一支强大的军队配上了优秀的政委，将更好地统一和坚定思想，让省广能够上下一心、同频共振，将集团各项战略和规划落到实处，用高质量企业文化支撑企业高质量的发展。"

第一节：与人才共生共赢

日本企业家松下幸之助说：企业最大的资产是人。

普通的企业以员工为成本；优秀的企业以员工为资本；杰出的企业以员工为根本。作为文化创意产业，核心人才是省广生存和发展的第一资源，因此，省广一直视员工为根本。

◎ 省广成立四十周年之际为长期服务员工颁发忠诚奖

从企业经营的角度看，先进的企业文化可以激发全体员工的使命感，凝聚认同感，获得归属感，增强责任感，实现成就感。

企业经营有4个层次：经营物、经营事、经营人、经营人心（人的精神世界）。经营企业最核心的就是经营人、经营人心、经营人的精神世界。从某种角度来看，也即经营企业的文化。

企业文化就是企业价值观的具体体现之一。

企业要用制度制约恶的一面，保护员工；用文化宣扬善的一面，提升员工。如果说企业制度是铁面无私的"法"，那么企业文化就是温暖人心的"道"。

省广40多年的发展历史，就是一部创新的历史，省广从诞生的那一天就将创新作为自己的基因。经过一代代省广人的不懈努力，省广形成了"坚持创新，敢于变革，共创价值，多方共赢"的核心价值观，形成了诸多优秀的文化理念，且渗透到了省广人的血液中、变成了文化基因，成为激发员工、成就员工、成就企业的重要推动力，也让省广一次一次地把握住时代的机遇，成就了今天的省广。

一、打造新时代广告产业的"黄埔军校"

广告业是一个年轻、朝气、需要大量创意的行业。

作为一家从事文化创意产业的轻资产公司，"人脑＋电脑"是省广主要的资产形态，而人才是省广集团最核心的资源。陈钿隆经常打趣说：早上上班，我们的资产都来了；下班，我们的资产都走了。

"广告是年轻的事业，要传承下去，就要大胆起用年轻人。"陈钿隆经常这样说。

但一个很麻烦的问题一直困扰着省广，那就是人才流失问题。省广的人才流失曾经严重到什么程度？一项企业数据显示，2018年以前，省广每年都招聘100多个校招生，这些新员工到省广入职后的第一年流失率高达30%，第二年又有将近20%流失；两年左右的综合流失率高达50%！

人才流失如此严重，省广显然成了中国广告产业的黄埔军校。在人才输送方面，省广可谓给中国广告产业做出了巨大贡献。但从自身利益出发，这种局面必须改变。

陈钿隆提出，省广要成为加强版的黄埔军校。其中的意思是，虽然省广培养出了大量人才，但省广只有为人才提供更好的保障，才能更好地保留住人才。

省广人才流失严重，与所处行业当然有直接关系。广告业是一个跳槽频繁，员工流动高的行业。一方面，广告业的行业集中度低，有大量竞争性公司存在，市场竞争激烈，导致一些公司为了挖人不择手段；另一方面，这也与省广人才本身非常优秀有关。广告行业是最典型的创意产业，员工的培育成本高、周期长，很多同行不愿意花大价钱培养人才，而是采取直接"掠夺"的方式挖其他公司的墙脚。

省广集团员工往往来自优秀院校，据2022届省广校招数据显示，三分之一以上录用者拥有研究生及以上学历，其中重点院校和拥有海外经历人数占比超过了50%；社招方面，除了个别技能超群的人才是大专美术类专业学历外，近年来入职的绝大部分员工都是本科以上的学历，员工素质普遍较高。而省广的人才培育体系非常完善、平台够大，新员工来到这里后锻炼机会多、成长快，加上省广员工普遍年轻、激情四射、创意非凡，一直是行业最受欢迎的挖墙脚对象。

前几年，很多平台型公司兴起，大肆招揽人才；不少广告同行也纷纷设立试验性新项目。这些公司为了让项目迅速进展，往往会从市场上高薪挖成熟的人才，但几个月或者一年半载后发现新项目未如预期，很可能将高薪挖来的员工裁员或者降薪。这种现象给省广造成了很大的困扰。

省广作为国资背景的广告业巨头，一方面拥有背景可靠、业务稳定、流程规范、实力雄厚、培训完善的优势；但另一方面，广告公司在薪酬体制上不如互联网公司、资本热门行业企业那样灵活。其结果就是，这一阶段有很多在省广工作两三年，被培训好的广告业新兵，被同行或者其他平台公司挖走。

为此，省广采取了多种方法。

二、省广培养人才的三大行动

为了防止人才这个省广最重要的资产流失，陈钿隆提出了"护苗行动""活水计划""成长规划"的人才培养三重奏。

● 行动一：护苗行动

所谓护苗行动，是指对新入职的校招生进行专项辅导的计划。省广集团发现不少毕业生并不能立刻适应从大学生到公司职员的身份转换；此外，广告产业是一个以创意为核心的行业，有时候需要频繁地高强度加班。一些新员工对这些会产生抵触心理，觉得太辛苦，与之前的期望有落差。

省广人力资源部部长林春华介绍，"护苗行动"囊括了对新员工的工作融入、生活关怀到心理建设。通过专职人员倾听、分析、干预、跟踪，深入了解员工发展状况，并提供系统、长期的帮扶和福利项目,使新员工更好地融入省广氛围,让人才扣好职场的第一粒扣子,在公司健康成长。此外,异地员工来到广州需要在生活上安顿下来,省广近年来开始给校招新员工们"团购"较为舒适的小区,让员工能安心居住,消除后顾之忧。心理建设则包括召开定期的培训座谈,以及开展适合年轻人的各类活动,让年轻的"苗子"稳定下来。

此外,省广对校招生实行导师制,让总监及以上级别的管理层以老师的身份带应届生。这种手把手地帮带时间长达一年、两年甚至三年。这种师傅带徒弟的做法一方面可以让新生尽快适应省广的工作环境、跟上工作节奏;另一方面也让总监们观察、考察哪个年轻人是可造之才。如果发现了一些非常有潜力的苗子,就会建议公司将其作为重点发展和培养对象,在未来给予加薪或者晋升。

护苗行动大大缩短了应届毕业生到省广后的不适应期,协助新人顺利融入省广的大集体,在这里落地生根,大大降低了新员工入职两三年内流失的概率。

林春华认为,校招进入省广的青年人具备明显的 Z 时代特征,他们都是互联网原住民,个性强、有想法、敢表达、思维非常活跃。他们大多是广告、设计、新闻、市场营销等专业毕业,经过选拔来到省广的,专业基础不错,只需要对他们进行稍微引导和个人专业学习指引,他们就能很快地适应工作岗位,甚至超越省广以往对同岗位的期待值。

● 行动二:活水计划

新人在省广留下来之后,并不意味着万事大吉了。实际上,新人进入职场两三年后,才是最容易跳槽和被同行挖走的。因为在省广这个专业性极强的机构锻炼两三年后,新人基本上已经从一个小白成长为了某一方面的能手,可以独当一面了。但这个时候,这些"能手"们也开始重新审视自己现有的工作了,有的可能觉得自己已经成长起来,应该可以在新的岗位施展拳脚了,如果换个工作或者公司,很可能发展得更好;有的则可能因为与现任的领导合不来,不开心,想换个地方;还有的可能只是单纯地认为"世界那么大,我想去看看"。

这个时候,如果外面有一些公司适时地将很有诱惑力的橄榄枝伸过来,工作两三年的员工就会出现比较高的离职率。

针对这一阶段的问题,省广推动实施了"活水计划"。所谓活水,是新员工入职一年后,只要上一年绩效是B(良好)以上,就有机会主动申请去他想去的任意一个部门,甚至另一个分子公司,只要有部门认可其能力、愿意接受,人才即可实现流动,现在的部门领导无权干涉。

显然,"活水计划"是将员工原来被动的工作安排,变成了员工主动的工作挑选。在被动安排模式下,员工只能被迫接受,可能该工作并不适合该员工,或者该员工工作一段时间后发现不喜欢该项工作,但也只能硬着头皮做下去。很多传统的国有企业就是这样的工作方式,员工必须百分之百听从上级的工作安排,完全没有自主选择的权利。这种被动安排的模式显然无法适应省广这样以创意为核心的营销集团。

在主动选择之下,员工们就可以根据自己的喜好、特长,包括工作环境等自由地选择最喜欢、最能发挥自己特长的岗位。在主动选择岗位的模式下,员工的积极主动性更容易被发挥出来。

当然,为了防止内部各个部门之间争抢人才恶性竞争,省广活水计划明确规定,禁止以高薪高职位到别的部门挖人才。这样一来,调动工作的员工就在很大程度上是因为岗位匹配、更能发挥自己的特长等原因调换工作,而非因为看重高薪、高职位。

"活水计划"看起来非常完美,但是省广的这一计划刚刚推出时,遭到了部分部门、事业群负责人的反对。反对的理由很简单:我们部门岂不是在给其他部门培养人才?省广集团内部竞争也非常激烈,不同部门可能会服务相同行业的客户。"活水计划"很可能导致内部各个部门之间争抢人才。

此外,很多新员工虽然内心喜欢这个能给自己带来更多职业灵活性的计划,但行动上非常谨慎。这种公司内部之间的岗位调整，毕竟还都在省广这个大平台内部，如果自己跳槽到了另外的部门、岗位，和原来的部门领导"抬头不见低头见"，心里还是会有负担。

为此，省广人力资源部在内部两头做工作，反复宣贯：调动岗位、部门后大家还都是一家人，都是在为省广奋斗，只要能发挥所长、做出成绩，没有什么不好意思的；原来的部门负责人也必须从公司的大局出发，禁止出于维护本部门利益的考虑阻拦任何提出调动岗位申请的员工。

随后，省广还搭建了一个内部招聘平台，将各种岗位需求在线上发布出来，面对全公司公开招聘，将原来的私下勾兑变成公开的流程，员工在新的岗位应聘成功后，再走内部的OA流程。

显然，这样的设计比较有可行性。"活水计划"实施的第一年，有100多个员工在公司内部调换了岗位。第二年翻一番，有两百多人通过"活水计划"更换到了新的位置。根据估算，实行"活水计划"后，省广的员工流失率出现了明显降低。此外，"活水计划"还对于重新焕发员工的工作激情、提升生产力大有裨益。

我们在采访中了解到，腾讯等互联网大厂也有类似省广活水计划的举措。可见，这种方式具有很强的实用价值。

● 行动三：成长规划

人才发展的过程中，往往会遇到职业生涯的瓶颈，依靠自身力量难以解决。特别是对于工作五六年，拥有一定经验和技巧的员工而言，职业生涯往往面临着重要的选择。针对这样的情况，省广推出了成长规划。成长规划所聚焦的，就是通过内外部力量和一系列项目机制，在人才成长的各个关键阶段，分层分类实施培养项目，帮助员工迈出关键一步，成为集团发展的中坚力量。其目的就是协助资深员工弄清楚他需要具备什么能力去完成现有的工作；他的晋升路径是什么，晋升需要具备什么样的能力和人品，公司如何去评估和选拔。为了让成长规划实施得更加科学，省广人力资源部为项目专门开发了学习地图，推荐对应的学习材料、课程、建议等多种资源到学习地图资源库里。而专业主管如果要晋升为经理，则有业务老师进行线上线下的辅导。当然，总监以上的岗位，都需要先做评估和考察。

"护苗行动、活水计划、成长规划"之外，省广人力资源部还推出了一系列措施发掘更多潜力人才。

按照省广的管理层级，员工之上是主管，主管之上是经理，经理之上是总监，总监之上有中心副总，中心副总之上有中心老总，中心老总再升级，就是事业群副总。省广的人才培育不仅仅针对新人和毕业生，也需要针对这些资深员工和管理人员进行长期培养。为此，省广成立了"高潜人才"和"后备干部"库。

其基本的规则是，选拔出优秀人才放入高潜人才库，再从高潜人才库中识别出有管理能力的人才进入后备干部库。

高潜人才偏向专业性强的岗位，比如文案、设计、创意、媒介等。目前省广集团在各个事业群储备高潜人才200多人。这些高潜人才主要都是各个事业群推荐、选拔的，选拔出来后还配置有辅导课，模拟比赛，最终颁发结业证书。

高潜人才相当于比较好的经理、总监；后备干部则是更优秀的事业群总监，中心副总等，进入后备干部库需要大量磨炼和实战演练，因为，后备干部库中的人未来很可能会成为事业群副总，中心总……

人才是省广最宝贵的财富，也是创新变革的核心动力。正是基于以上系统化的人才培养模式，省广的人才方可源源不断地成长起来，为省广的稳健发展提供充足的动力。

◎ 省广集团2022届校招员工入职仪式

当然，完善的人才培养模式，只是制度层面的设计，除了制度、机制之外，宽松、友爱、温馨的"家"的氛围，也是省广吸引人才、留住人才的重要方式。

三、"软硬兼施"留住核心人才

陈钿隆认为：作为一家智力密集型的轻资产企业，人才是省广最为宝贵的财富，也是省广创新变革的核心动力。

但是，如果省广的人才政策不到位，核心人才就存在被挖走、流失的风险。市场是开放的，只能通过适应市场的激励政策、共同的理想、文化留住人才。

作为国有背景的上市公司，留住核心人才、让核心人才不断增值，就是让国有资产增值。留住人才，不仅要建设好办公环境的硬件，也要注重文化建设的"软件"，两手都要抓，两手都要硬，要"软硬兼施"地为员工提供良好的工作和生活环境，以及营造可以提升员工幸福感的企业文化氛围。

（一）996大楼，给员工一个五星级的家

省广前期在广州东风东路原来的办公楼办公时，虽然拥有自有办公大楼，但总体

而言办公条件和环境并不是太好。

省广管理层去考察国际4A集团的时候发现,电通、博报堂等员工带着公司标志出去很自豪。这是基于日本广告公司在日本业界良好的口碑、优越的办公条件等因素。

省广的员工都是知识型员工,尤其是大量80后、90后,甚至00后员工。这批员工很大一部分不再只关注收入问题,而是在乎与谁一起工作、在哪里工作,工作是否快乐。如何管理这批年轻的知识型员工,如何发挥长效机制,关乎省广的竞争力、关乎省广的未来。

知识性、创意性工作,要靠员工的激情去完成,对知识型员工,尤其是非常年轻的员工,如何激励他们是现在很多公司面临的难题。

◎ 省广总部大楼

2017年，为提升员工办公的幸福感，省广购置了全新的办公大楼，位于广州市海珠区新港东路996号，大楼坐落在珠江畔，有地铁和公交直达，地理位置优越。

因为广告行业服务客户的特殊性，员工常常需要加班加点。也许是一种巧合，后来"996"一词在互联网上火爆之后，省广人也经常自我调侃命中注定"996"，久而久之，这个看似普通的门牌号，成为省广的热门IP，成了公司总部大楼的代名词。

省广搬迁到现在全新的办公楼后，公司管理层就决定，要尽可能用更好的条件，在省广给年轻人打造一个工作环境舒适、生活幸福，能充分发挥个人才能的平台，让大家在省广获得成就感，家的归属感，甚至，要让员工家属也有强烈的自豪感。

◎ 省广女神节

为了给员工打造一个舒适的工作环境，省广琶洲新办公楼配置了适应年轻人工作习惯的高端咖啡厅、音响效果顶级的电影院，还有可供一千多人同时就餐的省广员工餐厅，并为员工定制省广专属交通卡，尽可能给员工们创造一个五星级的家的工作氛围，让员工们拥有更强的幸福感。

省广从东风东路搬到广州琶洲新办公楼的时候，陈钿隆就设想一定要有一个员工饭堂，让大家在公司就餐，而且给大家餐补。之所以这样做，是因为在很多公司，大家都是吃外卖，缺乏共同就餐的氛围，不利于沟通。每当看到那么多活力四射的年轻人在省广员工餐厅就餐，感觉就像一个大家庭。这种感觉能提升员工的归属感、自豪感。

◎ 员工之家——省广饭堂，可同时容纳千人就餐

省广还大力营造家文化的氛围，让员工更有团队凝聚力，如举办行业最大规模的登山节、运动会以及省广春晚；举办省广创业节、青年汇、女神节，"软硬兼施"地塑造省广特色的企业文化。

◎ 省广运动会

（二）心有多大，省广春晚舞台就有多大

虽然是国有背景的上市公司，但省广也兼具了文化创意企业独特的基因。广告公司崇尚自由、开放、活力、大气的文化，更加适合创意类工作的开展，也接近年青一代的生活和工作方式。

每年春节前，省广都会举办一场盛大的年会，这就是省广春晚。由于省广服务众多品牌，省广春晚也就成了省广创意能力的展示舞台，各个事业群和部门充分发挥各自优势，围绕公司每年发展要点，带来最具创意的内容比拼。有了精彩内容的加持，每年一度的省广春晚，迅速成为具有业界影响力的文化品牌。

经过一届又一届的传承发展，省广春晚参与者从初期的200多人，最高峰的时候达到了近2000人，参与范围也从过去的现场参与变成了"现场+直播"的方式。随着技术手段的不断进化升级，省广春晚也在释放员工创造力的基础上，成了用创意手段，演绎公司战略的重要舞台。

第十章 | 打造匹配平台战略的企业文化

何滨从 2007 年开始策划省广春晚并出任省广春晚总导演。据他介绍，公司实施平台战略之后，导演组专门为省广春晚设计了一套商业模式 PK 环节，大家可以通过创意娱乐的方式，通过精彩的节目 PK 打败其他战队，为所在的团队赢得最大的荣誉及个人投资回报，省广 G+ 咖啡等项目就是通过舞台筹集到足够资金并启动的……

● 省广往届春晚精彩回顾

● 2016：GIMC 猴年新春盛典之 G+ 股权争霸战

2016 年 1 月 31 日，GIMC 猴年新春盛典之 G+ 股权争霸战盛大举办。

何滨介绍道，G+ 创业咖啡是由全体省广员工参与的众筹创业项目，是一家真正属于全体省广人的咖啡馆。此次 G+ 咖啡项目，由省广 45 个成员单元组成的九大战队在省广猴年春晚 G+ 股权争霸战中，通过精彩纷呈的节目表演、提案演讲、主题论坛等各种形式，让 GIMC 全体员工都更直观地感受到了 G+ 咖啡的"创业、创新、创意"氛围，也让大家对 G+ 咖啡的"创富"之路有了更大的期待。

最终，在全体 GIMC 员工的积极参与下，现场众筹资金达 613 万余元，投资人次超过 12000 人次。再一次用真金白银投出了全体员工对 GIMC 大平台的强劲信心！

2 月 22 日，省广携众筹的 613 万辉煌战绩和超强人气的 G+ 创业咖啡项目召开首次筹备工作会议，成立了由参加 G+ 股权争霸战九大掌门组成的筹备工作组，标志着 G+ 咖啡项目正式启动。

陈钿隆董事长寄语，希望 G+ 咖啡不仅要在全球招聘顶级的专业咖啡运营团队，提供高品质高品味的咖啡，还要将它打造成集创业创新孵化、创意展示、社交平台于一体的主题文化品牌。所有的员工都可以投资成为它的股东。它还将聚合大家的集体智慧，在未来成为创业咖啡连锁品牌，以提升员工的投资价值。

● 2020：四十正红 GIMC 2020 新春盛典

2020 年 1 月 18 日，四十正红 GIMC 2020 新春盛典在广州举行。

◎ 四十正红 GIMC 2020 新春盛典隆重举行

在中国广告业复兴和省广创立四十周年之际，作为中国广告业发展的见证者，2020 GIMC 新春盛典以"四十正红"为主题演绎省广 40 年来的创新发展，致敬中国广告业 40 年。

据何滨介绍，当时现场有来自全国各地近两千名的员工以及特邀嘉宾齐聚一堂，遨游创意海洋，共赏精彩盛况。经过 30 天精心筹划、13 个业务板块、9 支春晚战队，共同演绎 1 台精彩好戏。

2020 年省广新春盛典分为"经典广告创意大赛颁奖典礼"和"春晚现场节目表演"两部分组成。

经典广告创意大赛颁奖典礼通过创意翻拍历史上的经典广告，致敬中国广告业四十年发展，经过一周的激烈角逐，现场隆重揭晓获奖结果，来自 47 个创作团队的创意作品最终决出 9 项大奖归属。

现场节目按照广告业发展历程,分为三大篇章,通过员工、领导和嘉宾的两轮投票,现场正式决出本届春晚的五强归属。

陈钿隆指出,省广40年的发展历程,是一部创新史,也是中国广告业的发展史,是省广人用行动证明了——伟大出自平凡,平凡造就伟大!为此,特向为省广服务满十年、二十年、三十年的168名忠诚员工颁发"忠诚奖",致敬四十年,感恩奋斗者,点赞追梦人!

最后,全体集团高管及集团事业群总经理共同带来合唱《我和我的祖国》,让整场晚会的气氛达到了最高潮。祝贺祖国七十华诞,礼赞省广四十正红。

◉ 2021:"迎澜而上 广告狂人新春带货盛典"

2021年2月5日,"GIMC迎澜而上 新春带货盛典"在广州举行。

◎ 2021 "GIMC 迎澜而上 新春带货盛典"

与往届不同的是,2021年的"省广春晚"结合了当时的热点——直播带货,采用线上形式，围绕集团转型升级战略，通过聚合品牌、达人以及省广营销精英三方力量，充分激活组织潜能。

作为活动的联合发起人，著名主持人、媒体人杨澜女士担任盛典的主持，助力盛典精选好物。为推动直播业务，十大事业群总经理化身带货掌柜，在杨澜的带领下，奉献了精彩开场大片。

据春晚总导演何滨介绍，2021年的春晚带货对决分三轮进行，经过三天预赛的热身，总决赛省广各事业群团队联合达人一起，进行带货终极比拼，成功让公司战略与员工同频共振、互促共赢，帮助客户提升品牌、助推销量，激发培养员工新营销能力的同时，也打造了一场节前面向客户、服务品牌的盛会。

陈钿隆表示，作为中国广告营销行业的龙头企业，四十年来省广助力了无数企业创建卓越品牌，是中国品牌的梦工厂。本次新春带货盛典，是省广战略转型的一次重要实践，代表了省广不仅能讲好品牌故事、成就品牌梦想，更有能力为广大消费者带来更多的实惠，帮助客户实现"品效合一"的目标，驱动品牌和经济的不断增长。

2021年春晚经过激烈的角逐，最后诞生了GMV前三的战队。本次直播登顶同时段淘宝直播人气榜冠军，取得了圆满的成功。

（三）不在G+咖啡，就在去G+咖啡的路上

在省广总部大楼一楼，有一间名为G+的咖啡厅。每天下午都会有很多年轻人带着笔记本电脑陆续来到这里，点一杯咖啡、一份小点心，一边惬意地品尝下午茶，一边构思新的提案；经常会有四五个男男女女的同事，在这里激烈而轻声地讨论、沟通。G+咖啡的二楼是一家公益图书馆，以及可以举办中小型活动的开放式会场。读书会、电影分享会、研讨会等各种有意思的活动经常在这里举行。在写作本书的过程中，我们也经常到这里品尝咖啡、点心，沟通协作内容。

第十章 | 打造匹配平台战略的企业文化

◎ G+ 咖啡

有句名言：给我足够的咖啡，我就可以统治世界（Given enough coff, I could rule the world）。"咖啡"一词源自希腊语"Kaweh"，意思是"力量与热情"。

G+ 咖啡的味道纯正，我最喜欢不加糖的拿铁或者卡布奇诺。一杯醇香的咖啡，能够让整个下午都神采奕奕、思维活跃。

法国作家巴尔扎克曾说："咖啡从到达胃囊的那一刻便开始拨动你的思绪。你会不断生出新的点子，想出好的比喻，思如泉涌。咖啡是文学创作的伙伴，它让写作变得不再挣扎。"

其实，不仅仅是文学，对于一切创意工作，咖啡都有一定的促进作用。

省广从事的是典型的文化创意产业，文化创意产业的一大特点就是需要宽松的工作氛围，轻松的工作环境，需要与这个时代保持同步、与时尚产业同频。此外，省广的员工以年轻人为主，这部分人中有相当一部分喜欢喝咖啡。G+ 咖啡让年轻的省广人觉得在省广工作没有脱离社会，且与他们的生活和工作节奏非常契合。

陈钿隆曾表示，G+咖啡开设的初衷，就是要让省广人在上班之前就能够闻到咖啡的香味，点燃一天的创意和激情。

我在华为也见到了类似的场景。

我去过很多次华为在广东东莞松山湖的欧洲小镇以及深圳坂田的华为办公区，这两个园区内都有很多咖啡厅。华为内部人士介绍，华为给出差到这两个地方的华为人每天补贴150元餐券，你可以用这笔钱在任何一个咖啡厅消费。我在华为园区的时候，也专门去几个咖啡厅品尝了"月球"咖啡等华为特色的咖啡。

任正非很喜欢喝咖啡。关于咖啡，任正非有过很多观点，其中一句著名的话是"一杯咖啡吸收宇宙的能量"，华为还做过一个任正非对话世界著名人士的对话节目，节目名就是"与任正非喝咖啡"。

在任正非看来，咖啡代表的是开放、平等、自由的工作环境，因此他经常鼓励华为人要经常去咖啡厅喝咖啡，在喝咖啡的时候可以自由地交流，开阔眼界。

任正非口中的喝咖啡，无疑是提倡华为人借助咖啡这一媒介，来吸取外部的正能量，避免熵增、保持熵减；保持兴奋与激情、消除惰怠；促进新陈代谢、消除疲劳，持续地提升组织、个人的力量与热情。

省广从金广大厦搬迁到如今广州海珠区琶洲写字楼的时候，曾内部征集各种创业创新项目。"众筹一家省广人自己的咖啡厅"概念一提出，便获得了众多省广人的认同。

这就是G+咖啡的缘起。

2016年省广猴年春晚上的G+股权争霸战中，省广45个成员单元组成的九大战队，通过精彩纷呈的节目表演、提案演讲、主题论坛等各种形式，让GIMC全体员工都更直观地感受到了G+咖啡的"创业、创新、创意"氛围，也让大家对G+咖啡的"创富"之路有了更大的期待。最终，在全体GIMC员工的积极参与下，现场众筹资金达613万余元。

很快，G+咖啡横空出世。从此，省广人有了一个属于自己的咖啡厅。G+创业咖啡是一家真正属于全体省广人的咖啡馆。这是省广员工众筹打造的创意空间，是集咖啡、书籍、艺术、联合办公、会议中心为一体的复合空间。

G+咖啡总经理周大春表示，G+咖啡既是省广的会客厅，也是辐射周边区域的文创平台。G+咖啡不仅给省广人带来了更多的思考和创意空间，而且无论是在车展、动漫等展会，还是各类文创活动、论坛，G+都成了年轻人的创意聚集地。针对年轻群体的特点，G+在咖啡的基础上，也陆续推出了轻食、蛋糕、文创潮玩、花卉植物等丰富的周边产品，还能够为周边企业提供会议、培训、展览、观影等内容丰富的活动。此外，G+咖啡也积极投身公益建设，被授予了广东省合作共建职工书屋、广州市花城市民文化空间、海珠区图书馆省广G+分馆、工会爱心驿站等荣誉。

这一系列经营和公益举措，大大提升了G+的品牌内涵与经营外延，激活了G+的品牌和商业价值，成了GIMC平台战略下一个让人津津乐道的孵化项目。

四、既要金山银山又要金杯银杯

省广总部大楼位于粤港澳大湾区人工智能与数字经济试验区的核心，省广也是最早入驻广州琶洲CBD的企业之一。

走入省广，首先会被会议中心一楼大堂一个非常别致的展厅吸引。而整个会议中心的设计团队负责人是当时的省广副总裁陈昆。

省广展厅以光荣与梦想为主题，通过结绳记事的创意，让历史上的重要事件徐徐铺开，用一块巨幅LED显示屏来展现省广历史。来到展厅参观，首先映入眼帘的是省广版的"清明上河图"，图上用手绘动画的形式展现了省广从1979年创立至今的历程，在图上你不仅能够找到省广每个时期服务的客户，还能看到每个时期所发生的大事件。此外，展厅还有完备的广告历史记录，展现了中国广告业和省广从1979年起至今的发展历程。

省广一楼大堂还有一面红色的背景墙，这是由无数符号组成的密码墙，代表了广告人无限的想象空间，也是每个来参观的客人愿意打卡拍照的标志性地点。大厦外，飘扬着省广品牌旗帜。省广品牌旗帜以"我们的客户，世界的品牌"为主题，以一面飘扬的品牌旗帜，展现了省广服务的国内外重要客户。

◎ 我们的客户　世界的品牌

所有到访省广总部的客人，都会被省广这些特殊的场景吸引、驻足观看。除了上述非常有特色的地方外，省广总部还有一面摆放了数百个奖杯的奖杯墙也非常引人注目。奖杯墙里记载了省广历史上的重要奖项，从这里你可以寻找到从广告业早期报媒奖项到如今国内外行业大奖的身影，这应该是全国数量最多、奖项覆盖范围最为完整的一面奖杯墙，充分展示了省广的专业实力。

尽管自己是业务出身，但陈钿隆很清楚专业的力量，他认为，省广千万不能成为贸易公司或是媒介代理公司，而是要成为一家策划创意公司，保持专业上的绝对优势，保持对奖杯的渴望。

广告业内有很多重要奖项，这是对广告创意人专业能力的肯定，是除了客户满意度之外的一项重要的评价指标。拿到业内的重要奖项，也是对省广人自身的巨大激励。每年省广年终总结大会，公司都会在全体员工面前，为一年里争金夺银的创意人和团队颁发奖金和荣誉，代表了公司层面的最高肯定。

因此，陈钿隆经常给省广人说"既要金山银山又要金杯银杯"，"金山银山"是说省广要取得适当的经济收益，实现一定的增长速度，以满足公司成长和股东、员工对物质回报的需求。这是作为一家商业机构必须做到的。金杯银杯则是说要有足够的专业能力，在同业中保持一定的领先地位。

因此，在省广大楼里有一层是国际会议中心，各个多元风格的会议室都是用广告界的著名奖项命名，如长城厅、黄河厅、伦敦厅、纽约厅、戛纳厅等等。陈钿隆用这种方式提醒省广人，无论技术如何变化，无论省广发展到什么程度，都要时刻记得专业是省广安身立命的根本。

2022年4月28日，2022戛纳幼狮中国区选拔赛落幕，省广青年创意人包雪君、孙泽曼斩获影视类桂冠，并代表中国出征法国戛纳国际创意节幼狮总决选。作为年轻一代创意人中的佼佼者，谈到省广对青年创意人的培养，包雪君和孙泽曼表示，省广给了年轻人非常多的发展机会，无论是导师的指导还是日常专业培训，都为提升专业能力起到了推动作用。给予此次参赛团队指导的创意群总监梁庆业表示，在日常工作中，他也时常鼓励年轻人抱着增广见闻的心态去闯一闯，带着检验自己实力的野心去拼一拼，从这个意义上说，鼓励更多年轻人参与各类专业赛事挑战，参赛即是稳赢，是这个行业里难得的稳赚不赔。

2022年5月30日，IAI传鉴国际广告奖公布2021—2022年度集团前5强获奖名单。凭借出众的创意实力和营销效果，省广集团斩获4金5银6铜8优秀等23个大奖，位列广告集团第一。总奖杯数量已超过400个，曾连续多年位列赛事第一。

此外，近年来省广集团在长城奖、黄河奖、IAI、金鼠标、TMA、金投赏等行业专业赛事里都有着不俗的表现，连续多年赢得总奖杯数量均超过100个。

在早前中国广告网发布的《2021年最佳广告公司TOP50》榜单中，省广同样位列本土广告公司首位。

据不完全统计，省广迄今为止已获得超过3000个行业大奖。

在这样专业至上的思路之下，省广的员工成长与晋升机制也非常简单，那就是结果导向，干部能上能下，员工能进能出。

五、骨干发展成党员，党员培养成骨干

陈钿隆经常说："要把骨干发展成党员，把党员培养成骨干。"

作为与生俱来拥有红色基因的国有企业，省广坚持党管人才，坚持把党员培养成业务骨干，把业务骨干发展成党员。通过建立健全制度，不断完善基层党组织建设，加强二级企业层面党的领导，规范招聘、选拔、考察、任用、培养、考核等工作程序，在人才培养的过程中紧抓党风廉政建设，强化党员的先锋模范作用，选拔任用思想、作风过硬的人才，减少用人风险，推动省广创新发展。

◎ 党建培训

省广党委副书记姚文骏表示：党员要起到先锋模范的带头作用，首先要把本职工作做好，在团队里带好头。将本职工作做好，就是为社会主义建设做贡献。工作做不好，就不可能是优秀党员，无法成为先进分子。省广党委非常注重培养那些工作能力强的业务骨干，将他们发展为重点培养对象，最终发展为党员。这样，省广就将党员的先

进性与工作能力高度统一了，不再是两张皮——党员的工作能力一定要强、业务骨干大部分都是党员。

为此，省广做了三个方面的努力：

一是提升战斗力。省广基层党组织充分发挥战斗堡垒作用，积极摸索"党建促经营，经营强党建"的新路子，推进党建工作责任制和生产经营责任制有效联动，通过激发党员积极性、创造性来提升业务团队对党建工作的认可和支持，着力破解党建和经营"两张皮"的问题。

二是提升组织力。不断扩大基层党建工作的覆盖面和影响力，吸引更多优秀员工向党组织靠拢，坚持把党员培养成业务骨干，把业务骨干发展成党员，把党员、干部队伍建设得更加坚强有力。

三是提升凝聚力。省广人党员分布较为分散，涵盖团队多、涉及范围广，对于在合资企业工作的党员，党组织以他们为纽带，探索合资企业党建工作的有效路径；对于常年奋战在业务一线的青年员工，党组织协同群团组织加强指导联系，引领他们感党恩、听党话、跟党走，不断创新、不断拼搏、不断开拓，为把省广建设为国际化营销集团而不懈奋斗。

除了内部的党建工作，在联合开展党建活动方面，省广通过与学校、银行、客户开展党建共建，推动了促招聘、强资金、稳客户等工作，用党建带动业务发展，实现了多方的交流共赢。

同时，针对信息时代的表现和传播特点，省广党团委大量运用科技手段，举办各种富有时代气息的活动，普及党史知识，推动党史学习教育深入群众、深入基层、深入人心。

建党 100 周年之际，省广党团委结合行业特点，举办了建党百年设计作品大赛，吸引了众多年轻人参与，共收集了百余幅作品。

其中，省广组织创作的数字山水画卷《江山如此多娇》，以数字技术融合创新表达，生动展示了中国共产党的百年伟大奋斗历程。省广的主创人员充分发挥广告人擅于创意的特长，将现代数字技术融入传统国画技艺之中，以 H5 的形式丰富了动画、视频、互动、打卡分享等功能，让大家能通过手机屏幕，在沉浸于祖国的壮丽山河的同时，更真实立体地感受中华儿女在中国共产党的坚强领导下带给中华民族的百年沧桑巨变。除了数字化的传播，这幅作品还以 15 米的实体长卷形式，在广州的部分红色纪念馆、火车站、写字楼等地点进行了公开展示和留言互动，成功打通线上线下传播渠道，吸引不少民众为党和祖国送上祝福。

画卷由省广 11 位青年员工完成，创作团队平均年龄不到 26 岁，其中有 3 名党员和 8 名团员。创作过程使他们深化了对党史的学习，也激发了整个团队的红色情怀。

据了解，省广这次建党百年设计作品大赛征集活动共收到平面类设计作品 36 套、视频类设计作品 7 套、H5 类设计作品 5 套，"学百年党史、树青春榜样"青年文创汇活动共收到相关文创类设计作品 73 套，得到了广大青年党员、职工的广泛参与和支持。其中，公益广告作品《江山如此多娇》受到了新华网、学习强国"小康杂志平台""广东学习平台"等主流媒体的广泛报道，既普及了党史知识，又强化了创意能力，推动党史学习教育深入群众、深入基层、深入人心。

"这一年是我们收到入党申请书最多的一年。"姚文骏说。

六、以结果为导向，以数字论英雄

作为处于市场充分竞争、高度市场化的企业，省广体制必须能调动人才的积极性、发挥创意，也必须有利于引入有国际视野的大咖。

利益最大化形成物质文明；责任最大化造就精神文明。在陈钿隆看来，企业经营理念和制度的落地可以归纳为四化：精神文化内化于心；制度文化固化于制；行为文化外化于行；物质文化物化于境。

日资企业在经营理念方面一直讲结果导向，每次开会，赚钱的部门负责人就坐在正中间，开会的座次是按照对公司贡献度大小来排的。陈钿隆有一次去五粮液酒厂，发现对方也是这样的做法——产品线负责人在开会的时候按照销售额排位，销售冠军的地位最高。

省广也实行结果导向的经营理念。在省广，英雄不问出处，只以结果为导向、以数字论英雄；有为就有位，有位必须更要有为。

省广在干部问题上，采用的是契约化的聘任制，每年都对绩效进行考核。干部是一年一聘，竞争上岗。每年的12月底，省广召开年终大会，与竞聘成功的部门负责人签订协议，每个人都按照指标来定工作目标，签军令状、责任书，下一年目标达成就可以继续当干部；达不成则会被追责、调岗。

在业务层面，省广干部考核最重要的是看业绩；在德行方面则重点考察品德和清廉，避免任人唯亲。

在省广，下属禁止给上级送礼，但上级可以对下属业绩表现给予奖励。

"对领导尊重，把业务做好，客户满意就是最好的礼物。"陈钿隆经常这样给同事们说。

这种工作氛围下，员工内部关系简单，升职加薪的规则非常透明。

这种制度下，省广的经营理念就非常简单——以结果为导向、以数字论英雄。每次开会，赚钱最多的坐中间，而不是论资排辈。干部每年一聘，是上去还是下来全凭业绩。

随着数字营销、产业互联网营销的兴起，省广经常需要紧随市场和技术的变化，成立新的组织机构和业务部门，不断开拓新兴业务。对于这种新业务负责人的选用，省广都是通过公开的选拔方式向全员开放，只要满足条件都可以竞聘自己所擅长的岗位，不限年龄、不限资历、不限岗位、不限背景，不拘一格选人才。受聘的新业务领军人，将享有全集团资源的最高调配权，承担推动省广转型升级的重任，带动新业务快速增量、增效，也为员工开辟了全新的上升通道。

而对于经营不善的业务模块和团队，省广则发挥内部市场机制，由经营得好的业务模块和团队对其优质业务和优秀人员"兼并重组"，重组后，经营得好的业务负责人就可能上升为事业群副总或者某个中心总经理，其管理的范围和职能也不断增强。而被淘汰的团队负责人，有可能就此解散，淘汰出局。

在省广"选、用、育、留"的全周期培育下，目前公司绝大多数中高层骨干来自校园招聘培养，公司有80后的高管，也有90后的中层，形成了不看背景、不讲关系、不论资排辈、能上能下的成长氛围，坚持干部"一年一聘"，关键岗位"全员竞聘"，干事创业"容错容败"，为公司人才构筑了健康的成长通道。

第二节： 与客户共生共赢

> 始终坚定走创造高价值智慧服务的路线，为客户创造价值，为社会创造价值是业务开拓的核心驱动力，出于对这种信念的热爱，省广与客户结下了合作服务之外的革命友谊。结硬寨才能打呆仗，对于专业研究要保持主担精神、创新精神、攻坚精神。
>
> —— 省广集团常务副总裁、首席运营官 袁志

客户是企业发展的基础。销售额是客户对企业的投票，利润是客户对企业的表彰。华为有一句话是"为客户服务是华为存在的唯一理由"。作为同样以 B2B 模式为主的企业，省广对客户的认知也非常深刻。在省广人看来，省广与客户的关系是相互学习、相互成长、相互成就的过程，省广以专业能力助力客户成功，在成就客户的同时也成就了省广自己。

省广之所以能够相伴客户几十年，与众多优质客户一起成长，除了坚持长期主义、进行陪伴式服务外，省广以专业服务能力，给客户提供巨大价值是重要因素。

一、"客户使命必达"的服务精神

作为 B2B 为主要模式的企业，省广必须为客户提供价值、获取客户支付的回报。协助客户达成使命，是省广义不容辞的责任，只有客户的使命达到了，省广的服务才算是落地了，省广是否助力客户达成了使命，是检验省广工作成效的重要标准之一。

在 40 多年的发展历程中，省广一直在践行"客户使命必达"的服务精神。在早期做外贸进出口广告业务的时候，虽然商业模式相对简单、竞争相对不那么激烈，但省广人也要设法将客户需要发布的广告及时准确地发布出去，达到客户想要的营销效果。

在省广大规模代理国内外客户的全案的时候，服务环节非常烦琐，客户要达到的

目标更加复杂；到了当下的数字经济时代，客户要实现的目的明确而直接，难度更大、挑战更加艰巨，但省广人初心不变，集中优势资源，就是要协助客户使命必达。

广汽服务团队：世界五百强企业的品牌梦之队

"省广全凭实力接单，服务汽车客户的团队从无到有，从弱到强"，2022年，接受本书作者采访的时候，省广总裁助理兼第一事业群总经理张伟庆说。

2007年，张伟庆开始负责服务广汽集团。省广的汽车品牌服务业务主要是从服务广州本田、广州丰田开始的，但这两大业务都是与日本广告同业成立合资公司服务的模式，且服务的都是成熟的汽车品牌。然而，服务广汽品牌又与之不同。

此时的广州汽车集团在短短十年内，从濒临绝境到逼近中国汽车集团前三强，创造了一个奇迹，广汽集团被视为盈利能力最强的中国汽车集团。

服务广汽自主品牌

随着国内合资合作高潮期基本结束，为寻找新的增长点，构建企业长远发展的核心竞争力，2008年7月21日，广州汽车集团乘用车有限公司正式成立，广汽拥有了生产自主品牌乘用车的资质。广汽集团开始从量变到质变，由合资打江山过渡到"以自主品牌引领发展"的新阶段。

早在2005年，广汽集团就确定了研发自主品牌的主基调。时任广汽总经理的曾庆洪可谓一位管理奇才，在广州乃至中国汽车产业的发展历史上具有举足轻重的地位。在2018粤港澳大湾区上市公司发展机遇论坛上，广汽集团董事长曾庆洪与任正非、马化腾、董明珠、马明哲等共72位杰出企业家获颁"湾区精神杰出企业家"荣誉。

曾庆洪对品牌与营销工作高度重视，因此，广汽自主品牌在筹备的过程中，就邀请有服务广州本田、广州丰田丰富经验的省广一起探讨广汽品牌的传播问题。

省广立即配置了最优秀的团队，专职服务广汽。后来担任过省广副总裁的陈昆就是在这个时候开始服务广汽集团的。

省广第一事业群总经理张伟庆回忆："曾庆洪总经理的品牌意识很强，提出在广汽还没有自己的成品车的时候，就要提前准备、提前传播。"

省广参与了广汽 logo 的设计等前期工作。而后，省广建议，通过国内国际车展，全面展示广汽集团的先进技术和产品，广汽管理层对参加车展的建议高度认可。但有一个很大的问题是，此时广汽集团旗下只有广汽丰田、广汽本田的产品，广汽可展示的东西很少。更麻烦的是，一般车展筹备至少需要 3 个月的时间，但此时距离车展开幕仅剩 2 个月时间。此外，省广自己也没有操作过这种大型车展。

很多时候，客户的需求就是广告人努力的方向。面临如此多的困难，省广团队没有退缩，最终与广汽共同确定了参展策略：通过各种手段告知市场广汽集团以市场为导向的工匠精神。省广协助广汽第一次参加的车展，就在这种混沌中完成了。

之后，省广一直与广汽共同成长。10 多年来，省广先后服务了广汽传祺、广汽新能源业务等品牌，尤其在这一过程中，省广也逐步锻炼出来了一支能打硬仗、高度专业的车展服务团队，形成了省广服务车展的方法论。

省广真正服务广汽的产品，是从广汽传祺开始的。

据容志光回忆，他与省广服务广汽传祺项目组的同事们，几乎每天都要去位于广州番禺区化龙镇的广汽基地，与客户待在一起，负责市场研究等工作的同事们则经常跟着客户一起跑市场。省广同事们的贴身服务，取得了广汽传祺的高度信任。

广汽传祺工厂落成后，省广受邀参与传祺品牌的 logo 设计等工作。得到任务通知的时候，正值大年三十。但由于广汽要求开年一上班就要看到设计稿件，而且要作为车标迅速用到即将下线的车型上，省广团队的七八个设计师大年初一早上十点就回到公司上班了。

"大家都很自觉，积极主动地来加班。"张伟庆对这个细节记忆犹新。省广的小伙伴们对客户高度负责的态度，让人感动。

省广团队如期提交了全套 VI。最终,由省广设计的广汽传祺 logo 如期出现在即将下线的车型上。

省广人高度负责的工作精神、极其专业的表现,得到了广汽集团上下的高度认同。

但是,广汽传祺还是要通过公开的招投标才能确定服务供应商。在五六次比稿之后,省广最终凭借专业优势、服务优势等条件,成功拿下了广汽传祺的传播业务,几年后,又承接了广汽传祺的品牌业务。

2010 年 9 月,第一台广汽传祺成功下线。从上市第一年销售汽车 1.7 万辆,到 2016 年销量突破 38 万辆,广汽传祺连续 6 年保持 80% 以上的复合增长率高速发展,创造了业界瞩目的"传祺速度"。

在这一过程中,省广的服务能力也得到了充分展示。但从经济的角度来看,省广在广汽传祺的项目上的回报一度并不显著,甚至很长时间并不盈利。

⦿ 困境之下与客户共成长

2007年开始服务广汽后，省广的服务团队是以品牌顾问、全面代理的角色介入的，可以说什么事情都参与，什么活都做。省广给广汽提供的服务品质很高，客户给予了很高的评价。这背后是省广服务广汽传祺的项目组，人员配置非常齐全、人员成本比较大、综合开支成本很高。但是，由于当时广汽的产品还没有出来，广告投放非常有限，省广在这个项目上一直没有盈利。

所幸的是，在这个困境时期，省广高层非常清楚，自主品牌对广汽、对广州汽车产业的重要意义。因此，虽然暂时无法盈利，省广管理层依然给予全力支持，配置充足的人力、选派精兵强将服务广汽。这很大程度上源于陈钿隆的经营理念，因为他本身就是做业务出身，清楚"开发客户不容易"。省广40多年的经验更证明了，很多时候，省广需要与客户共同成长，以时间换空间。

据第一事业群副总经理丁志雄介绍：一直到服务的后期，省广服务广汽传祺的项目组才开始有一些盈利。

正是省广这样长远的眼光，给了省广服务广汽传祺的项目组宽松的成长空间，最终促成了省广第一个成系统的新能源汽车服务团队，这恐怕是省广最大的收获。

省广希望陪伴广汽成长，更相信广汽能够在自主品牌上取得更大的成功。

继广汽本田、广汽丰田之后，2010年和2012年，广汽又相继与菲亚特、三菱合资成立广汽菲亚特汽车有限公司和广汽三菱汽车有限公司。经过十多年的苦心经营，广汽已成为囊括广汽本田、广汽丰田、广汽菲亚特克莱斯勒、广汽三菱、广汽日野、广汽比亚迪等多家整车制造企业在内，涵盖整车（汽车、摩托车）及零部件研发、制造、汽车商贸服务、汽车金融等领域的国内产业链较为完整的汽车集团之一。

就这样一步一步，使命必达地完成一个个艰巨任务，省广培养出了一支出色的汽车营销服务的品牌梦之队，陪伴广汽集团一路成为世界五百强企业。

● 蓝月亮服务团队：如何炼成"洗衣液第一品牌"

1994年的一天下午，一个戴眼镜的年轻人踩着单车来到位于广州东风东路的金广大厦，找到了当时还是"广东省广告公司"的省广，直接说："我要做广告。"

当时，几乎所有的广告客户都是省广的业务人员在外面争取来的，这样主动前来做广告的很少。因此，这个年轻人给省广人留下了深刻印象。

若干年后，这个年轻人创办的企业成为中国"洗衣液的第一品牌"，就是蓝月亮，这个小伙子就是蓝月亮的创始人罗秋平。

罗秋平，湖北荆门人，毕业于武大化学系，化学硕士，中国香港蓝月亮国际集团有限公司执行董事、行政总裁，广州市第十一届政协委员。1988年，罗秋平进入中国日化行业，1992年创立了广州蓝月亮实业有限公司等知名日化企业。罗秋平的太太是化学博士，而他本人是化学硕士，夫妇两人一起创立了蓝月亮。这一对伉俪可谓高学历创业成功的典范之一。

创始人的技术背景，使得蓝月亮的产品创新能力很强。罗秋平曾说过，应对市场波动最有效的法宝就是思维创新，引领消费，而非满足消费。

据最早加入省广蓝月亮项目组的关锂介绍：罗秋平找到省广的时候，蓝月亮刚刚创建两年，公司还没有多大的规模，也没有太多的广告预算。身为化学专家的罗秋平不但对产品很懂，而且非常重视品牌问题，他觉得公司一开始就要进行品牌打造，而且要找最好的公司合作。当时，广东省广告公司是中国最大的广告公司，且专业性已经为众多客户所认可。因此，罗秋平就认定了广东省广告公司。

对于此时的省广来说，这实在不是一个大客户，但是，无论客户大小，托付的责任都是一样的，因此，省广热情地接待了罗秋平。

省广与蓝月亮近30年的情缘就此开始，省广一路见证了蓝月亮的发展壮大，直到成为中国"洗衣液第一品牌"，连续多年入选中国500最具价值品牌排行榜。当然这是后话了。

2008年以前,中国洗涤剂市场还是洗衣粉占据主导地位,洗衣液占比不足4%。蓝月亮看准了洗衣液易溶解、易漂洗、温和不伤衣等优点,突破技术难关,推出深层洁净洗衣液,拉开了中国洗衣"液"时代的帷幕。

当时的袋装洗衣粉存在发热、易伤手、难溶解、不太环保等问题,洗衣液完美解决了那些问题。在国外,洗衣液已经很流行了,但在国内,尚是一种新产品。但是当时,包括联合利华在内的很多国际品牌都觉得洗衣液在中国市场可能很难推广,因为洗衣液的成本是洗衣粉的很多倍,洗衣液的售价势必比洗衣粉高很多。

罗秋平则对洗衣液在国内的市场前景非常看好,于是蓝月亮集中资源推出了洗衣液产品。当时市场上的洗衣粉一包才4元钱,而蓝月亮推出的洗衣液价格高达一瓶40元。价格还不是最重要的,如何让消费者改变洗衣习惯更加困难。

对省广非常信任的罗秋平,希望省广协助蓝月亮开辟这个新市场。

⊙ 借奥运契机,请郭晶晶代言一"液"成名

2008年,在人们对北京奥运会热情高涨之际,省广团队给蓝月亮提交了新的品牌与营销方案——邀请跳水皇后郭晶晶作为品牌代言人。这是一个非常具有创意的广告,主题是"一'液'成名"——郭晶晶从一轮唯美的蓝色月亮上跳下来,以优美的姿态入水。这则广告不但画面吸引人,传达的核心信息也非常清楚。

随着这条广告的传播,蓝月亮洗衣液也一举成名,迅速在消费者心中留下了深刻印象,在市场站稳脚跟。随着蓝月亮洗衣液大规模占领市场,也改变了中国人传统的洗衣习惯、颠覆了民众的洗衣方式。同业企业也看到了洗衣液在中国的市场前景。2009年,联合利华等公司也开始在中国市场销售洗衣液产品。

除在品牌文化上的"潜移默化",省广还创新地协助蓝月亮构建了"知识营销体系",招聘大量导购员,采用"特价+赠品"的方式,走进商超、走进社区,向消费者普及洗衣液不同于肥皂、洗衣粉的知识点,还手把手地教市民如何更好地使用洗衣

液。这种非常接地气的营销方式，为蓝月亮积累了第一批种子用户，引导消费者从肥皂、洗衣粉时代进入洗衣液时代。

占领洗衣液市场后，蓝月亮又开始做精做专。2011年，蓝月亮率先推出手洗专用洗衣液，两年后又陆续推出机洗专用洗衣液、宝宝专用洗衣液、旅行专用洗衣液、预涂专用洗衣液等，向消费者传递"专品专用"理念。

蓝月亮发现，很多人用大力搓洗来对付衣服上的油斑，但一晾干，污渍印记又赫然出现。于是，蓝月亮总结出干衣预涂法，将预涂型的洗衣液涂抹在干衣污渍处静置5分钟，正常洗涤就可轻松去除。其原理在于，去污成分以最高浓度与污渍直接接触，能够快速渗入纤维内部，释放洁净力。而如果先打湿衣服，其接触到的是被大大稀释了的洗衣液，影响有效成分和去除污渍的效果。蓝月亮干衣预涂法创新了中国人对待顽固污渍的洗涤方式。蓝月亮还派出清洁顾问走近消费者，并提供客服24小时线上答疑解惑服务。

此外，蓝月亮用三年时间攻克了浓缩配方技术难题，2015年推出国内首款泵头计量式"浓缩+"洗衣液机洗至尊，让洗衣更加轻松、方便、省力，带领洗衣进入浓缩时代。首款泵头计量式"浓缩+"洗衣液机洗至尊每次按压出来8克浓缩洗衣液。8克，是蓝月亮研发人员精心测算出来的一个数字。因为大部分中国家庭，每次平均要洗8件衣服，而8克蓝月亮"浓缩+"洗衣液正好能洗干净这些衣服。这款浓缩洗衣液可以大大减少厂家的物流和仓储成本，更加环保。对比国家标准洗衣液，这款洗衣液的用量减少三分之二以上，并采用低泡配方，减少漂洗次数，创造了更轻松、更方便、更节省的洗涤新体验，推动行业浓缩升级。

针对这款产品，省广与蓝月亮团队的创意不谋而合——"一泵洗8件"，直观形象地传达了这款产品的特点。

◉ 69元一瓶的国内首款浓缩洗衣液

2018年起，蓝月亮持续加码浓缩，研发推出至尊生物科技洗衣液，后又进一步推出至尊生物科技除菌去味洗衣液。蓝月亮至尊系列浓缩洗衣液产品一泵到位的细节设计，回归大道至简，给了消费者十分便利的体验。

这款浓缩洗衣液虽然一瓶可以供一个3口之家用半年之久，但660克售价高达69元。大家担心消费者是否接受这个价格。

省广团队分析认为，随着生活水平的提高，消费者购买的衣物更贵了，对日常的保养、洗涤也更加重视了，在这一背景下，消费者还是可以接受这个价格的。最终，省广团队协助蓝月亮顺利地完成了这款高端产品的市场落地。

洗手液产品也是类似的成长路径。2000年，蓝月亮推出芦荟抑菌洗手液。2003年全国遭遇"非典"疫情，洗手成为全民关注的卫生行为，使用肥皂洗手易交叉感染的弊端出现，蓝月亮洗手液迅速崛起。

省广团队研究后建议蓝月亮从孩子入手，培养用洗手液洗手的习惯，因为家长们对孩子的健康更加重视，愿意在孩子洗手的问题上花费更多、要求更严。于是，省广团队制作了洗手小天使IP，在市场推广中广泛传播，取得了很好的效果。

◉ 素人上央视

2016年，省广团队协助蓝月亮又创造了一个奇迹——180位素人上央视。

当时，蓝月亮要在央视投放广告，但如何投得更有新意？省广团队与蓝月亮团队经过反复探讨，最终决定不请名人，而是请普通消费者、请蓝月亮的真实用户出镜！这显然是一次大胆而疯狂的尝试。

央视的广告资源成本很高，每次播出成本高达百万元。如此贵的广告资源，竟然让毫无知名度的素人出镜，可谓冒了很大的风险。而且，这种拍摄涉及没有广告拍摄经验的素人，人数众多、拍摄难度大、工作繁重。

尽管如此,这个计划依然获得了蓝月亮的高度认可。

此后,省广团队在随后的半年内几乎每个周末都加班,经常从晚上拍摄到凌晨三四点,先后拍摄了180位来自全国各个行业的蓝月亮的普通用户。这一批片子在央视新闻联播后面的黄金时间段播放,播放了长达半年时间。这次广告效果也不负所望,好评如潮。

2020年,蓝月亮在港股上市。

做深做透洗衣液的同时,蓝月亮开始拓展其他品类。目前,蓝月亮的产品除了大众熟悉的洗手液和洗衣液之外,还涉及衣物护理、卫浴清洁、餐厨清洁等多个家庭清洁场景,已经建立起衣物清洁护理、个人清洁护理及家居清洁护理三大产品线,以打造全套家居清洁护理方案。蓝月亮打破了宝洁、联合利华等外资在中国日化行业的常年垄断,可谓功成名就。

2022年4月,由中国商业联合会、中华全国商业信息中心公布的2021年度市场销售领先的品牌中,蓝月亮持续领跑,洗衣液连续13年(2009—2021)获同类产品市场综合占有率第一,洗手液连续10年(2012—2021)获同类产品市场综合占有率第一。由中国品牌评级权威机构Chnbrand发布的2022年(第十二届)中国品牌力指数(C-BPI)

牌排名中，蓝月亮也一马当先，洗衣液、洗手液连续12年（2011—2022）获C-BPI行业品牌力指数第一名。

在接受本书作者采访的时候，省广大快消事业群第二快消营销中心总经理胡攀不无感慨地说，他开始服务蓝月亮的时候，前面已经有两代省广人服务过蓝月亮，作为第三代服务蓝月亮的省广人，深感与有荣焉。

有了省广这样的长情陪伴，蓝月亮一路成长壮大，取得了傲人的成绩，这是蓝月亮的成功，也是省广的骄傲。

二、"结硬寨，打呆仗"的开拓精神

经营企业，有时候"慢"就是一种"快"。在当下很多人心态浮躁、追求效率、强调发展速度的背景下，省广人能够沉下心来、稳扎稳打、步步为营，逐步接近目标。这就是曾国藩治军强调的"结硬寨，打呆仗"的开拓精神。

所谓"结硬寨"就是即使面对再艰巨的任务，省广人都不急不躁，先将基础打好、将人力、物力等各种资源调配妥当，进行深入研究、做好充分的准备，不打无准备之仗。所谓磨刀不误砍柴工；工欲善其事，必先利其器。

所谓"打呆仗"就是不投机取巧、不抱侥幸心理，对参与竞争的同行有足够的认知、高度的重视；就是凭专业赢取客户。

正是凭借这种"结硬寨打呆仗"的开拓精神，省广不断开拓、服务了大量前期似乎没有成功可能性的客户……

⬢ 东风日产团队：持续创造价值，才能持续服务13年

2009年底省广重拳出击，从国际4A的包围中突围而出，一举拿下东风日产传统媒介代理媒介业务，在那个日系合资畅销的年代，在那个互联网还没崛起的年代，东风日产的传统媒介业务代理对于省广意义重大，是一个里程碑。

当年还是客户总监的袁志，是该投标项目的主要负责人。接到标书的那一刻整个省广都震动了，这个标创下了省广几个"之最"，标的金额最大、资质审核最严、投标对手最强、团队要求最高。省广领导也十分重视本次投标，下命令必须拿下，为明年的省广成功上市增加筹码。"生死看淡，不服就干"。袁志带领策划＋购买两个战队，双线出击，誓把几大国际4A拉下马。

面对三个强大的国际4A对手，群邑、实力、星传都曾经服务过客户，而且在媒介营业额上远超省广，4A在媒介数据、软件优化、人员背景上都很强。要想在策略上赢过对手，必须有过硬的数据软件，同时还要有全新的分析逻辑方法，为此袁志带领省广团队，突破传统的媒介数据分析，从研究东风日产的品牌入手，引入全新的"销售回归分析、聚类市场划分、央卫视地方优化"等创新媒介策略，经过连续15天的通宵达旦、逐字逐句推敲，令人耳目一新的方案终于完成。在省广领导精彩绝伦的投标演讲后，省广最终战胜对手获得了媒介策略第一名，拿到了宝贵的50分。

另外50分，就是纯粹的价格比拼，每降低一个百分点，相当于几十万的让利，购买团队经过艰苦卓绝的计算，终于以价格最低赢得了购买标的胜利。这次中标，创造了省广历史上第一个超过5亿元的大客户，这也是省广第一次在媒介比稿中打败了国际4A赢得的最大客户。

中标只是"新婚"的刚刚开始，日常服务才是考验。东风日产的投放体量对于整个省广的营收是贡献非凡的，但是在合作初期，省广团队却碰到不少困难。原来客户过去都适应了国际4A的服务模式，省广团队在专业性、数据软件等方面受到严重挑战，客户的不信任感给服务的推进带来了巨大阻力。

在省广领导全面带领之下，积极调动省广各种可用的资源力量，服务团队结硬寨，打呆仗，始终坚持为客户创造价值，不断满足客户需求，甚至超出客户期待，最终慢慢获得东风日产客户的信任，逐步走上服务工作的正轨。

2009—2022年东风日产每年都要进行一次媒介投标，每次都堪称广告界的顶级比拼，每个公司都派出最强队伍参加，但每次都是省广赢得最后胜利。"亮剑"精神是袁志时时提在嘴边的话，他说"亮剑不是在每年比稿的那一个月，而是存在于我们日常服务的每一分每一秒"。

东风日产是一个敢于尝试、勇于创新的客户，在传统媒介主导整体广告市场的时代背景之下，省广团队顺应媒体发展趋势，与客户共创，做出一系列经典创新营销案例。

第一个将广告刊登在报纸头版的客户。

在2011年11月，东风日产同一天在全国76家报纸头版上刊登了"300万句谢谢"的300万车主答谢广告。第一时间抢占了全国读者的眼球，也在业内引发震动，一个业内人士曾调侃"如果今天哪家报社没有刊登东风日产的广告，就要考虑一下它在主流报纸中的地位了！"有热心网友还将这76家报社的头版广告截图发布到"新浪微博"，引发网友的热烈转发，让品牌免费获得了二次曝光。

第一个参与电视综艺赞助的汽车客户。

2011年东风日产与湖南卫视的快乐女声短信互动赞助合作，开创了汽车客户与电视综艺合作先河。自此之后如东风日产植入赞助卫视的娱乐营销，湖南卫视的《我是歌手》《我想和你唱》，浙江卫视的《24小时》，东方卫视的《极限挑战》《越野千里》，江苏卫视的《最强大脑》，以及央视的世界杯整合营销、奥运会《胜利之光》专案传播，等等。

第一个实现电视屏和移动屏"双屏互动"的汽车客户。

  2014年，东风日产携手央视开展世界杯《豪门盛宴》的独家冠名合作，打造整个夏天汽车体育营销最强音。在栏目中省广团队付小亮设计了双屏互动射门游戏《超级守门王》板块，首次打通TV端和手机端，营造"超现实"观赛营销体验，App下载量高达233万次，球迷反应："边看球赛边踢球，过瘾！"该案例获得包括中国广告长城奖"广告主品牌奖之营销传播金奖"等众多奖项。

  第一个开展媒体区域促销专案，协助东风日产地区经销商销售达成。

  2011年在客户指导下，袁志带领团队开展了"四省一市媒体专案促销"的传播尝试，媒介人员首次走进汽车市场，走到经销商的店头，聆听一线销售人员的需求，10天内共走访了34个城市51家专营店，把媒体传播和店头促销结合，做出有区域特色的促销专案。如苏州电台"于虎说车"，活动现场卖车408台；以及在多个二三线市场开展TV团购等。

  第一个规划"两防四线"的危机公关宝典，成功在2012年的多次危机公关服务中为东风日产赢得了众多公关胜利。

  随着数字媒体的影响力越来越大，省广也全力开拓东风日产数字媒体代理业务，经过几年的努力沉淀，最终于2017年成功拿下数字媒介代理业务，同时传统媒介代理业务依然保持，至此，省广在东风日产实现全媒介代理服务模式。数字媒介想象空间较大，省广也配合客户做出了一系列创新数字营销案例，成功发挥全媒介整合营销优势。

同时，省广团队也不断突破媒介范畴，利用"媒介+营销"思维，为客户尝试更加多元化的营销模式，如东风日产连续4年赞助成都马拉松，"小米+轩逸"腰靠舒适跨界，"轩逸+MM豆逗趣"跨界等。在2019年起省广和东风日产又新增了社会化营销、效果营销、短视频直播等移动互联网业务服务。众多案例获得了金鼠标、金投赏、虎啸奖等数字营销类的奖项。

至此，省广在东风日产的服务模式相对成熟稳定了，团队也在不断深挖客户需求，尝试更加多元化的业务，努力为客户提供更加整合的营销价值服务。

宝剑锋从磨砺出，梅花香自苦寒来。上述的例子不胜枚举，但每个成功案例都是整个省广团队每个员工用辛勤的汗水换来的，在7×24小时全年待机中，不断"挖坑与填坑"，"持续为客户创造价值"成为每个团队成员的座右铭。

● 一汽-大众团队：通向荣誉的路上，并不铺满鲜花

2014年，省广迎来一汽-大众2015—2016年的媒介代理招标，同东风日产一样，一汽-大众一直是由国际4A服务的。一方面，省广面临"神一样的客户"一汽-大众；另一方面面临"神一样的对手"全球排名第一的某国际传播集团。

顶着来自各界的质疑以及项目运营成本的压力，省广团队针对客户比稿需求逐条研究，重点分析客户存在的主要问题，并将问题进行延伸，提前预判客户比稿过程中可能提出的质疑，以比客户站得更高、看得更远的服务态度，研究出了一套能够克敌制胜的媒介投放方案。开标当天，6家竞标公司云集长春一汽-大众206号门口，60多人排队登记进入，作为最后提案的省广团队，在办公室外面等待长达10个小时，最终在严酷的策略及价格PK中脱颖而出。

在服务客户期间，媒体传播环境不断多元化与融合化，消费升、降级趋势及外部整体宏观经济环境不断变化，整体的市场营销传播环境每年也都会发生巨大的变化，尤其是用户触媒习惯多样化、媒体整合传播影响力继续增大，线上线下不断融合，加上竞品投入加大、媒体价格逐年增加等外界环境的不稳定因素都提高了市场营销活动对精准投放和费效比提升的要求。

省广团队主动出击，围绕着客户销量较弱的问题，以媒介为抓手，结合品牌建设、市场认知度提升以及广告投放等方面的专业服务，将传播效能提升和整合营销能力建议作为重点攻关主题板块，在传播上不断用更加整合性的思维、内容化的语言以及多维度的沟通手段帮助客户进行品牌上市信息的快速告知和品牌认知度的建立，创造了一个又一个被行业和业界所认可的经典案例，如"全新宝来 ×《出彩中国人》"斩获"长城奖"、全新迈腾 B8L 上市斩获大众集团亚太区车型上市传播铜奖、探岳和探歌 SUV 家族斩获 Admen 整合营销大奖等，也正是源于这些不断地创新的努力与增值服务，全面而有序地帮助客户推进着体系化媒体能力的持续建设，进而也有效地助力客户在品牌目标和销售目标的达成上不断勇攀高峰。

另外在不断提升传统媒体服务质量的同时，省广团队还不断提升业务能力与服务范围，积极参与到客户的数字媒体代理比稿、品牌创意整合营销代理比稿、线下活动项目代理比稿、南方战略打造、基层党组织共建等形式多样的项目服务中去，为客户创造了众多增值服务和价值创新。

袁志后来说，省广此次"北伐"成功，离不开省广扎根中国40年，比对手更了解消费者，更了解中国市场，同时还在于省广一直在内功修炼，在与国际4A站在一条专业水平线的基础上，结合着中国本土特色的环境为一汽-大众提供了4A同行所不能比肩的价值创造。

省广认真负责，创新创业的服务态度赢得了同是一汽-大众事业部的奥迪的注意，经过复杂的考核和谈判，一汽-大众给予了省广服务奥迪的一次尝试。也正是因为看到了省广对于创新的不懈追求与努力，同时更愿意为客户提供源源不断的价值创造的精神，省广团队又陆续拿下了一汽-大众捷达、一汽-红旗等一汽集团多个客户的媒介或活动服务代理。

省广副总裁向奕帆感慨道："省广与东风日产至今已经建立了13年以上的合作友谊，与一汽-大众保持8年的服务关系。这离不开一次次填坑、一次次爬坡、一次次流血奋斗，把客户变成一个战壕的战友，省广始终坚信一切服务都是为客户创造价值。"

● 泸州老窖团队：中国高端白酒品牌价值挖掘者

2021年是十四五的开局之年，是国潮涌动，传统回归的新时代；是传统文化、经典传承的新时代，更是人民的美好生活再升级的新时代。

在这样的背景下，中国白酒行业正在经历一场前所未有的机遇，消费者的购买能力逐步攀升，依托传统文化的白酒产品被更多的消费场景接纳，同时，白酒企业也面临前所未有的挑战，绝大部分的企业有能力酿一瓶好酒，但是如何让消费者心甘情愿、趋之若鹜地接受并复购这款产品，大家并没有足够的成功经验，同时，绝大部分的白酒企业都是地方国企，该如何解读市场、驾驭高端白酒全国市场的需求进而征服全国高端消费者，是他们亟须解决的问题。机遇与挑战并行的市场，也是白酒企业群雄逐鹿的战场。在此大背景下，省广集团抓住潜在商业机会，重拾在白酒行业的专业高度，构建集团新的增长曲线，建立了"第一酒水营销中心"的番号，力求在白酒行业崛起的大背景下，吃到头啖汤，为省广的高质量发展奠定坚实基础。

与此同时，省广有一个合作时间久、合作关系密切，但是业务量并不是很大的客户——泸州老窖，它们在高端白酒市场有了新的想法。泸州老窖集团的高端产品国窖1573在千元价格带的高端白酒中具备市场认可度，在"茅五国"的竞争格局中能与茅台、五粮液分庭抗礼。泸州老窖母品牌本身，产品线众多，有百年泸州老窖窖龄酒、泸州老窖特曲、泸州老窖特曲60版、泸州老窖头曲/二曲等系列产品，但在中国高端白酒市场，始终没有一款以泸州老窖命名的产品在消费者心中留下烙印，这就造成了两个问题：第一，泸州老窖集团的高端白酒产品线过于单一；第二，泸州老窖这个品牌，只有价格相对较低的产品，资产没有最大化使用。以上问题在2021年被泸州老窖集团聚焦、集团定调，更是要倾全集团之力，打造一款以泸州老窖命名的高端产品，引领泸州老窖集团的"第一战略曲线"。除了这个决心，产品名称是什么，品牌定位是什么，产品包装是什么样子，都还没有思路。

带着这些问题，泸州老窖集团找到了省广集团，希望借助省广的专业力量，给泸州老窖的这款产品——解惑。客户一再强调，此次合作，对于泸州老窖来说事关重大，这款产品承载了很大一部分关乎泸州老窖二次腾飞的企业愿景，泸州老窖希望省广使命必达，共同谋求品牌高端化之路。

接到这个项目，第一酒水中心也迅速反应，总经理易东平带队仅用两天时间就搭建了一支涵盖策略、创意、传播等营销全链路板块、拥有10年以上白酒行业品牌营销经验的专家团队。

接下来就是漫长而细致的调研工作，团队走访了泸州老窖的生产基地、储酒基地，了解产品的生产过程，寻求独特的产品力，与客户的市场部、销售部、销售渠道等进行一对一的访谈，寻找客户内部及经销商对这款产品的思考。同时，利用省广的大数据平台，筛选核心消费者，然后通过线上的方式，对消费者进行调研，寻找核心用户心中泸州老窖高端白酒的认知。

基于内部沟通和市场调研，团队在策划的前期便锚定了一个最核心的、在中国高端白酒市场必须跨越的难关：浓香型白酒领导品牌"五粮液"。作为全能得分王五粮液，可以说几乎从历史、技艺、酿造环境等浓香型白酒的必备因素中，碾压了绝大部分的浓香型白酒同行，如果团队无法讲出比五粮液更强的差异化卖点和概念，团队内部则一致认为此次泸州老窖的高端产品策划是失败的，辜负了客户的信任和使命。

但"放弃""将就""妥协"这些字眼，从来不会在省广团队的字典中出现。

团队历经三个月夜以继日的头脑风暴、无数次的逻辑推演与精益求精、数十版品牌结构的内部优化调整、近百条的品牌定位语及广告语创作与自我否定，最终选定一个泸州老窖在浓香型白酒领域中，能一击击倒五粮液的差异化定位策略"中国名酒开创者"。

1952年，泸州曲酒与茅台、汾酒、西凤横空出世，并称中国"四大名酒"，泸州老窖更是由此开创了浓香型白酒中唯一蝉联5届国家名酒称号的历史奇迹。在历史地位和行业权威性上，这是五粮液以及其他所有浓香型白酒品牌永远无法匹敌的"超级武器"。

"1952年"，泸州老窖品牌中一个最重要的"年份密码"，被应用到这款被寄予厚望的高端化战略新品，命名方案也应运而生"泸州老窖1952"。

1952年，泸州老窖的获奖开创了中国名酒的时代篇章。70年后，"泸州老窖1952"的诞生则意味着泸州老窖即将再次开创中国名酒新时代，以"时代经典，致敬开创"的品牌高度，树中国浓香型白酒、中国名酒之大旗，引领中国白酒行业走向品质发展的新高度。

2021年10月8日19时52分，泸州老窖股份有限公司党委书记、董事长刘淼和党委副书记、总经理林锋在同一时间发布了一条朋友圈，内容都是一张产品谍照海报。海报上最醒目的莫过于鲜明的数字"1952"，这是该产品最为关键的元素，而品牌定位、价格定位却只字未提。业界猜测，此次泸州老窖突然亮出的这张"1952"的新牌，很有可能是泸州老窖强势布局高端的上延，并发起进攻的战略信号。中国白酒行业对泸州老窖战略高端新品大猜想，正是团队此次策划想要达到的效果。另外，在"中国名酒开创者"定位语对外公布后，团队还听到行业内同行的一些评价："这的确让五粮液很难受"，这也印证了团队在本次策划方案中策略的成功与专业的高度。

2021年10月17日，引发中国白酒业连续多日猜测的泸州老窖的神秘高端新品终于在上海最高地标——上海中心大厦揭开了神秘面纱。

整个中国白酒行业看到，泸州老窖1952将作为核心单品引领泸州老窖品牌伟大复兴、守卫高净值价格带战略要地、带领泸州老窖品牌价值整体向上、夯实泸州老窖浓香头部品牌地位的一系列战略决心。

另外，在泸州老窖实施品牌高度战略的平行时空中，有一束光同样闪耀于中国高端白酒行业，这是由第五综合营销中心总经理陈小灵带队打造的泸州老窖"第三成长曲线"：轻奢白酒"高光"。与泸州老窖 1952 一样，"高光"也是泸州老窖与省广集团共同策划的一个从无到有的全新子品牌，以肩负"引领中国白酒走向未来十年"的重任，对话年轻新奢族，开创性地塑造出"高光"国际化新物种的鲜明人设。"高光"的诞生，是省广与客户一起携手完成开创中国白酒未来的又一伟大使命。

这是中国名酒泸州老窖振兴的 70 年，它不断创造新的历史伟业，不断满足人民对美好生活的向往。

翻开尘封的历史，回望文明的长河，有酒，有诗，有浪漫。

这是中国营销传播龙头省广集团的 40 年，不断坚守"客户使命必达"的服务精神，不断与客户一同开创中国高端白酒时代的荣耀。

迈向时代的新篇，奏响民族的强音，有酒，有梦，有力量。

三、"专业敬业乐业"的匠心精神

专业就是在自己擅长的领域里长期积累，逐步取得竞争优势；在不擅长但客户需要服务的领域里勤奋学习，迅速补足短板，将"短处"变成"长处"，最终在综合能力上取得领先优势。作为一家以专业优势见长的广告创意服务企业，省广对专业高度重视。

专业就是省广的立足之本。

敬业就是对客户心存恭敬之心，对所处领域心存敬畏之心，对同业心存尊敬之心，以谦逊、谨慎、感恩的态度对待同业、行业和客户。

乐业就是愉快地接受工作中的挑战，以勤奋工作、努力拼搏为荣，享受工作中艰苦奋斗的乐趣，以事业的成功奖励自己。

这就是省广人"专业敬业乐业"的匠心精神，这种精神背后是对工作的衷心热爱，是对工作的高标准、严要求，是对工作精益求精、永不满足的负责精神。

● 海天服务团队：客户的成功就是我们的成功

点蘸鲜，鲜鲜鲜鲜！

凉拌鲜，鲜鲜鲜鲜！

点蘸、凉拌就是海天味极鲜！

这句脍炙人口的广告语，随着用海天味极鲜酱油点蘸、凉拌的精美画面，以歌曲的形式唱出来，欢快活泼，充满了生活气息，给人印象深刻。

这是海天味极鲜的经典广告之一。

这句广告语的操盘者依然是省广。

到 2022 年，省广已经服务海天集团将近 30 年了。

这是一个漫长的相伴过程。

◉ 古酱园牵手省广

海天肇迹于清乾隆年间的佛山古酱园，1955 年 25 家佛山古酱园公私合营，组建"海天酱料厂"，次年改名"海天酱油厂"。

海天味业现任董事长庞康 1982 年分配进海天酱油厂，从普通的技术员做起，历任技术、生产、管理等多个岗位。一线工作的经历，让庞康不但懂产品工艺、技术，更懂品牌、营销和企业管理。更重要的是，庞康有远大的理想。

20 世纪 90 年代，海天刚刚有了一点资本的时候，庞康就以"扩大产业规模"为总目标，耗费 3000 万元引进了当时国外最先进的生产线，在生产规模、技术领先度、产品丰富度等方面，海天开始处于行业领先地位。

极具前瞻性思维和品牌意识的庞康很清楚，拥有悠久历史、独门技术的海天酱油，如果不能在品牌上与同业区隔开来，不采用更先进的营销方式，就难以迎来更大的发展。可以说，从这一时刻开始，海天就与市场上众多没有品牌和营销意识的同行区别开了。

但是，品牌建设之路非常艰难，且专业性很强。

1995年，海天酱油的销售额不到一个亿，这个规模在当时虽然已经算是行业内非常好的成绩了，但是海天的市场局限在岭南；此外，受制于政策，海天连自营进出口权都没有。此时的海天酱油依旧是一家妥妥的地方酱油厂。

庞康意识到，海天酱油必须借助更专业的机构进行品牌建设与营销，方能取得更大的市场突破。此时，已经在行业内具有相当大影响力的省广，就成了海天酱油的最佳选择。

1995年，省广正式成为海天酱油的整合营销服务商。

在与省广合作的27年时间中，庞康以绝对的实力和前瞻性的眼光，实施了海天在发展过程中的关键布局，为海天打下了腾飞的基础。而省广通过"四海一家中国味"的品牌高度、"生活多美味"的品牌深度等立体化的品牌架构服务，推动海天一步步跃居酱油、蚝油产销量第一的位置，成就了海天味业这家中国最大的调味企业的辉煌。

⊙ 一路初心廿载功

自1994年改制为股份公司，到2014年成功上市的20年，是一部海天品牌重塑、突破、革新的青春进化史，也是省广服务海天品牌建设的黄金20年。这黄金20年大体可分为三大阶段：

第一阶段是1996年前后至2002年，这一阶段海天品牌建设的关键词是"重塑"。

省广团队在海天酱油原有logo的基础上，进行了大刀阔斧的改动，设计了新款logo，主图是将一轮红日缩小放到中间，增加两片船帆放在两边。新logo整体造型像一轮红日从海面升起，象征着海天酱油扬帆起航；这个造型又像是一只眼睛，含情脉脉地注视着你，传达了海天人对用户的关爱。在此基础上，省广协助海天酱油制作了行业内首套CIS，成功改换瓶体，全面更换统一瓶贴，开发系列新品等。

产品识别之外，要达到形象重塑的目的，品牌广告的推广必不可少。早期调味品的市场形象有两个特点非常突出，一是"灰头土脸"，二是"锅碗瓢盆"。前者是形容调味业的生产状况和产品形象，"一口大缸几只木桶"，产品质量、卫生状况无法保证，产品包装混乱落后，谈不上品质特色。后者是指调味品的广告宣传，无一离开厨房，表现道具是锅碗瓢盆，画面是烟熏火燎，形象雷同。

海天要树立品牌，从何处入手呢？

坚苦思索后的省广团队有了惊喜的发现。首先是海天酱油的产地——佛山，位列中国"四大名镇"，且因其地处北回归线附近，阳光充沛，气候湿润，具备酿造优质酱油的绝佳环境——北回归线的阳光。这是省广第一个惊喜的发现。

一瓶好酱油的保障更来自真材实料。海天酱油的原料挑选标准极尽挑剔。不但确保来自不受污染的黄豆产区，而且要求黄豆粒的外观形状看起来饱满、圆润，摸起来光滑不粗糙，可谓内外兼修。这样挑选出来的黄豆颗粒大，成色好，富含营养，而且能在地板上"嘣嘣嘣"地弹起来。质量越好，弹得越高——会跳高的黄豆——形象而生动，这是省广第二个惊喜的发现。

两大惊喜发现成为塑造海天品牌的筋骨。

省广为海天酱油策划的《黄豆篇》广告在节奏有力的进行曲中启幕：纯净的蓝天，灿烂的阳光，颗粒饱满的金色黄豆在阳光下高高弹起，跳过标杆，酿造出美味的海天酱油。

虽然当时的拍摄设备、技术手段还非常落后，但省广人克服重重困难，做到了最好的呈现。海天酱油新广告推向市场后，彻底打破了调味品的固有形象。在这里看不到厨房，看不到做菜，也看不到用以标榜历史的匾额楼宇，但消费者能看到品质，能看到放心，能产生一种购买欲望。

自此，海天品牌从烟熏火燎中成功突围，自成特色。

而通过一系列品牌重塑的努力，海天酱油用5年左右的时间，一跃成为国内规模最大和市场最广的调味企业，年销售收入翻了10倍，超10亿元。

省广服务海天品牌的第二阶段，是 2002 年前后至 2008 年，这一阶段品牌建设的关键点在于理念的破局。

这个时候，海天的产品线已经很丰富，不再局限于酱油，原有的红日 logo，因其突显的工业化色彩，越来越局限品牌的识别与使用，也与海天传承百年的食品品牌调性不够契合，缺乏引领点。庞康、程雪等海天高层充分意识到了这一局限。但如何破局呢？

海天向包括省广在内的多家著名广告创意公司发出了邀请。但在将近一年的时间内，包括几家国际背景的品牌传播机构在内的众多公司的方案，都先后被否。海天的案子进入了一个僵局。

最终，破局者还是省广。

自复旦大学毕业入职省广之初就服务海天的王小兵，此时已经服务海天 5 年时间了，他对海天的企业文化、价值观、主要产品都有了比较深刻的认知，在一定程度上，他是一个比很多海天人还了解海天的人。

在这种僵局之下，王小兵带领团队沉下心来，倾注全部心血，站在一个海天人的角度冷静思索：海天品牌建设之路到底应该如何走？

回首当年，王小兵至今满怀感激。由于经常与庞康、程雪、张欣等海天中高层沟通学习，对海天企业的经营思路比较了解，对海天未来的发展战略也有一个较为清醒的认知。他敏锐地意识到，海天的品牌战略要匹配企业的整体经营发展战略，绝不能眼光短浅，更不能闭门造车，而是要有一个非常开放的心态学习、借鉴，勇于创新。所以，不能就海天而论海天，海天品牌问题的解决之道或许在海天之外。

在长达半年的时间内，省广团队齐心协力在市场上收集到了几百款包括瑞士雀巢、美国宝洁、可口可乐、法国达能以及国内的娃哈哈、伊利、蒙牛等企业的资料。当时智能手机还没有出现，大家只能用扫描仪，将这些产品的相关品牌信息一张一张地复制下来，装订成册，反复比较研究，最终得出了一个基本结论——企业形象识别要有根本突破，必须要有足够高度的品牌理念作指导，打破常规的logo设计概念。

最终，省广提交的新方案中，新logo抛弃了常规的图形标志，而是完全以"海天"两字为主体的新品牌识别系统。"海天"之外是一扇窗户、一缕香味、一个家，与之匹配的广告语"四海一家中国味"，不但充分传达了"家"的概念，还极大提升了海天的品牌高度，展露了海天志在四海，做国际化企业的愿景。

品牌从来不是单独存在，而是与企业文化息息相关。王小兵还主动梳理和建立了海天的企业文化体系。一方面是归纳整理海天高层长期以来被实践证明行之有效的经营理念、质量理念、人才理念等，一方面是广泛学习借鉴全球先进企业的文化管理理念，两相结合，逐条固化，建立了完整的属于海天自己的企业文化体系，"额外"赠送了一个惊喜大礼包。

省广最终提交的品牌方案中，以海天企业文化为基础、以企业核心价值观为主线进行阐释，结合了海天人提倡的"三心"文化，使得海天品牌形象、品牌内涵逐步清晰和形成，让人耳目一新。

功夫不负有心人，省广的提案最终得到了认可。

海天的这次品牌破局，对中国调味产业影响深远——此后，众多调味品企业的品牌标识或多或少都参考了海天品牌的设计理念。

而随着省广制定的新品牌策略通过广告、新闻公关等持续传播，海天"四海一家中国味"享誉国内外，引领海天的品牌实力不断增长。海天年销售额超过40亿元，一个调味品超级王国的雏形逐渐显露。

2008年之后，黄金20年进入第三阶段。这一阶段品牌建设的特点是全面革新与优化，并重点加强与消费者的沟通。

首先是革新和优化品牌识别形象。省广在上一版logo的基础上，做了些许"画龙点睛"的改动，将那缕香气（飘带）的颜色由金色改成了金黄色。这是阳光的颜色，代表着蓬勃的生命，温暖，可信赖，也更加彰显海天酱油真正阳光酿晒的工艺特点，并进一步将"海天"两字放大,对家的支撑感更强,更易于识别和传播。在此基础上,省广还为海天提炼出全新的品牌主张"生活多美味",建立全新的产品和品牌架构,并在全部瓶贴设计上创新加入了"生活多美味 GOOD LIFE GOOD TASTE"的核心元素,迎合了新时代人们的审美需求,也契合了年轻人的价值观。

长期以来,对品质的追求,成就了海天酱油的市场地位,而对品质的传播,则理所当然成了海天酱油的广告主旋律。从早期"北回归线的阳光、会跳高的黄豆"到"我们这样晒,再这样晒,晒出来的生抽特别鲜"到"坚持原料优选、坚持阳光酿晒,坚持每一颗用心每一滴放心"这"三个坚持"的提出再到汪涵版"真正晒出来的好酱油,不仅晒足180天噢",海天酱油的品质形象深入人心。"产品即品牌,品质即形象"——这样的诉求方式,对打造海天品牌形象发挥了重要作用。

但在强化消费者沟通,深度演绎"生活多美味"品牌理念的大背景下,能否换一种更柔和的方式说品质呢?

"我的酱油我的菜",一句很有时代网络特色的语言,为创意打开了全新的空间。

小镇街头,回来探亲的女儿要给妈妈买衣服、买补品,妈妈都笑着说:"不要"。女儿灵机一动:"给您做顿饭吧!"妈妈听后非常高兴,连声说好。女儿选择了妈妈最常用的海天金标生抽,用心地做出一桌菜,忐忑又有些期盼地说:"尝尝我做的菜!"妈妈品尝之后,称赞道:"嗯,是我喜欢的菜!"这既是对女儿厨艺的肯定,也是对吃到熟悉味道的满足。

省广团队对海天金标生抽这款畅销了几十年的经典味道的全新演绎,借用细腻的情感表达,加上广泛流行的网络语言,在消费者心目中建立了更具沟通力、更年轻的品牌亲和力。

巧合的是,当海天金标生抽所演绎的温暖亲情广告出街之际,正是中国关于"探望老人"的法律规定颁布实施之时,省广的创意也自然多了一层与现实沟通的意义。

而打造海天工业旅游品牌,讲好海天这个调味王国的美味故事,则是强化海天品牌与消费者沟通的另一个重要举措。

省广为海天工业旅游项目取名为"娅米的阳光城堡"。娅米（Yummy），即美味，也是一个可爱小女孩的名字，是一个美味天使的化身。阳光城堡是对海天酱油阳光工厂的童话演绎。省广团队为"娅米的阳光城堡"设计了专属的品牌形象体系，极力打造一个让人神秘又向往地铺满阳光的城堡形象。

省广还充分结合海天属性为娅米打造了一位形影不离的好伙伴，黄豆的化身——欢乐豆。在两个主要人物的基础上，制作了一部长达10分钟的3D动漫大片《娅米go!go!go!》，以影视大片的形式讲述一颗黄豆变身酱油的奇妙之旅，成为整个工业旅游项目中最大的亮点。

在海天工业旅游中，消费者还将一一体验为他们精心打造的八大景点：极速灌装、尖端品控、妙想天空、旋转圆盘等，一路游历一路惊奇，无不为海天的实力规模和调味品的神奇博大所震撼。

"娅米的阳光城堡"自2011年开馆以来，年均超30万人次参观，其中有来自全国各地的消费者、合作伙伴、媒体记者，更有为数众多的学生。他们实地探访，亲身体验，海天产品的高品质得到了有力、有效、长久的传播。

经过黄金20年三大主要阶段的品牌建设和稳扎稳打的耕耘发展，至2014年上市

第十章 | 打造匹配平台战略的企业文化

前夕，海天品牌架构清晰，产品线丰富，品牌效应带动了多个增长点，市场获得显著成长，年销售额已接近百亿，成为中国调味业最有实力、最有竞争力、最有品牌号召力的龙头企业。

⊙ 合唱一出"天鲜配"

2016年某天，省广得知，海天准备重磅推广其拳头产品之一的味极鲜酱油。

所知信息极少，广告方向、市场目标、传播策略，无一确定。唯一确定的，是提案时间定在三天后。

省广团队长期服务海天，时间最短者也有3年以上，对海天旗下产品的认知非常充分。在头脑风暴中，省广发现，"点蘸和凉拌"占据人们日常使用酱油1/3以上的场景，而海天味极鲜作为一款以鲜味见长的生抽产品，尤其适合"点蘸和凉拌"。于是"点蘸凉拌，就是海天味极鲜"的广告标语（Slogan）灵感闪现，随后策略推导、创意思路、传播框架等全部成型，待大家分工合作开始写方案的时候，已是华灯初上。

三天后，王小兵带着方案如约来到海天文沙总部7楼那间古色古香的会议室，一起带过去的，还有一支全部由省广服务团队组成的"合唱团"。当方案讲述至中场时，"合唱团"全体起立，靠墙站成一排，深情直视会议桌对面的客户团队，待担任指挥的策划总监宁英嘉手臂一挥，简洁有力、浑厚热烈的歌声冲天而起：

点蘸鲜，鲜鲜鲜鲜！凉拌鲜，鲜鲜鲜鲜！

点蘸、凉拌，海天味极鲜！

味极鲜，选海天！

点蘸凉拌，就是海天味—极—鲜！

当"合唱团"起身列队时，对面的海天品牌团队一脸愕然；当歌声乍起，并在会议室回荡的时候，他们脸上露出了笑容；当最后一个音符唱完时，掌声爆发！海天团队虽然只有4人，但热烈的掌声几乎有了掀翻屋顶的气势。

这次提案，开创了省广历史上在客户现场"合唱"提案的历史。更重要的是，省广为海天味极鲜酱油策划的是一整套营销传播方案，在定位、创意之外，更有综艺营销传播的重头戏——海天也由此开启了大品类传播的新时代。

省广服务海天的黄金20年，夯实了品牌根基，可谓蓄势多年。此次重磅推出味极鲜酱油，结合其产品特点以及唱歌表达的创意方式，省广选定东方卫视一档音乐综艺《中国梦之声——天籁之战》，以海天味极鲜酱油独家冠名，要唱一出整合营销的"天鲜配"。《中国梦之声——天籁之战》霸屏了2016年第四季度，以一个现象级节目的成就，完美再现了全民合唱"天鲜配"的盛况。随着节目热播和节目明星、歌曲等相关话题的热论，海天味极鲜品牌形象得到了跨越式提升，"点蘸凉拌，就是海天味极鲜"的广告标语深入人心。海天味极鲜酱油的市场表现更是不负众望，成为2016—2017年海天增长幅度最大的单品，经常在局部市场卖断货。

首战告捷后，省广协助海天连续多年坚持综艺IP营销的策略。各大媒体平台的头部综艺，如《中国达人秀》《歌手》《最强大脑》等，分别由海天金标生抽、海天蚝油、海天黄豆酱等各大细分品类成功冠名。这些拳头产品借力头部综艺节目的热播，确立了各自的差异化定位，在市场拓展中取得巨大成功。

产品和市场的成功，推动海天自2014年登陆资本市场以来，"五年再造一个海天"的目标顺利实现。2022年，海天已经开始向国际化食品集团冲刺。

27年来，省广陪伴海天酱油从小到大，从区域市场到畅销全球。省广与海天的合作也从单项服务，到整体规划、全面代理，服务的专业性、系统性不断提升。

在这一过程中，海天稳定的高管队伍，管理团队，一以贯之的经营理念，对品牌和营销的高度重视，对创意、知识等服务价值的认可，对省广这样敢于提出不同意见的第三方服务机构的认同，对专业人才专心做事的尊重和容错，才让省广的创意和策略有了落地的可能。

在这一过程中，省广与海天之间的信任度一直保持在一个超高的水准。有海天人说，省广比海天自己还了解海天的品牌和产品。其实这就是彼此信任的体现，没有信任哪来了解！

品牌创建没有终点。在信息传播极度碎片化、流量营销喧嚣浮躁的今天，品牌建设面临着新挑战。品牌不能没有流量，但再多的流量也不能等同于品牌。如何在这个浮躁的流量时代，走出海天品牌建设一贯踏实稳健且高效务实的新路子，需要省广和海天之间有着比以往更深的信任和了解。

今天，海天成就了行业的标志品牌。省广也在服务海天的实践中不断成长。可以说，海天成就了省广的灿烂，省广也助力了海天的辉煌。

海天的愿景，是从调味品到综合性的国际化食品集团。这中间还有很长的路要走。面对未来高度不确定的营销环境，作为战略伙伴，省广将一如既往，与海天一起迎接挑战。

在省广，只有客户的成功，才是省广的成功。

水井坊服务团队：成功打造中国白酒第一坊

"水井坊，中国白酒第一坊！"

相信很多人都会对这句广告语有深刻印象。

这当然也是省广人的杰作。

1998年8月，成都全兴酒业公司在酿酒车间中进行修整改造，发现了地下的古老酿酒作坊，命名为"水井坊"。

水井坊位于成都老东门大桥外，上起元末明初，历经明清，下至当今，呈"前店后坊"布局，延续六百余年从未间断生产，是我国现发现的古代酿酒作坊和酒肆的唯一实例。此考古发现被考古界、史学界、白酒界专家认定为"中国最古老的酒坊"。水井坊遗址是迄今为止最全面、最完整、最古老、最具有民族独创性的酒坊，作为中国白酒的源头，其史学价值堪与"秦始皇兵马俑"媲美，并被国家有关部门誉为"中国白酒第一坊"。

2000年，全兴酒厂的科研人员在水井坊窖池中分离出大量特有菌种（被称为水井坊一号菌），并利用现代微生物技术，通过研究古法发酵酿酒的秘籍，激活繁殖宝贵的古糟菌群，推出了旗下高端品牌"水井坊"，600年老窖横空出世。此时，全兴酒厂的其他中低端产品的市场表现都在走下坡路，水井坊承担着振兴全兴酒业的重任。

但2000年之前，白酒行业还是渠道为王的自发竞争，形成品牌效应的主要是曾经的老四大名酒，老八大名酒，以及由于历史原因形成的茅台、五粮液、剑南春。

作为一个全新品牌，水井坊如何在市场上立足？

水井坊背后的全兴酒厂找到了省广。

这真是一个巨大的挑战。白酒属于一个非常传统的产品，具有很强的地域特色，虽然整个产业的市场容量非常大，但一个全新的品牌要想在市场上迅速崛起，难度相当大。

廖伟明回忆，省广团队决定将水井坊作为"中国白酒第一坊"的品牌高度树立起来，占据制高点。

价格定位：水井坊要做中国最高档的白酒，其价格要高于当时的五粮液和茅台等传统的高档白酒品牌。

当时中国传统高档白酒的终端售价一般在两三百元。而省广团队调研之后建议将水井坊的定价一下子提高到五百元。2000年，当广州市平均月工资水平800元的时候，这个定价可谓是白酒业的天花板了。

地位定位：这一极其大胆的"中国白酒第一坊"的定位让水井坊当之无愧地坐上中国高档白酒的头把交椅，形成了品牌标杆，占据了品牌制高点。

文化定位：水井坊集传统精髓与时尚精华于一体，演绎了中国精英最精粹的文化，即"大雅文化"。

形象定位：取雄狮形象所代表的成功、豪情与王者风范，取石狮形象所代表的历史、传统与尊贵，表达水井坊"承接历史与现代，沟通传统与时尚"的品牌内涵。

定价的差异化有了，但如何让目标消费者接受这个价格并产生购买冲动呢？

丁邦清、夏跃带领创意团队，从中国传统元素中找到了灵感，决定在第一阶段用"雅文化"打造硬实力，撑起"中国白酒第一坊"的品牌高度。省广团队以"文物·文化·文明"为主题，为水井坊奠定了文化酒的高档格调，随后将这种大雅文化格调具象化，并演绎给水井坊的目标消费者。

省广团队紧紧抓住"雅"这个核心概念，策划了"元明清，源远流长"；"雅韵酒韵，韵韵关情"文案，先后策划制作了《元明清》篇；《风雅颂》篇；《大师》系列等创意广告，用"雅文化"打造产品的"硬实力"，尽显水井坊产品的高雅品位，儒雅之风，让"雅"成为水井坊在宴会上的共识，以此打造水井坊的品牌个性、社交标签。此外，省广团队还策划执行了酒文化巡展、水井坊艺术之夜、文化公益活动，对接新精英消费群，厚实水井坊品牌的内涵。

省广团队策划设计的这批极具中国传统文化元素的系列广告一出街就惊艳了整个中国白酒行业。以前，中国白酒传播都是打口味、工艺、香型等牌，还从来没有人从"雅"这样的高度、用如此富有文化内涵的画面表达白酒产品。这种藏而不露、内涵深刻，但又与水井坊作为中国白酒第一坊的地位调性匹配得天衣无缝，让人叫绝！

难怪，这批创意广告传播出去后，水井坊立马与市场上的众多产品有了明显的区别，水井坊的鲜明个性凸显出来，目标消费者们立即感知到了水井坊的价值所在。

水井坊这套中国传统文化风格的创意后来被中国白酒行业内的很多品牌与营销机构模仿,成为那一时期的一种风尚。

2000年之前,人们对高端白酒的认知普遍只有"茅五剑"。2000年才面世的高端白酒品牌水井坊,在省广的整体策划之下,以品牌取胜之道,从无到有,以低成本的精准投入,开创了白酒品牌竞争先河,一举打破了"茅五剑"三分天下的格局,成为高端白酒市场的一股清流,也改写了白酒的品牌消费逻辑,缔造了白酒的品牌消费时代。此后,水井坊逐渐取代了全兴大曲,成为全兴酒业的核心业务,挽救了走下坡路的全兴酒业。

后来,国际洋酒集团巨头帝亚吉欧收购水井坊,改写了中国白酒走不上国际舞台的历史纪录,水井坊的品牌价值屡创新高。水井坊的成功证明了品牌为产品带来的巨大价值以及广阔空间。

四、"咬定青山不放松"的韧性文化

韧者笃行,韧则行远。这是笔者走访省广集团众多广告界精英的一个深切体会。

与众多省广一线服务团队沟通交流"广告从业人员应具备怎样的优秀特质?"时,他们都用不同方式表达这样的理念:"古之立大事者,不惟有超世之才,亦必有坚忍不拔之志。人的韧性不仅决定这个人能走多高,更能影响这个人能走多远。""简单的事情重复做,可为专家;重复的事情用心做,可为赢家,韧性有时候体现的是干一行专一行的精益求精。"

一个公司从小到大,从弱到强,这种韧性,是走过峰谷、走过风雨获得的经验和特质。当所有人都这样走,都这样做,也就形成了一种文化。"纵有疾风起,凡事不言弃",这种文化是那么润物无声,沁人心脾,让人肃然起敬。

南航与两面针团队：韧性就是服务客户的个性

有两个客服接入号码，一个是 8 结尾，一个是 9 结尾，你会选择哪个？一般人都会选择 8 结尾，毕竟在国人的语境里，8 寓意"发"，更吉祥。

2016 年，省广的陈月娥也遇到了这个问题，而客户就是中国南方航空公司，当时南航计划更改专属客服热线号码，并全面提升呼叫服务。

2017 年之前，南航客服呼叫号码是 950333。南航有两个号码可以选择：95539、95538。无论选择哪个号码，都要给出令人信服的理由、容易传播、记忆，还要能够体现出南航服务品质提升这一核心诉求。是选择 8 还是 9 结尾的号码呢？陈月娥站在专业分析和心理研究的结果上，坚定地认为"跟风只是一时，创造才有生命！"最终建议南航选择 95539，这是一个超出大多数中国人喜好的大胆选择，这背后有什么样的逻辑呢？

省广根据 95539，这个号码创造了一句话"95539，一声（生）一起走"，这句话一语双关——客户拨打一次 95539 就与南航成了朋友；而声与生谐音，意味着这是一牛的朋友。这样，95539 就变得朗朗上口、内涵丰富，客户一下子就记住了。

在视觉上，省广创意团队巧妙地以 flash 展示方式——把 950333 中的 "0" 设计成一颗鸡蛋，蛋壳破裂，一个 "5" 字破壳而出；而 950333 中的后面两个 "3" 相乘最终得出 "9"，这样，一个崭新的 95539 就形象而直接地呈现出来了。

省广研究之后发现，南航于 2004 年 1 月获得美国优质服务科学协会授予的"五星钻石奖"，这是全球服务业的最高荣誉。于是，省广建议南航在 95539 之前加上一句话——五星钻石服务热线 95539，这就巧妙地传达了南航服务升级的信息。

正是这种"不随大流"的专业声音，一下子引发了客户的高度重视和认同，时任南航的一位主要领导将最初的广告语"95539，一声（生）做朋友"，改成了"95539，一声（生）一起走"。"一起走"更符合南方航空带领顾客到世界各地这样的行业属性。这三字之改，成就了一个经典案例。

⦿ 只要客户满意这点痛算什么

2006年多哈亚运会之后，2010年亚运会将在广州主办。广州亚组委要在广州市区举办一个火炬传递活动，省广承担这个活动的现场执行。这次的火炬传递路线是从越秀公园的镇海楼，一直到天河体育中心，全程大概20公里。对于省广来说，此项目意义重大，影响深远。

广州市有关部门的领导对此事也高度重视。火炬传递举办前几天，组委会负责人与陈月娥等人实地考察火炬传递线路，负责人提议大家亲自实地走一遍传递线路。这本来就不是一项非常轻松的任务——整条线路有20多公里，但对于陈月娥来说，这更是难上加难，因为她前一周刚把脚踝扭伤了！组委会领导担心她走不了。要强的陈月娥当然不能认输，更重要的是，只有走过，才能实地感受到每一步的轻重，每一处的风景，每一时的变化。于是，陈月娥表示自己可以的，大不了脱下鞋子光脚走。在陈月娥的坚持下，一行人从越秀山上的镇海楼出发了。走了三分之一的时候，陈月娥的脚踝位置已经痛得钻心。为了整体完成任务，陈月娥一路上没有吭声，她一瘸一拐地坚持前行，每走一步都是巨大的考验。她心里默念着，又距离目的地近了一步。最终，陈月娥坚持到了广州天河体育中心！这个时候，陈月娥感觉自己的脚"已经废了"。

"完全是在靠意念坚持！我们必须对客户负责！"当陈月娥回忆起那次刻骨铭心的行程，她这样说。

陈月娥从北师大毕业后就进入了省广，2000年，陈月娥被派往成都，成为省广本部外派驻点成都的第一人。在此之前，省广已经过五关斩六将，中标拿下"炎黄在线"项目，她去是带领驻地团队服务该客户。

每天，陈月娥从东部住所乘坐公交车横跨成都市区，在8点半前到客户位于西部软件园区的办公室。当时正值互联网在国内刚刚兴起，面对的都是前所未有的全新知识、媒体环境和沟通表达方式。客户、后端、市场、受众、政策等之间的矛盾是不可避免的。在巨大的压力下，一定要坚强——每当这个时候，陈月娥都会抬起头、仰望天空、跺跺脚，让眼泪少流一些。成都天空洁净、清澈的蔚蓝色让陈月娥慢慢镇定下来，她擦干眼泪、调整好情绪，然后才进客户的办公大楼，几分钟后，她又微笑着、以最好的状态出现在了客户那里。

在陈月娥的努力下，省广最终完成了服务，这个客户相关案例被收入当年的《中国广告年鉴》中，成为互联网行业早期标杆性的成功案例。

"我们一定要把最好的状态留给客户"从这个时候，陈月娥就有了这样的感悟。

⊙ 专业，总是从专注开始

有人说"魔鬼藏于细节当中"，只有专注，才能磨砺人生、提升专业。

南方航空刚刚加入天合联盟的时候，要在广州花都南航明珠大酒店召开一个盛大的发布会，全球100多个航空公司的CEO都要到场。省广承接这个发布会的现场执行，陈月娥是这次发布会的主要负责人。在现场布置桌椅的时候，南航有关领导特地过来交代她，老外身材都偏高大，所以座位的空间要比平时开会大一些，空间距离至少要70厘米。专注于每个细节，对整体专业的提升，才有积累和反馈。

"独行快，众行远。"与客户并肩同行的过程，亦是相互学习的历程，正所谓君子贵人贱己，先人而后己。韧性有时候体现的是利他之心。

两面针也是省广服务十多年的品牌客户。每一代产品的设计、更新，细致到印刷厂现场打样、数百上千种香型的选择、终端走访、辅助客户拓展出口业务……这些都是省广人薪火相传、孜孜以求的工作，也是赢得客户赞誉的专业和能力。

在2021年，省广集团洞察到两面针需要通过渠道的升级带动产品的升级，于是建议使用兼具渠道资源优势和传播资源优势的综艺《马栏花花便利店》，不仅借助明星和综艺效应，扩大了两面针大单品紫荆花牙膏的声量，更借助综艺的资源，建立了两面针与全家便利店渠道的链接，获得了两面针一致好评。如今紫荆花牙膏已经成为两面针的爆款之一，其中无论紫荆花牙膏产品的包装打造、传播宣传还是渠道赋能，客户和省广交相辉映，相得益彰。也正是在两面针管理层与产品研发的专业团队的指引下，省广团队再一次能以"企业主"与"产品经理"的角度去审视营销，陈月娥始终认为"广告的最终目的是带动企业业绩的增长"。

"在与两面针携手共进的十多年中，我深刻体会到，营销不仅要结合企业的实际情况契合当下市场的趋势，更要与产品相辅相成、互为协力，才能更好地推动企业的前行。"回顾与两面针合作的种种历程，陈月娥有感而发地说道。

"知不足而奋进，望远山而前行。"2006年，陈月娥也是将服务奇瑞、创维、华为、立白等数十个著名品牌的经验，升华为方法论，编著出版了《通行广告界的9本护照》，这本书可谓是当时中国第一本整合广告定位、创意、促销等9个分支的方法论，出版后引起了业内不少的关注。

在《通行广告界的9本护照》这本书的前言中，陈月娥写道："我们一直用自己的思想来影响企业家，用我们的思考来改变某些错误的、不正确的广告观、品牌观。我们是鹰。"

商业地产服务团队：世上无难事，只要肯攀登

如果世界上有一种不可跨越的高度，它一定不在你脚下，而在你心上。

回忆起 2010 年应标广州国际金融中心（IFC）的过程，省广第七事业群副总经理李世红这样说。

一场门槛高度为 440.75 米的竞标

2010 年，房地产江湖上传出西塔（坊间将广州国际金融中心昵称为"西塔"）即将通过比稿甄选广告代理商的声音，这立马引起国内外众多广告公司的集体躁动。要知道，2010 年，西塔 440.75 米的建筑高度，可以在全世界高楼排位榜排进前十，是名副其实的"世界性地标"。服务这样的项目，可谓广告公司彰显实力的绝佳机会。

当李世红摩拳擦掌准备参与项目比稿报名的时候,却被当头泼了一盆冷水:客户方面对参加比稿的公司设定了一个基本条件——只有最顶尖的国际广告公司有资格参与遴选。

这个资格条件,被李世红与同事们称作是一道"和建筑高度高度匹配"的门槛。

但,李世红就真的甘心被这道看不见的门槛挡在门外吗?

当然不。这也从来不是省广人的风格。

没有条件就去创造条件。这才是省广人惯有的作风。

但一个现实的问题是,如何获取参与比稿的资格?

某个东西和你之间有着遥不可及的距离。但当你渴望、确信你能拥有这个东西,并为此一步一步付诸行动的时候,那个距离就不再虚无,也不再可怕。

⦿ 以服务客户的心态"陪跑"

长期服务国内房地产领域众多头部品牌,省广在圈内积累了不错的口碑。为了争取一个竞标名额,李世红没有任何犹豫,单枪匹马直接杀到了IFC运营公司。

此时的省广虽然是中国最大的广告公司,但与国际4A广告公司在服务世界地标建筑品牌传播上还是有一定的差距,当时省广并没有这方面的经验。如果说,对方担心当时省广与国际顶级广告公司有一定的差距是一种偏见,而省广当时的确没有服务任何世界地标建筑品牌传播的经验就是一个硬伤。

尽管对方负责这个项目的经理表露出有些不信任,李世红还是耐心地向对方陈述了省广过往的案例经验,以及针对这个项目正在进行的研究工作,充分展现了省广在此项目上的决心。

让省广参与应标,只是增加了评委们的一点评审时间,对于IFC来说并没有太大影响,不妨给省广一个"陪跑"资格,让省广试一试。李世红最后的这个建议最终说服了对方。

省广终于获得了一个"陪跑"资格。

如果省广此次真的无法中标,那可真正地验证了省广在这种项目上真的不行。因此,机会争取来了之后,李世红与同事们压力巨大!

准备提案的过程中,如往常的头脑风暴会议,如往常的提议——自我否定——再提议——再否定……如往常的深夜拦出租车回家,如往常的没有周末……

"和以往比稿项目没有什么特别的不一样,但有一种莫名其妙的兴奋感伴随始终。"李世红回忆说。

● "陪跑"者的逆袭

比稿当天,李世红与同事们按照往常习惯梳洗一番准时到场。负责策略的同事路上顺手买了一份报纸,这份报纸头条中的一句话让大家兴奋不已——

"你们在代表中华民族抢占世界经济发展的制高点。"

提案开始的前一分钟,大家把那句话写进了策略案的扉页作为开场引言,一下子将提案的立意拔高到了与 IFC 一样的高度。

其实,如果说是天助,不如说是省广人自己助自己,所谓天时地利人和,其实都是争取和拼搏的结果。

提案过程一切顺利,除了时间太短算是个问题。

到提案末段,因为方案呈现的东西比较多,评审提示提报时间快结束了,团队向评审们提请稍微延长。或许因为方案质量不错,评审们研究后准予了延时申请。

省广人真的非常感谢评审们的这一决定,让方案最后得以完整提报……

打开会议室的大门,省广提案团队都深呼吸了一口气,抬头一看,感觉天花板都往上拉升了几米。

两周后,IFC 正式官宣,省广拿下了项目。

这个结果让外界多少有点意外,但对省广团队而言,这有点像睡完一个长觉睁开眼睛看到和煦的阳光一样,舒服但是平常。

项目服务期间,省广团队为 IFC 做出了一些不太"地产"的广告和公关,在商务圈制造出不少声浪。从项目入市期的总结数据看,写字楼可出租面积达 183540 平方米的这样一幢巨无霸,到 2011 年全部可经营面积的招商率已接近 80%,超额完成目标,租金均价从 120 元/平方米拉升到 260 元/平方米,趋同地区同类物业水平一倍以上;这个结果也表明了市场对项目的充分认同和支持。

⦿ 逆袭背后是实力的比拼

从作业流程看，IFC 就是一个普通的比稿投标项目，和李世红与同事们之前竞投过的其他项目对比并没有特别的不同；但如果从故事开头的竞投标准设置，到故事最后意外的竞投结果看，这就是向刻板印象硬生生发起的一次逆袭挑战。

其实在省广快速成长的前 20 年，省广已经帮助众多本地品牌在与国际品牌市场竞争中打出一场又一场的胜仗，也帮助广本、广丰等多个外资合资品牌在中国市场获得一次又一次的成功，客观而言，省广实力早已不输任何一家国际广告公司；但事实上，往往在不少场合，实力这东西却很轻易地就输给残留在人们脑中某个角落的刻板印象和固有观念。

IFC 一役，省广把在中国市场上摸爬滚打 30 年积累起来的经验缓缓释放；用自信优雅得体的姿态，在那些刻板印象和固有观念面前，展示了这种有国际范的国产力量，并赢得了认可和尊重。

IFC 是省广操作的第一个世界地标性建筑的品牌传播案例，开辟了省广服务超高甲级写字楼的新赛道，也让省广积累了操作此类案例的经验。后来，省广又操盘了贵州金融城等多个类似项目。

2022 年，回望 IFC 案子的时候，李世红说："这种认可和尊重，何尝不是中国看到世界、走向世界、融合世界然后引领世界的一个反照？"

五、"一线历练新人"的外派文化

工作一线是充满了大量机会，也充满了各种挑战的场所。

华为也有将新员工外派到一线锻炼的传统。无论是华为现任副董事长孟晚舟，还是华为终端董事长余承东，都是从一线成长起来的高管。

任正非说"宰相必发起于州郡""没有一线工作经验的人不能成为高管"都强调了一线工作经验的重要性。这些年，华为将大量优秀校招生外派到国外不发达国家地区，让他们接受陌生市场一线的洗礼。这期间，有大量新员工无法适应艰苦的工作环境被淘汰出局，但也有很多坚持下来的员工，最终成为华为的骨干。

将新员工外派到陌生的一线锻炼，既是锻炼其对陌生环境的适应能力，也是锻炼其面对艰巨工作的学习和处置能力，更是锻炼其自我修炼、自我成长的"内省"能力。事实证明，外派到一线的确是锻炼人才、培养人才的重要途径。

作为省广独特的文化之一——外派文化，为省广培养了大批人才。目前省广高管团队中几乎都有外派的工作经历。除了何滨、廖浩、杨远征外，袁志也曾被外派到北京、沈阳，从服务广州丰田、东风本田、华晨汽车、水井坊等客户的媒介工作起步。

省广"一线历练新人"的外派文化与华为不谋而合。省广当前众多高管都有外派到一线工作的经历。

● 省广顺德业务培训基地

1997年以前新来的大学生，都无一例外地被省广先安排到顺德和惠州两家分公司进行锤炼，后来担任省广高管的何滨和廖浩，以及省广博报堂的财务总监黄秋红，当年都有过在顺德分公司锻炼和学习的共同经历。

1994年，何滨和廖浩毕业后通过校招加入省广，在顺德分公司期间，他们在时任分公司经理陈锦璋的指导下，分成几个小组，一同坐着"野鸡中巴"跑遍了顺德各镇大小企业拉广告业务。

"当年新大学生的工资每个月只有380块，拉不到业务，车费还不能报销。为了节约费用，我们曾经从北滘客户（现美的集团总部）那里，顶着烈日步行三个多小时回到大良的办公室。"廖浩回忆道。

"廖浩这个人的性格比较豪爽大方，他把车钱省下来后，晚上请我们到华盖路的仁信老铺喝糖水。当时他看起来一点都不累，反而很兴奋，因为他觉得这次很有希望拿下一个客户的宣传单张印刷业务。"何滨说起这件事情的时候进行了补充。

说起自己第一次做策划创意的经历，何滨很自豪地回忆："当时顺德的客户经常会让我们写广告语，当了多年中学班主任的陈锦璋，自然也延续了省广一贯的做法，当时除了负责清洁和做饭的阿姨，他要求每个顺德分公司的员工都要提交50条广告语，然后再由他从中筛选出十几条拿去给客户选择。我对自己写的广告语比较自信，每次都坚持只提交一条，但前面两次都被客户选中了。"

谈到专业上的事情，何滨有点停不下来了，他继续说："两次得手之后，就开始有点骄傲了，当时有个专门负责写文案的女同事不大服气，觉得自己的写广告语比我的更专业些，只是客户不识货而已。于是第三次交作业的时候，我悄悄把自己写的那条广告语，混到她写的几十条当中，最终的结果，就是客户还是选择我写的那条，当时我觉得自己赢了，然后一脸得意地要她请我喝糖水……"

"结果那个女同事瞬间就怒了，当众把手中的墨水笔朝着何滨脸上甩过去，幸亏他当时反应快，身手敏捷地避了过去，糖水没喝成，倒是差点溅了一脸墨水，被大家取笑了很久。陈锦璋当时还专门为此召开会议，对何滨进行了严肃的批评，提醒他不要骄傲自满，才能继续进步。"提到这件陈年往事，廖浩记忆犹新，给当年顺德公司上下铺的兄弟来了个神补刀。

"外派锻炼的经历，让我们从最基层的业务员做起，在拉广告的过程中，不仅可以听得见'前线的炮火'，更听得见客户的批评，听得见市场的声音；不仅可以磨炼意志，更锻炼了我们心智，这对我们之后的快速成长，发挥了重要的作用。"当年曾经和何滨分到一个业务小组的黄秋红说道。

从顺德公司锻炼回到总部后，何滨先后担任了天盈公司的客户主任、国内广告三部的副经理、后来从服务广东电信开始，担任业务一局局长兼策划总监、总经理助理、第一事业部总经理、董事副总经理、首席执行官、总裁等岗位。现任省广副董事长、党委副书记、首席战略官。

与此同时，廖浩也回到了广州本部，先后任客户主任、客户总监、业务局副局长。

2008年1月省广拟IPO，廖浩从业务部门抽出来任新成立的投资发展部总经理，后又担任公司总经理助理、副总经理、副总裁等职位，现任省广董事、高级副总裁兼董事会秘书。

● 福州与沈阳外派团队

2003年1月，杨远征与范利等人被外派福州，在省广与日本旭通合作成立的合资公司广旭公司福州分公司，服务当地的客户东南汽车。

被外派到福州当天，杨远征就体会到了比在总部更疯狂的工作模式——下了飞机，省广团队就被要求直奔工作现场，当天大家一起加班到凌晨三点多。其实，如福州这样的加班，对于省广一线员工们来说早就是常态了。结束加班后，同事们就带杨远征走到回宿舍路上的一个沙县小吃吃夜宵。这家沙县小吃的老板已经习惯了这一批年轻人每天凌晨过来吃饭，等他们吃完才打烊。

杨远征在福州的两年，和范利他们几乎每天都加班到两三点。而客户都是七点半就上班，这导致大家基本上每天只能睡三四个小时。工作节奏非常快、强度非常大，但工作效率非常高，整个团队都非常高效。

杨远征在福州虽然本职工作是媒介，但实际上由于身处一线，分工远没有在总部的时候那么细，他几乎参与了各个岗位、工作的各个环节，包括公关、新闻发布会、邀约接待等所有琐碎而细致的工作。这也让如同杨远征一样被外派到一线的新员工，对省广的各类业务有了全面的认识，对个人能力的成长有很大的帮助。

经过在福州的两年魔鬼式的训练，让杨远征收获非常大。除了个人综合能力的提升之外，杨远征也发现了省广在管理上的一些差距。比如，日本旭通公司服务一个客户的线下活动，会立即生成一个成本控制表，不同级别的负责人可以查看到对应权限的精细化成本核算，这让大家有很强的成本意识，不会导致超预算花费，有效地保证了单个项目的利润率，更避免出现亏损。回到省广后，杨远征也给公司建议了这种项目成本控制的做法。省广随后实施的工作号管理，就是借鉴了旭通的管理模式。

当杨远征走向省广的管理岗位后，回看自己当年的外派经历，他觉得，一线贴近客户，更利于解决问题。如果只在公司总部，距离市场还是相对远的，被外派到福州的两年，杨远征个人成长很快。

2006年，袁志在外派服务华晨汽车的过程中，迎来了史无前例的营销挑战——预测竞品跟投广告并要求误差率不超过30%。在当时大数据手段并未成熟的环境下，要实现预判竞争对手投放来选择投放点位及时段基本不可能，就连媒体都觉得是无稽之谈，与客户协商未果的情况下，袁志最终选择迎难而上。

最终，依靠实时跟踪及标准化作业，前置一切广告素材，规范化素材上线流程并能无误差上线，超目标达成2个月高效跟投节奏，成功获得客户的尊重及认可。这段经历也为袁志后来不断带领团队攻坚克难，提供了宝贵的经验。

杨远征于2005年3月结束外派回到广州总部，出任媒介部经营总监。后又先后担任大众传媒中心总经理、副总裁，现任省广董事、首席执行官、总裁。

袁志2005年校招来到省广，先后担任媒介策划经理、客户总监、十三事业部总经理、总裁助理、副总裁等职位，现任省广常务副总裁、首席运营官。

新篇·绑定 激励

再出发

英国经济学家阿尔弗莱德·马歇尔在其《产业与贸易》中写道：不论是哪个时代，都潜藏着一些不为世人所知的领域及更有发展前途的事业。有能力的发起人（企业家）寻找到具有这种发展前途的事业，便去动员资本家集聚所需的资本，并亲自推进其向前发展，结果这一事业会比其他任何事业都更快地取得成功。

马歇尔虽然描述的是大工业时代的企业家的作用，但时至今天，企业家在经济发展中的作用依旧非常重要。

企业家就是在一片混沌中看到一抹亮光的人；就是在资源极度稀缺的时候，能够创造条件、创造财富的人；就是能够激发员工的积极性、主动性、创造性的人。

企业家善于发现机会，找到市场中潜在的不均衡。正如著名经济学家张维迎所说，企业家是以营利为目标、以市场为舞台的。市场本质上是一个不均衡的体系，营利机会正蕴藏在这种不均衡之中。善于识别出市场中潜在的、尚未被他人发现的营利机会，并灵活地充分利用这一机会，乃是企业家成功的关键所在。

在这一过程中，企业家精神非常重要。

第十一章
代代传承的企业家精神

第十一章 | 代代传承的企业家精神

省广公司四十多年的发展历史，赶上了国家改革开放的大好时机。省广历任领导顺应天时，积极谋划、努力拼搏，带领全体员工一起奋斗，不断推动省广前行。

站在2022年的时间节点回望省广40多年的发展历史，可以清晰地看到，省广一路走来、发展壮大，离不开几位"企业一把手"与时俱进的正确发展观，一以贯之的创新与变革精神……

尤其是李泮贻、温卫平、戴书华、陈钿隆，这几位省广的领军者，尽管出身不一，经历、性格有很大的差异，行事风格也迥然不同，但他们都有强烈的家国情怀，杰出的企业家精神。

他们身上，都有一种带领全体员工"奋进共生"，共同"创业、创新、创富"的精神和情怀，他们身上承载了省广过去、现在的荣耀与辉煌；这种精神和情怀，也必将激励和指引着下一代省广人，不忘初心，砥砺前行，推动省广加速成为一流的"国际化营销集团"，继续努力实现新时代、新征程的光荣与梦想。

省广原副总经理郝建平退休后，写了一本书叫《商海军魂》，书中很多的笔墨，都是以满腔的热爱和激情，回忆当年自己在省广亲历的光荣岁月。

根据郝建平书中的描述，李泮贻"高高的个子，戴着一副高度数的近视眼镜，谈吐不凡，举止儒雅"。被平调到省广之前，李泮贻是省外贸局办公室主任，爱学习、能写作，号称"外贸一支笔"。在郝建平眼里，李泮贻是一位学者型总经理，他在省广工作八年为省广后来的发展打下了非常重要的基础。

李泮贻是高级经济师，郝建平在广东省外经贸委职改办时，看过李泮贻申报高级经济师时提供的论文《现代广告公司的探讨》。

省广创办初期，广告公司的创立门槛不高，市面上广告公司多如牛毛，但能够为客户提供创意设计、品牌建设、市场把握、媒介投放效果评估等综合服务的全面代理广告公司更是凤毛麟角。而此时，国际上发达国家的大型广告公司都是全面代理公司。这是省广发展的方向。

为此，时任党委书记兼总经理的李泮贻牵头召开了全国现代广告研讨会，并首次提出"全面代理，总体策划"的广告理论。

李泮贻带领省广大胆尝试现代广告形式，先后争取到第六届全国体育运动会和亚洲游泳锦标赛的广告代理，在全国广告行业中引领了体育广告风气之先；并且按照全面代理公司的架构设置部门，建设了市场调查、创作、摄影、展览、模特、客户部门，朝着现代广告全面代理的方向杀出一条血路。

李泮贻也发现所有制对省广发展的掣肘，提出进行股份制改造的设想，并积极寻求与国际上大广告公司的合作。

当时，省广是100%的国有股份公司，利润要上缴省财政厅，每年仅有三十多万元结余资金。李泮贻觉得这种模式严重限制了省广的发展，于是安排当时的办公室主任储仪芬起草报告，如实反映省广的困难，希望省财政厅能给政策，变原来统收统配为保底承包——三年向省财政上缴100万元，留下部分利润用于公司经营，给省广的发展输血。这一申请几经周折终于征得同意，为省广的发展打下了良好的财务基础。

20世纪80年代末90年代初，省广拿到了很多大型户外广告的发布业务，公司经济效益显著，有了一定的资金盈余。随着省广的快速发展、人员扩张，办公环境非常窘迫。为了改善办公环境，在李泮贻主持下，省广将公司下属的印刷厂卖掉，筹资上千万元，与省地矿局合建办公大楼，这就是后来的金广大厦。

李泮贻离任时，金广大厦还在建设中。作为省广一位非常有开拓精神的领头人，李泮贻在20世纪90初，就描绘了省广成为现代广告公司的蓝图。李泮贻之后的几位继任者逐步实现甚至大大超越了李泮贻最初为省广规划的蓝图。

接任李泮贻的温卫平是广东紫金县人，20世纪60年代入伍，担任电台报务员，在军事大比武中表现优秀。温卫平还参加过援越抗美的战斗，经历了战场的生死考验后，以团职干部身份由原广州军区司令部转业到广东省外经贸委。

1993年，温卫平被上级派到省广担任总经理兼党委书记。温卫平对从机关下到外经贸系统的公司当总经理是有准备的,但对下到一家毫不起眼的广告公司完全没有思想准备。一开始,由于对广告公司业务不熟悉,温卫平满脑子都是外贸进出口业务,因为他觉得广告钱不好赚,广告公司应该多元化,但事实证明多元化不容易,投资回报差。这让温卫平重新认识了广告,深深觉得广告是朝阳产业,深耕细作必然取得经济、社会效益大丰收。

此后,温卫平开始聚焦到广告业,掀起了省广改革发展的巨浪,省广开始步入成立之后变化最大、进步最快的黄金十年。

温卫平胸怀大志,拒绝平庸,干什么事都要争取干好。当时全国有许多广告公司,各省皆有自己的"省广",都是中国广告协会的会员,其中北京和上海的广告公司实力最强。温卫平暗下决心要把省广办成一流公司,赢得尊重。

在第一次员工大会上,温卫平动员大家把工作高标准做好,要力争在外贸系统做到"三个第一",即员工收入第一、奖金第一、住房第一。大家报以热烈的掌声,但私下议论新来的温总挺能吹牛,基本没有往心里去。

几年后,省广成为广东省外贸系统的一匹黑马,"三个第一"的承诺全都兑现了,省广也成为北上广三个一线城市中发展最好的广告公司,上海广告公司也曾经率团到省广学习。

军人出身的温卫平到省广后倡导"军事化管理",培养员工雷厉风行、令行禁止的作风,也培育公司"亲情文化",如为大批业务骨干解决住房困难、分配向一线倾斜。让员工深受感动,死心塌地加班加点工作。温卫平十分清楚,专业人才是公司核心中的核心,他激励员工拼专业而不是去当官,公司给专家最高薪是对专家的尊重。因此,在省广拿最高薪的是顶级的策划、设计人才。

温卫平有强烈的危机意识。1994 年,他提出了三个"怎么办",给洋洋自得、满足现有成绩的省广中高层干部浇了一头冷水。省广于是进一步明确抓国内外大客户、为客户提供全方位服务的重要性,于是有了"春兰"电器、"本田汽车"等省广公司战略性客户的开发。

温卫平是一个执行力超强的实干家。关于改制，省广向上级申请了多年，却一直没有落地。在温卫平任上，省广终于成功改制，为此后的大发展奠定了最为关键的一步。

其实，2002年的改制涉及清产核资、章程设计、股份分配等众多环节，还要上报审批，要在职工大会上通过。其中涉及的利益关系盘根错节，稍有不慎就会满盘皆输。温卫平带领公司相关人员，秉承依法依规、公开透明、依靠群众、真金白银的原则，且争取到国家和省的优惠政策。股份分配比较敏感，温卫平就要求省广张榜公布、全程公示；没有搞什么期权、干股，所有人都要交现金购买，一视同仁。

当时省广300多名员工、40多名领导骨干，最终100名员工入股。当时，省广可以全部由员工买断、让省广彻底私有化。但温卫平觉得全私有也不好，最终形成了民营股份与国有股份7∶3的股份格局。混改后，省广章程体现倾向一线、多劳多得的原则，规定岗位股占70%，职务占30%。

温卫平执掌省广10年，省广一跃成为本土广告公司的扛旗者。

接任温卫平的戴书华是湖南常德人，在省广工作二十多年，先后出任人事部经理、出口部经理、副总经理等，2005年担任省广股份董事长。

戴书华的特点是低调务实，善于学习，强于沟通。

戴书华20世纪70年代参军，也是以团职干部转业进入省广公司的，刚到省广的时候就是一个普通业务员。跟着毕业不久的大学生学习广告业务，称李敬东和詹华水老师，戴书华没有觉得难堪，老老实实地学。

后来，戴书华任省广人事部经理，但他觉得没有挑战，要求去业务部门背指标。戴书华把出口广告部经营得很好，还开拓了一系列战略性客户，尤其是户外广告实现了大的突破。比如，位于广州天河体育中心的四个立柱广告位十分抢手，收获超额利润，对公司发展贡献显著。

郝建平在《商海军魂》一书中回忆："我刚到省广担任副总经理的时候，有一次同戴书华同乘一辆车行驶在广州市区，戴书华认真观察车窗外的建筑，评价哪里适合做平面广告，哪里适合做霓虹灯广告，十分投入。就这样，戴书华逐渐从转业军人成为广告业的行家里手，走上公司一把手的位置。"郝建平认为，戴书华善于依靠集体智慧，团结和发挥整个班子的力量，推动公司的持续发展。

省广在大股东广新集团支持下寻求上市，戴书华带领公司上市筹备团队，与各方做了大量沟通工作。天时、地利、人和促成了省广最终上市。上市成为省广发展历史上的重要里程碑。

陈钿隆一直说，省广的发展历史，就是几代省广人持续奋斗的历史。

在本书作者看来，省广的发展历史，也是历任省广领头人接力拼搏，企业家精神代代传承的历史。

李泮贻总经理绘制了省广的发展蓝图，打下了业务转型的基础；

温卫平总经理大刀阔斧地改革、落实了省广改制，让省广公司焕发出巨大的活力；

戴书华董事长审时度势，引领公司成功上市，实现了省广在公开资本市场上的惊险一跃……

陈钿隆董事长则开启了省广平台化、数字化、国际化发展的新征程。

他带领公司管理团队，通过实施平台战略，实现了全营销产业链的布局，为员工提供了创业、创新、创富的梦想舞台；以大数据为核心驱动力，成功打造"数字新省广"，数字业务占比跃升至近80%，为建设行业链主企业奠定了坚实的基础；通过与博报堂、汉威士等多个世界级广告集团战略合作，不仅加筑了省广的竞争壁垒，更完善了全球市场的服务能力，帮助更多中国品牌实现国际化，助力国家形象和文化传扬海外。

在省广管理团队不断地努力与推动下，2016年省广成为首家荣登《财富》中国500强的营销集团，2018年获颁行业唯一的"全国五一劳动奖状"，连续多年荣获中国本土广告公司第一等荣誉。

◎ 荣获行业唯一"全国五一劳动奖状"

🔴 红色基因与将军梦

在本书的采访过程中，陈钿隆的个人经历和企业家精神给人留下的印象非常深刻，从交谈中得知陈钿隆的父亲是广东潮州地方游击队的队员，为当地的解放事业做出了重要贡献。新中国成立后，受父亲的影响，他最大的愿望就是当兵、当将军。过春节的时候，陈钿隆的妈妈都会做一身新衣服，陈钿隆要求一定要做绿色的军装，穿上新做的军装，总是无比兴奋、无比自豪。上初中以后，他要求妈妈过年给他做新衣服的时候，一定要做4个口袋。因为他知道，有了4个口袋就是将军的军服了。当穿上有4个口袋的军装的时候，他总是站得笔直。

由于个子不算太高，陈钿隆任何时候都是挺直腰杆、站得笔直，他的肩膀比常人宽很多，当他站得笔直的时候，显得高大很多。那个样子非常像一个指挥千军万马的将军。因此从小学、初中到高中，甚至到大学，在一群同学中间，陈钿隆都是一个特殊的存在，同校的很多同学可能都不知道他的名字，但都知道这个人外号"将军"。

由于各种原因，陈钿隆没有圆当兵梦。不过，当将军的这一梦想他从未忘记。这一梦想始终伴随着他。"不想当将军的士兵不是好士兵"一直是陈钿隆的座右铭。

进入省广后，陈钿隆从普通业务员做起，一步一个脚印成长为公司高管。省广的中高层管理团队都是从基层成长起来的，他们都有一个远大的梦想——助力中国品牌做大做强、走向世界！

30多年后，当陈钿隆以省广集团董事长的身份，指挥着四五千名员工驰骋在中国广告产业、披荆斩棘、所向披靡的时候，或许他的这一将军梦终于实现了。

陈钿隆的父亲那时是广州某工厂的书记，父亲对家人要求非常严格，母亲只能在工厂当临时工，每天工资只有8角。陈钿隆的第一份工作是工厂最苦最累的炼钢工人，这是非常艰苦的工种，干很重很累的活。16岁的陈钿隆以稚嫩的肩膀扛起了工作的重担。不过，这段时间的艰苦工作，锻炼了他吃苦耐劳、勤奋刻苦的精神。

其间，陈钿隆开始补习功课，准备成人高考。每天，他都要骑一个多钟头的单车到市区的补习班上课。

有心人，天不负。陈钿隆终于如愿以偿考上了大学，专业是经济管理。

大学毕业后，他又回到了原来的工厂，先后任职团委书记等管理工作。虽然不用再去车间当工人，待遇好点了，他却萌发了辞职的念头。

此时，中国的改革开放正如火如荼地进行，神州大地处处生机勃勃、万物萌动。一些头脑灵活，或者不甘于在国有企业混日子的人开始主动脱离陈旧的体制、纷纷"下海"。

当时，因为省广正在开拓国内广告业务，时任省广的副总经理陈朝仁推荐陈钿隆到省广做国内广告业务，面试陈钿隆的是时任出口广告部经理的李崇宇。

陈钿隆向原来的工厂提出辞职的时候，被要求支付2000元的培养费用。等他正式去办理辞职手续的时候，涨价到了4000元。那个时候，4000元算是一笔不小的费用了。去意已决的陈钿隆靠哥哥的帮助才"赎回"了自由身。

1988年3月8日，陈钿隆入职了广东省广告公司，成了一名普通的广告业务员。

● 将艰苦奋斗精神传承下去

当时，陈钿隆对广告基本没有什么概念，以为广告就是画画。他曾问自己："我又不会画画，去广告公司能做什么？"

此时，省广做的广告业务主要是进出口广告，更像是一个媒介代理，外资广告公司把菲林（胶片）、录像带、录音带做好，拿给省广去投放。广告形式也比较单一，到处都是路牌广告，很多都是手绘的。还有闪闪发光的霓虹灯，省广最多的时候在广州有108个广告牌，还有56个霓虹灯。

初到省广的陈钿隆央求亲戚做了一版广交会会刊广告，收回了4000元。这是他到省广后成交的第一单业务。

之后，陈钿隆跟着师傅陈锦璋每天骑着一辆摩托车，斜背着装有厚厚宣传资料的帆布包，满广州去谈客户。当时广州有大量泥土路，汽车一过，尘土飞扬。在外跑一天，回来后满身尘土，鼻孔里都是黑色的。柏油路倒是尘土比较少，很适合摩托车行驶。但一到夏天，柏油路被暴晒后软化，会将车胎和鞋子粘住，因此吃了很多苦头，鞋底经常粘了厚厚一层柏油。

1988年4月，第三届亚洲游泳锦标赛将在广州举行。紧接着，省广承接了广东欢乐节项目的招商工作，陈钿隆被派往湛江寻找赞助企业。

当时广州到湛江还没有高速公路。坐了一天大巴，终于在颠簸中到了湛江。住进招待所之后，陈钿隆通过黄页查当地企业的电话、地址，然后乘坐载客的摩托车挨个上门拜访。其他几家企业的拜访相对比较顺利，到了湛江卷烟厂却遇到了麻烦。

连续两天，当陈钿隆辛辛苦苦赶到湛江卷烟厂的时候，大门口的保安都说领导在外开会，他被拦到了大门外。第三天，他又去了。也许是陈钿隆的执着感动了保安，保安告诉他，领导在厂里开会，于是他就在保安室等。五六个小时过去了，那位领导终于从办公楼出来了，从保安那里确认了领导的身份后，陈钿隆马上迎了上去。或许是这位领导当天心情非常不好，当他心不在焉地听了赞助方案之后，突然暴躁起来，命令保安把陈钿隆关起来，稀里糊涂地被关到保安室几个小时，一直到天黑后，才被放出去。或许是怕陈钿隆不是真的离开，保安还把一只大狗放出来追着咬。

在走回招待所的路上，委屈、失落、沮丧一起袭来，年轻的陈钿隆感觉到一股股苦涩的液体流到了嘴巴里，他不知道是雨水还是泪水。

这个场景显然在陈钿隆的记忆里留下了深刻印象。30多年后，每当他回忆起那个场景，依然感觉清晰而深刻。陈钿隆显然是一个不会罢休的人，回到广州后，还是通过各种方法，将湛江卷烟厂的赞助拉到了，当然这是后话了。

湛江之行结束后，陈钿隆坐着大巴从湛江回广州。上车后他告诉售票员，他还没有决定要去的地方，到下车的地方再买票。在大巴车上，陈钿隆一直盯着窗外，他不是在看风景，而是在观察路两边的企业。很多企业的厂房都建在公路两边，如果看到规模稍微大一点、可能是一个潜在客户的企业，就立即买票下车，背着资料、带着行李去拜访。

就这样，从湛江到鹤山到顺德、广州，他沿途陌生拜访了很多企业。这里面有一些后来成了全国乃至全世界都知名的企业，比如美的、万家乐、格兰仕等。

这种通过陌生拜访开发客户的方式，对于新入行、没有什么背景的一线业务员来说，在当时是最直接最有效，也是不得已的方法。这样的陌生拜访，更多时候遭遇的是白眼、拒绝，或者石沉大海，但陈钿隆还是做成了几单广告，也逐步在省广站稳了脚跟。

由于有多年基层业务员的工作经历，陈钿隆特别能理解一线员工的苦楚。他经常说："开发客户的酸甜苦辣，只有一线业务员才最清楚，客户真的来之不易，要倍加珍惜！"

入行初期这种历练,对陈钿隆的成长还是非常有帮助的——锻炼了吃苦耐劳的韧劲,咬定青山不放松的精神。

在省广,像这样艰苦创业、在一线开拓客户的省广前辈很多很多。正是这批不怕困难、挑战困难、克服困难的创业者,支撑起了省广早期的发展根基。如今,当中有很多人已经从省广退休了。而今,随着市场的变化、技术的演进,开发客户的方式也发生了重大改变,陌生拜访已经过时。但这种艰苦创业的精神、坚韧不拔的毅力、坚持到底的干劲永远不会过时。

因此,当陈钿隆成为省广的管理层之后,经常给新员工分享老一辈省广人开发客户的故事,他希望年轻一代继承老一辈艰苦创业的精神,将奋斗精神永远传承下去。他归纳说,开发客户就要胆大,心细,脚勤,脸皮厚,要有韧性,咬定青山不放松,把不可能变为可能的精神。当然,客户成交以后,就是一个信任问题、责任问题了,必须服务好,让客户满意。

企业家创造的两种财富

我一直认为,企业家创造了两种财富,一是有形的物质财富,二是更大的一笔财富——那就是文化、理念等精神财富。

从物质财富的角度看,省广给社会留下的物质财富,无论是几十亿还是上百亿,都是可以估算的。但从企业文化、经营管理理念,企业家精神等精神财富的角度看,其影响将无限深远,其对社会、对创业者、对企业家的启迪、鼓舞将是巨大的。

2017年9月25日,《中共中央、国务院关于营造企业家健康成长环境弘扬优秀企业家精神更好发挥企业家作用的意见》正式公布。此次文件公布的优秀企业家精神包括:

爱国敬业、遵纪守法、艰苦奋斗的精神;

创新发展、专注品质、追求卓越的精神;

履行责任、敢于担当、服务社会的精神。

2020年7月21日,国家领导人在京主持召开企业家座谈会并发表重要讲话指出,要千方百计把市场主体保护好,激发市场主体活力,弘扬企业家精神,推动企业发挥更大作用实现更大发展,为经济发展积蓄基本力量。

认真研究省广的成就,我们可以在省广管理团队身上发现明显的中国企业家精神特质。这些精神特质也是省广巨大的财富——精神财富。

◎ 举办广州国际品牌节 共促行业发展

◎ 联合粤港澳三地 筹建粤港澳大湾区品牌联盟

● 以公司为家的亲情文化

正如塞缪尔·厄尔曼所言，一个人青春与否取决于心境，与年龄无关。在平均年纪仅仅29岁的省广团队里，陈钿隆自嘲是"老人"。但省广年轻人，都感觉不到与他有什么年龄隔阂、代沟。

陈钿隆认为咖啡的香味是属于创意人的味道，从金广大厦到琶洲大楼，他都要求要有咖啡厅，利用咖啡厅的空间，能够与年轻人有更多的沟通。沉浸在这样的环境里，他很幸福很满足。在省广工作了几十年，省广就是陈钿隆的另一个"家"，他就如同省广的一个大家长，关心着每一个成员。

省广团委书记刘真介绍，有很多新员工只身一人不远千里来到广州工作，远离熟悉的环境、温暖的家庭，工作压力又大，容易有不安全感。即使工作了几年，由于是在一线城市里工作生活，面临沉重的房贷、养育孩子等负担，压力巨大。在这种情况下，省广不断尝试，努力给大家营造家的氛围，把员工们家人看待，最大限度地让员工感觉到公司给予的温暖。

省广通过购买自有写字楼，打造国际化的会议中心、咖啡厅和员工食堂，提供更好的环境和工作氛围，为员工打造集学习、工作和生活于一体的幸福家园，激发创业激情。针对省广年轻人比较多的现状，公司还经常组织大家开展年轻人喜欢的业余活动，如组团打王者荣耀等电竞项目、玩剧本杀、密室逃脱等广受年轻人喜欢的游戏。还针对未婚青年比较多的问题，组织相亲活动，让大家争取事业与爱情双丰收。将公司当家、把员工当成家人，是省广文化的重要内容之一。

稻盛和夫也倡导在企业内部构建"大家庭主义"。在东方传统的家庭中，父母疼爱子女，子女体谅父母，家庭成员之间相互关爱，一家人共同为了整个家庭的繁荣而齐心协力。受此启发，稻盛和夫决定，要让企业也能够像家庭一样，经营者和员工之间不再是彼此对立的关系，而是像亲人一般互相帮助、互相鼓励，同甘共苦。

而在企业中，如果经营者与员工之间能够结成如同家庭成员一样的和睦关系，那么经营者就自然会对企业员工的立场和应有的权利表示足够的尊重,企业员工也同样会为了企业的利益而付出不懈的努力。

稻盛和夫把这样一种劳资关系称为"大家庭主义",并将其确立为最基本的企业经营理念——一种超越劳资立场差异的共同经营理念。

优秀的企业,优秀的企业家总是类似的。

● 老人是指不学新东西的人

陈钿隆保持旺盛的工作活力、与年轻人同频的心理,除了心态之外,还有一个重要因素——学习力。

福特汽车创始人亨利·福特说:老人不是指年纪大的人,而是指不学新东西的人。有人正年轻,但已经老了。

陈钿隆尽管大学学习的是企业管理,到省广工作之后,主要负责的是营销工作,但对广告创意行业的认知非常深刻。这源于他的求知欲和学习能力。

来省广之前,陈钿隆并没有接受过系统的西方管理学教育。但是,随着在省广不断前行,他始终坚持探索管理的精髓,领悟和形成了省广的管理理念,很多经营管理理念与当代世界最主流最先进的管理思想、经营理念非常接近。

◎ 中国最佳商业领袖奖年度中国创新人物

或许也正因如此，在翻看陈钿隆的经历时，可以看到诸如：福布斯中国上市公司最佳CEO、中国最佳商业领袖奖年度中国创新人物、广告行业30年特别贡献奖、中国广告品牌贡献人物、中国当代杰出广告人、中国广告40年十大风云广告人物等各种重量级荣誉。这些显赫的名头，既是对陈钿隆本人管理能力和其对行业贡献的赞誉，更是对全体省广人、省广发展成绩的肯定。

省广是一个有着四十多年发展历史、有着优秀文化积淀的企业，几代省广领导团队前赴后继、不畏艰险的创新精神，给省广的管理团队打下了坚实的物质基础和文化基础、品牌基础、业务基础、人才基础。站在前几任省广人的肩膀上，在新一代省广团队集体奋斗和创新能力加持下，省广才真正进入了一个新的发展阶段。

通过研究省广的经营管理理念，我们发现，在很多理念和做法上，省广与华为也有很多相似之处。

这说明，不论中西、不论南北、不论行业，企业经营管理的理念都是相通的。

有人将这种先进的经营管理理念归结为"莫名的天赋"，这当然属于一种文学化

的描述。从管理学的角度分析,这样的经营管理理念,应该主要来自三个方面:

一是勤奋好学。

二是悟性高。所谓悟性就是对新事物的接受、理解能力、再输出能力强。当然,这种"新"是相对的,凡是对公司经营发展有帮助,而公司尚未实施的就是"新"的。

三是省广的实践。俗话说,实践出真知。陈钿隆在省广30多年的实践,其实也是一个不断探索、总结、校正省广的发展模式、管理模式的过程,在这种实践过程中,不断地总结、提炼。某种意义上看,这种实践对省广经营管理理念的形成所起的作用可能更大。

周华健演唱的《忘忧草》开头是这样的歌词:

让软弱的我们懂得残忍

狠狠面对人生每次寒冷

《忘忧草》后面又唱:

来来往往的你我与他

相识不如相望淡淡一笑

忘忧草 忘了就好 梦里知多少

某天涯海角 某个小岛

某年某月某日某一次拥抱

青青河畔草

静静等天荒地老

这几句歌词表达的情感之一就是阅尽千帆,历经沧桑以后的平静、淡泊,可谓任凭风吹雨打,我自岿然不动。这种内心的宁静、淡然,是陈钿隆历经省广成长、曲折之后的心态,更是他面对省广显赫成就的宠辱不惊。

任正非也曾经说,"我希望大家都把我忘了,不要把我记着。你把记我的时间学点科学技术,做点贡献,想我一个糟老头干什么?……年轻人要轻装前进,不需要谁记着我，我最大的理想是上街喝咖啡，谁也不认识我……以后我老了，满脸皱纹，戴着帽子、拄个拐杖出去喝咖啡，没人认出来，这就是我最大的幸福，重新看看美丽的祖国。我不希望大家记得我，大家忘了我"。

曾经，省广人想众筹一部反映广告人生活的电影。陈钿隆想在其中扮演一个看门老头——广告业的看门人。这是陈钿隆的真实心态。为省广奋斗34年，全凭对于广告行业的情怀与热爱，无论艰难困苦，还是鲜花与掌声；无论一帆风顺，还是艰难的岁月，都坦然面对，心如止水。

◎ 中国广告40年风云人物

第十一章 | 代代传承的企业家精神

◎ 中国广告协会领导班子合影

🌢 时刻保持忧患意识

著名未来学家彼得·伊利亚德说："今天我们如果不生活在未来，那么未来我们将生活在过去。"对于企业来说，这句话同样适用。一家企业如果不关注未来，那么，一定会被未来抛弃。

在这个变化越来越快、颠覆性创新越来越多，不确定性越来越强的时代里，身为中国广告营销产业的扛旗者，省广也面临诸多挑战。当然，就企业的经营管理来说，挑战无处不在、无时不在。面临挑战就是企业经营的常态。

义利合一是基业长青之道；知行合一是个人解放之道。

陈钿隆一直有深刻的忧患意识，他曾在省广的大会上指出，随着移动互联网浪潮的到来，市场环境更加复杂多变，产业发展的生态体系正在面临重构，客户需求也更加多元化、数字化，这对省广原有的业务形态和商业模式都带来了巨大的挑战。省广如果继续满足于担当中介、代理角色，将面临被客户边缘化和去中介化的危机！

省广的转型很大程度上来自高层的危机意识。

"省广必须基于自身的特点，突破传统的思维模式，升维思考、降维打击，构建一种全新的商业模式，推动省广的数字化再造，帮助我们摆脱低层次、同质化的市场竞争，实现新一轮的转型升级，让省广这一面中国广告业的旗帜，继续迎风飘扬！这不仅仅是省广作为行业龙头的天然使命，更是省广作为混合所有制改革标杆的政治责任与社会责任！"陈钿隆说。

显然，省广要行稳致远，至少要解决两方面的问题——业务层面，如何适应时代的发展，向数字化省广转型，更好地服务客户，为客户提供增值服务；内部管理层面，如何持续激发员工们的创造力，让公司时刻保持高涨的创业激情。前者属于公司层面的技术提升，其主要实现的工具是"电脑"；后者属于公司层面的机制提升，其主要实现的工具就是管理体制、所有制体制等的改革。

因此，如何实现"电脑""人脑"同步升级，就成为省广未来持续发展的核心。

第十二章
构建激励新模式新机制

第一节： 挑战与机遇并存的未来之路

广告行业被誉为经济发展的晴雨表，当前经济的持续下行对于省广以及整个中国广告业而言都有着很大的影响。

对于很多广告公司来说，原有的传统业务正在触及天花板，互联网媒体平台的跨界竞争，也在不断压缩着广告营销企业的利润空间，加剧了管道化和边缘化的趋势。对于省广而言，压力也不小，省广不仅要刮骨疗伤，还要艰难地跨越市场的"冰山"和转型的"火山"。

近年来，省广一直在探讨商业模式转型。其中一个重要途径就是加大对技术研发的投入，进行数字化转型。省广先后在数字化研发领域投入近10亿元，可谓中国广告界在这方面投入最大的公司。

IBM商业价值研究院的调研表明，从2017年起，受访组织开始越来越重视技术平台，在这方面的投资增加了84%。投资水平持续加速，对这些投资的预期回报也水涨船高。受访高管预计，到2023年，收入的近6%将投资于技术平台，预计能够从中获得近12%的回报。

显然，省广在数字领域的投资是相对超前的，这显示出省广管理层对产业趋势方向的把握非常准确。按照IBM商业价值研究院的调研，省广的大手笔投入，其收益也是可期的，对省广的转型具有重要意义。

此外，面对近年来火爆的直播电商等社会化营销业务，省广也进行了尝试。

目前直播电商主要是内容电商、兴趣电商。省广在部门层面有的是做传统企业直播，有的是新消费品牌的直播。省广一直在探索新业务模型，进行社会化营销、达人营销、种草等。但直播电商目前也存在很多问题，因为退换货比例很高，有的行业退货率高达60%；而平台的费用也很高，导致直播企业自己很难赚钱。杨远征表示，对于直播电商，省广"看长期不看眼下"，将来直播就是一个正常销售途径，不可能一下子爆发。因此，对于直播电商等新业务，省广会稳健推进、不缺席，但不会那么激进，这就是省广的风格。

企业经营，管理要科学化，思维要现代化，经营要规模化，战略要国际化，否则就会"消化不良"。

很多中国企业管理不当，在于其流程和决策机制的规划基础是权力，而不是员工价值与客户价值。企业应该从传统的中央集权制转变成员工导向、客户导向、市场导向。在企业内部，从单纯的业绩导向、压榨惩罚式地对待员工，要转变成真正的人性化管理，让员工得到应有的尊重，激发他们的潜能，实现从过去简单地要他干，转变成他要干。这种转变的核心是企业员工角色的转变。

传统企业组织里的员工是打工者，而陈钿隆希望省广企业的组织里员工是经营者。一个员工，如果以打工者的心态工作，可能永远是打工者，这辜负了自己，也辜负了企业。如果他以经营者的心态工作，他就能成为企业的经营者、企业的老板，从而成长了自己，发展了企业。

为此，省广进行了很多尝试，比如股权激励……

第二节： 加速构建新时代的商业模式

为充分调动公司管理人员及核心骨干的积极性与使命感，确保省广战略目标的实现和未来的持续快速发展，2015年11月6日，省广正式向公司股权激励计划所涉及的核心骨干，授予合计903.3万份的股票期权。这标志着，省广展开了股权激励的探索，是一次破冰之举。

自2015年实施平台战略以来，打造共赢价值平台，创新价值分配体系，激活全员创造力成为省广的重要战略。省广的股权激励具有"大激励，广覆盖，年轻化"三大特点。

"我们要激励的不是少数一部分人，而是全员的创造力。在省广的平台上，只要是人才，就有发展的机会。"陈钿隆说。

此次期权激励计划，80后、90后的年轻力量占到了总数的60%，一批优秀的90后的小鲜肉们进入了期权激励名单。这充分地体现了省广依然是一个朝气蓬勃、正处在高速成长中的公司。省广骨干的年轻化，让人们看到了省广的无限未来。

陈钿隆说："期权的意义不是过去，也不是现在，而是未来！只有公司快速发展，业绩持续增长，期权才有价值。我们一定要实现个人发展与省广发展的神同步"！

他表示，省广未来将坚定不移地走转型升级之路，努力成为广告营销产业链链主企业。为此，省广必须推动战略大升级，实现个人发展和省广发展的神同步，全员要做到三个共同：共同的利益，共同的方向，共同的价值观。

共同的利益

共同利益是所有出发点的基础，打造利益共同体，不仅是平台战略的重要精神，也是省广未来坚定不移的战略原则。期权激励就是为了实现公司发展和个人发展的利益共同化，进一步打造省广全员的利益共同体。

陈钿隆表示，未来省广继续创新，将不断完善合伙人制度，股权众筹制度，股权激励计划，员工持股计划等价值分配体系。

共同的方向

平台战略的实施，激发了全员的活力，也充分调动了员工的积极性。但是陈钿隆也看到了面临的问题：员工有积极性、想做事，却没有方向；有创造力、有资源，却不知道怎么对接平台。陈钿隆指出，省广的一切创新还是应该回到业务发展上来，回到为客户创造价值的本质，回到打造国际化营销集团的愿景。

他呼吁，省广人必须顺应营销产业大发展的大趋势，方向一致地共同推动数字化全营销业务的发展，重塑省广全新的核心竞争力，为省广赢得客户的信任，行业的尊敬。既有发展空间，又有资源和实力，这才能真正地发挥大平台的价值！

共同的价值观

"今天省广依然是个充满创新活力，充满变革勇气的年轻公司。省广将再一次自我创新，进行战略升级，全力地奔向大数据营销时代，而不是跟随传统的广告行业一起老去。"

"各位未来的股东们，省广的精英们：未来省广发展的主题，就是要以共同的利益保障全员向共同的方向迈进，去践行共同的价值观！共同实现省广国际化营销集团的伟大愿景！"陈钿隆向省广全体同人发出了这样的呼吁。

宏大的理想让人振奋、清晰的目标让人激动，省广人群情激昂，斗志焕发！

但最终因为在资本市场上的不可控的因素，本次激励的实施受到了影响，但省广管理团队从未放弃。

第三节： 势在必行地再绑定再激励

任正非有着强烈的危机意识，他一直告诫华为人，"华为的冬天要来了""华为只能活 21 天"。

省广的管理层同样也有着深深的危机意识。陈钿隆说："省广的改革创新还在路上，转型升级还在路上，其实我充满危机感。"

陈钿隆所说的危机是指面对迅速变化的市场，日新月异的技术，不断涌现的行业"搅局者"，让省广面临着很大的发展压力。时代的变化太快，消费者的消费偏好也在不断更新，省广面临越来越多的不确定因素。此外，随着省广产业版图的扩张、成员企业的持续增加，如何加强全平台资源的整合，提高协同发展效应，重塑省广在互联网时代的核心竞争力，将是省广制胜未来的关键。

陈钿隆的危机感，来自对省广的深沉的爱。他已经在省广工作了 34 年，几乎将毕生时间和精力都贡献给了省广。

为了进一步提升对消费者的洞察能力，省广全面发力大数据领域，建设世界领先的大数据系统；同时，借助平台战略这种互联网的思维模式，打造一个可以实现多方共赢的大数据联盟，吸引更多的优秀大数据公司聚合到省广的平台之中，共同挖掘客户更多的营销需求，让每一个平台的参与方都能获得丰厚的价值回报。通过大数据这种核心的头脑能力，连接各业务单元，形成统一、高效的营销方法论与技术工具，驱动全营销业务的协同发展，进一步提升省广的盈利能力。

面对行业发展的机遇与挑战，省广工作的总基调是"行稳致远、稳中求进，不贪功冒进，但也绝不裹足不前"。

"我们将继续深化改革创新，持续推动省广数字生态平台建设，巩固存量、开拓增量，为每一位省广员工不断创造更大的发展空间，共同推动省广这艘广告业航母行稳致远、乘风破浪。让我们共同用坚定面对不确定，以探知战胜不可知！"陈钿隆对全体省广人说。

战略方向与业务层面之外，陈钿隆还必须解决"人"本身的问题。在以人为中心的信息时代，人才是最核心的生产力，也是连接价值的核心。

此外，省广也面临日益严峻的外部压力；在人力资源层面，省广也面临诸多新的挑战。移动互联网时代，不断兴起的移动互联网新贵，或者创业公司，以高薪挖人，导致省广员工流失。

省广必须考虑如何将公司的长期利益与核心员工绑定，让骨干员工共享公司发展的红利。

再者，90后、00后越来越多，将逐步成为公司主要员工群体，这部分员工追求个性和自我价值的实现，如何留住这批员工？

比尔·盖茨曾经说过：激励不难，难的是持续激励。激励机制是破除省广潜在危机的重要和必要举措。

陈钿隆很清楚，对于核心人才，每年涨点工资，已经无法留住了。必须对核心人才进行深度绑定，让核心人才分享企业成长的成果，当然，对于很多核心人才来说，还有一个重要的诉求——身份认同，希望自己不只是一个打工人的角色。省广要改变核心人才的角色和身份。显然，激励机制问题才是最核心的问题。

省广新一轮转型升级，充分融合了互联网思维，全面激发人才的创造性和积极性，将公司由一个传统企业改造为孵化平台，实现企业平台化、员工创客化、服务个性化，利用无限的增量带动价值链各环节的全面升级。

省广希望通过全新的创业激励模式，更加深度地绑定这些人才与资源，让他们为平台的发展，贡献源源不断的创新力量。

但是，就激励机制来说，可能依旧面临一些挑战。

第四节："奋进共生"的合伙人计划

近年来，国家提倡共同富裕、"混合所有制"，这给省广再次启动股权激励带来了更宽松的宏观环境和良好机遇。

实现共同富裕的前提是要有更多财富可以分配，而财富不是从天上掉下来的，要靠劳动、靠智慧让省广进一步发展、通过发展积累财富，也就是说，核心人才分配更多的是财富的增量，但增量从何而来？需要合适的人才创造出来，这就需要激发人才的创造力。创造力不能充分激发，财富创造就会出现问题。

另外，财富创造出来后，要让创造财富的人获得更多的财富，也就是其贡献与回报相对等，如果财富的创造者们无法得到相应的回报，其创造热情也会逐步减弱，最终导致大家都很平庸、吃大锅饭的局面。

所以，这里面要解决两个问题，一是激励机制问题，要有合适的长期激励机制，能在相当长的时间段内留住人才、让人才发挥创造力；二是分配机制问题，要让财富创造者在分配的时候不吃亏，也就是说分配具有公平性。

省广国有背景是一种优势，但在某些时候也是一种劣势，比如在激励机制的制定上，纯粹的民营企业、没有国有股份的上市公司，其制定激励机制的审批流程相对比较简单。但对于有国有股份的上市公司来说，省广的股权激励制度，必须通过国有的审批程序。但是，由于市场竞争变化很快，比如某些外资同行、民营企业同行开出的薪酬待遇很高、给出的股份比例也很有诱惑力，省广如果要与之比较，就必须拿出比较有市场竞争力的薪酬和股份激励，这就让省广在市场竞争中相对被动。

尽管机制改革面临诸多困难，但陈钿隆觉得还是有突破的可能的。

在作者看来，这种突破很大程度上取决于政策的开放度。

省广现任领导团队也在不断寻求突破。

2020年1月，在给上级的汇报材料中，陈钿隆提出：省广在发展的过程中，面临一些困难，省广是一家以人才为核心的轻资产企业，人才是公司最宝贵的财富，也是在激烈的市场竞争力立于不败之地的唯一法宝。由于国有控股上市公司，在人才激励方面存在着诸多限制，致使无法有效留住核心骨干，激活优秀人才的创造性和创新力。

作为国有背景的上市公司，省广受到的监管是双重的，必须遵守上市公司的规范，还有国有企业的有关政策、规定等。在激励相关的实际操作中，国有企业的政策经常被一刀切，从严处理。这在很大程度上，给国有背景上市公司的激励带来了一些阻碍。

省广在给大股东的报告中写道："所以，我们希望上级能够在允许的范围内，最大限度放宽政策约束，使我们能够充分利用政策的灵活性，留住人才、激励人才，从而确保省广未来的持续稳健发展。省广所取得的成绩，离不开国家政策的扶持，更离不开上级的支持与信任！我们有信心，有能力，做好各项工作，将省广打造成为国际化营销集团，进一步推动国有资产的有力增值！"

省广自身谋求变革的努力，与主管部门、上级单位、大股东的支持密不可分。作为国有相对控股，但又处于充分竞争行业的企业，省广的改革必须符合国家对国有企业的规范、又要符合市场规律。但由于对政策理解的差异，省广基于市场的改革，遭遇了现实的难题。

由于长期激励问题迟迟无法得到解决，一些骨干员工先后离开了省广。省广的人才战略也难以完全落地。

要解决这些问题，不但需要制度创新，更需要解放思想。毕竟，作为改革开放的先行者，广东一直是思想最开放、改革最彻底、做事最踏实、方法最灵活的地方。

在这个过程中，省广的大股东广新集团领导对省广开展激励工作给予了支持和帮助。省广这种中长期激励，再绑定、再激励、再出发的共生理念，也是对广新集团"奋进共生"企业文化的积极响应。

陈钿隆说："我相信，如果没有体制与机制的创新，就无法全面激活省广的发展活力，更无法实现这历次的转型升级，成就省广今天的辉煌与荣耀。我相信省广的再次创新，会得到各方面的大力支持。"

某种意义上看，省广自身的努力决定了省广未来发展的速度；而政策的开放度决定了省广未来发展的长度和高度。

后记

省广的样本意义

千年一遇的时代，百年一遇的产业，十年一遇的人才。

在省广成立之初，全国19家省级广告公司所处的宏观环境、产业迭代背景、中国广告产业的发展历程都是一样的，为什么唯有广东省广告公司生存下来，而且成了行业龙头？

这说明，在大的宏观环境、产业环境等相同要素之外，19家省级广告公司各自肯定还有一些非常不同的关键因素。其一就是19家省级广告公司所处的地域环境不同，位于广州的广东省广告公司，得改革开放风气之先，借进出口贸易之便，这是另外18家，尤其是内地广告公司不具备的地理优势。但这并非最最关键的因素，因为位居上海的上海广告公司，位居北京的北京广告公司，其实在地理位置上，比广东省广告公司更有优势，比如，诸多跨国公司的总部不是设在上海就是设立在北京。如宝洁那样将亚太地区总部，甚至中国总部设立在广州的并不多，而广告投放基本上需要总部审批。因此，上海与北京的广告公司在承接跨国公司业务上具有天然优势。这说明，地理位置也并非省广异军突起、笑到最后的关键因素。

那么，关键因素到底是什么？

我们觉得唯一可以合理解释的关键因素就是——人，是省广的经营管理团队，是经营管理团队的价值观、经营管理理念、合适的机制，以及领导团队的担当、责任意识，当然还有在此基础之上形成的企业文化、方法和路径。

合适的人才在适当的大环境，在配套的区域经济、高速发展的行业，以及优秀的团队中才能发挥作用，形成团队能力。

当然，时代的机遇、产业的兴衰、区域经济的变革可遇不可求，唯有创新，唯有不断提升自己才是永恒的。

省广管理团队的创新意识、危机意识、家国意识、共赢意识让省广实现了可持续发展，一路飘红。

省广，行稳致远、未来可期……

近20年来，我们一直在研究和记录中国本土企业的成长案例。省广是我们研究的第一家广告创意类企业。作为中国广告产业的扛旗者，省广无疑是这个领域最具代表性的企业。在七八个月的深入研究中，我们深刻地认识到，省广作为中国广告产业的扛旗者可谓实至名归。

我一直认为，本书不是我们几个作者团队的作品，而是全体省广人，尤其是省广管理层的共同作品。全体省广人努力奋斗，才造就了今天的省广。正是因为省广的杰出，全体省广人的杰出，才可能有本书的核心内容，而我们不过是对庞杂的内容进行了梳理而已。

省广是一家有着辉煌历史、与中国改革开放进程同步的国有背景的上市广告公司。省广人的红色基因、家国情怀，无处不在，这奠定了省广1979年之后的发展基础。

我们相信，在全体省广人的共同拼搏下，省广必将成为一家可以载入中国广告业发展历史、影响中国广告产业发展进程的伟大企业！

由于水平有限，我们的解读和研究肯定存在一些纰漏、错误，恳请广大读者、省广的领导们、全体省广人批评指正。

近20年来，我们一直致力于中国企业家经营管理智慧的研究，其中，我们持续研究了华为公司与任正非20年，先后出版了20多本华为与任正非题材的图书。省广给我们提供了又一个非常难得的案例。

我们希望能发现更多优秀企业，研究更多优秀企业家的经营管理理念，不断丰富中国企业家的思想宝库。我们将把研究成果以图书、音频课程、MBA/EMBA 案例等多种方式、多种语言呈现出来，并传播到全国乃至世界各地。

欢迎企业家们与我们沟通。我们的联系方式如下：

电话、微信：15013869070

邮箱：704618907@qq.com

合作二维码：

微信公众号：

华听（ceoshuyuan）

程东升

2022 年 9 月

本书策划执行团队

程东升：著名财经作家、图书策划、出版人，华为研究专家、CEO书院华为研修院首席管理科学家、执行院长；法国克莱蒙商学院工商管理博士（在读）；《华为真相》《华为三十年》《任正非管理日志》《任正非商业哲学》等华为题材畅销书总策划、作者；吴晓波频道华为课程主讲、"程东升说华为"视频课程主讲；主讲课程"华为奋斗者文化构建""任正非商业哲学"。

程东升应邀先后在中山大学、北京大学、复旦大学等10多所高校，以及中国南车、百度、香港地铁公司等50多个知名企业，30多个地方政府、40多个行业协会等讲课200多场次，直接受众40000多人次。程东升还与多位华为前高管先后服务于三家上市公司和多家大型民营企业，导入以客户为中心的华为奋斗者文化，打造奋斗者团队，全面提升企业的绩效，为企业赋能，取得了良好效果。

作　　者：程东升
总 策 划：何　滨
策划执行：周　羽　李佳霖　袁少媛　于　皓　彭旭知　程　明
图书题签：陈泰才
封面设计：省广熊有力工作室　刘梦婕　滕　菲
版式设计：省广第一事业群　邓乃瑜　许福标